中国支付清算

2022 年第 1 辑　总第 13 辑

中国支付清算协会◎编

中国金融出版社

责任编辑：黄海清
责任校对：李俊英
责任印制：张也男

图书在版编目（CIP）数据

中国支付清算．2022 年．第 1 辑/中国支付清算协会编．—北京：中国金融出版社，2022. 5
ISBN 978 – 7 – 5220 – 1620 – 7

Ⅰ．①中…　Ⅱ．①中…　Ⅲ．①支付方式—研究报告—中国—2022 ②货币结算—研究报告—中国—2022　Ⅳ．①F832. 6

中国版本图书馆 CIP 数据核字（2022）第 071509 号

中国支付清算．2022 年．第 1 辑
ZHONGGUO ZHIFU QINGSUAN. 2022 NIAN. DI-1 JI

出版
发行　中国金融出版社

社址　北京市丰台区益泽路 2 号
市场开发部　(010)66024766，63805472，63439533（传真）
网 上 书 店　www. cfph. cn
　　　　　　(010)66024766，63372837（传真）
读者服务部　(010)66070833，62568380
邮编　100071
经销　新华书店
印刷　河北松源印刷有限公司
尺寸　185 毫米 ×260 毫米
印张　15. 25
字数　256 千
版次　2022 年 5 月第 1 版
印次　2022 年 5 月第 1 次印刷
定价　40. 00 元
ISBN 978 – 7 – 5220 – 1620 – 7

声　明

向《中国支付清算》投稿即视为授权本书将稿件纳入本书确定的相关学术资源数据库和网站、微信公众号，包括但不限于中国支付清算协会官方网站（http：//www. pcac. org. cn）和微信公众号（“中国支付清算协会”）对外传播。本书支付给作者的稿酬已包含上述数据库和网站、微信公众号著作权使用费。如有异议，请在来稿时注明，本书将作适当处理。

投稿文章须为原创作品，严禁抄袭，文责自负。刊稿仅反映作者个人的观点，并不代表《中国支付清算》主办单位立场。

目　　录

法律探讨

支付系统结算最终性法律保障研究[①]

文/毛术文*

摘要：本文阐述了支付系统结算最终性的重要意义，介绍了美国和欧盟等保障结算最终性的法律实践，总结了结算最终性法律保障的国际经验，分析了国内结算最终性法制构建存在的问题，并提出了相关政策建议。

关键词：支付系统　结算最终性　法律

一、引言

风险是金融活动（包括支付清算活动）和金融市场的内在属性之一。一般认为支付系统运行面临的主要风险分为信用风险、流动性风险、法律风险、操作风险、系统性风险。以上五种风险有着广泛的联系，一种风险出现并扩大时，有可能导致另一种风险，其中信用风险处于关键和核心地位。当破产法“零点法则”适用于支付系统时，破产的参与者在破产或类似事件当天的最初时刻（“零点”）以后进行的所有交易都是无效的。在实时全额结算系统中，其影响可能是撤销已经结算的支付，对净额结算系统而言，可能造成所有交易的轧差都要进行解退，重新计算所有净额头寸，导致通过轧差总额来实现信用风险和流动性风险管理的目的不能实现。在以上每一种情形中，都可能会产生系统性风险。为此，通过支付系统结算最终性的法律安排（法律上确认结算的不可撤销和无条件性），消除“零点法则”以及保证轧差合同的可执行性，就成为最关键的措施。

---

① 本文是国家社科基金重大项目课题《人民币国际化的法律问题研究》（批准号 13&ZD180，结项证书号：2021&J001）的子课题《人民币国际化清算的法律问题研究》研究成果。

* 作者单位：中国人民银行凤凰县支行。

支付系统是一国经济金融体系的重要基础设施，其安全和效率对于经济金融及社会发展至关重要。而作为支付关系基础的法律、法规在发展现代支付系统中的重要性就如同该系统的基石（building block），与系统的运营机构、操作具有同等重要的地位。[①] 随着近年来人民币国际化的发展，在人民币全球清算体系的安全、高效运行中，完善支付系统结算最终性法律制度的保障已愈加重要和迫切。鉴于结算最终性的重要性，《中国人民银行"十二五"立法规划》，曾将结算最终性制度的确立作为《制定〈支付系统管理条例〉立法需求书》（紧急程度为迫切）的重要内容之一。《法治央行建设实施方案（2016—2020 年）》也要求夯实结算最终性等支付与市场基础设施的法律基础。2012 年，国际支付结算体系委员会（CPSS）[②] 和国际证监会组织（IOSCO）联合发布《金融市场基础设施原则》，在原则 1 中也明确规定"在所有相关法域内，就其活动的每个实质方面而言，金融市场基础设施应该具有稳固的、清晰的、透明的并可执行的法律依据"，并用注释特别指出，具有健全的法律依据对金融市场基础设施（FMI）的整体稳健性至关重要。

二、支付系统结算最终性法律保障的国际实践与启示

鉴于结算最终性在预防和减少支付系统风险方面所起的重要作用，美欧都建立了完善的结算最终性法律制度，相关国际机构也以国际软法的形式对全球结算最终性问题进行国际协调，这为我国完善结算最终性制度规定提供了有益借鉴。

（一）美欧有关支付系统结算最终性法律保障

1. 美国支付系统结算最终性的法律保障。

一是美国联邦法律。美国在联邦法律层面主要确立了三项有关结算最终性的

① Bruce J. Summers. The Payment System - Design, Management, and Supervision [M]. Washington, D. C.: IMF Publications, 1994: 5.

② 国际支付结算体系委员会（Committee on Payment and Settlement Systems，CPSS）是十国集团中央银行于 1980 年发起成立的国际性专业组织，秘书处设在国际清算银行（Bank for International Settlements，BIS）。2014 年 9 月 1 日，CPSS 更名为支付与市场基础设施委员会（Committee on Payments and Market Infrastructures，CPMI）。本文中，如所发布的规则在更名前，则主体名称用 CPSS，如所发布的规则在更名后，则主体名称用 CPMI。CPSS 的主要职责是：促进支付、清算、结算及相关安排的安全和效率的提升，并以此支持金融稳定和更广泛的经济发展；监测和分析各法域内或跨法域以上安排的发展；举办中央银行支付清算合作监督、政策协调和其他业务事项（包括中央银行清算服务）的论坛；支付清算领域全球标准的制定者，以加强全球范围内的有关支付清算安排的监管、政策和实践的协调。2009 年 7 月，中国人民银行正式加入 CPSS。

规则：第一，接收人终结规则。接收人终结规则最直接的来源是美国《统一商法典》第4A编第405条第（c）款规定，根据该款规定，受益人银行向支付命令的受益人支付时不能附支付条件，也不能通过协议规定受益人银行有权从受益人处索回支付。但根据《统一商法典》第4A编第405条第（d）款和第（e）款规定，接收人终结规则有两个重要例外：(1）资金划拨系统的规则可以规定，在接受支付命令的受益人银行就该支付命令接收支付前，通过该资金划拨系统向资金划拨的受益人进行的支付是临时的。相较于法律，资金划拨系统规则在风险控制上更具主动性和灵活性，该例外在法律上确立资金划拨系统规则在控制或降低系统风险中的主导作用。(2）在多边净额资金划拨系统中，如果受益人银行接受了支付命令，尽管存在损失分摊方案，由于个别银行结算失败引起的其他多个银行结算失败的影响，仍然无法完成当天的结算，则受益人银行接受无效，产生资金解退的法律效果（每一发送人都可免予支付其支付命令所确定的付款金额的义务)。该例外在支付清算界也称为“世界末日例外”（doomsday exception)。有关该例外的规定有效促进了资金转账系统损失分担安排等方法的发展。①

第二，轧差有效性规则。由于存在接收人终结规则，所以，受益人银行在接收对其发送支付命令的发送人就该支付命令支付前，因担心向受益人支付后不能从其发送人处得到支付而往往不愿意向受益人支付。银行也会因担心遭受损失，往往对接受来自可能无力支付银行的支付命令十分犹豫。② 为减少接收银行作出接受支付命令这个“信用决定”后的风险，美国《统一商法典》第4A编第403条第（b）款规定，当多边净额结算债务的资金转账系统参加者成员之间，结算义务按照该系统规则完成时，接收银行接收最终结算。同时规定，在该系统规则所允许的范围内，发送人可通过抵销用于抵偿发送人资金划拨义务。

第三，安全港规则。安全港规则是学者们对美国破产法（Bankruptcy Code）相关规定进行归纳的学理名称。它是指当事人所签订的金融合约，在合约一方发生破产事件时，可以在继续履行、终止、抵销、结算等方面享有一系列破产机制豁免待遇的一项法律制度。如果没有安全港规则，在金融合约的债务人一方发生破产时，金融市场将可能遭受严重的清偿危机，并可能使金融市场瘫痪。这些豁免待遇好比是在惊涛骇浪的大海中给了金融合约一个受保护的安全港，故形象名

① 参见刘颖，李莉莎．利益视角下的大额电子资金划拨法［J］．河北法学，2008，6：57.

② 刘颖．电子资金划拨法律问题研究［M］．北京：法律出版社，2001：415.

之为“安全港规则”。①

二是州法律。到1996年，美国所有的州以及哥伦比亚特区均采用了《统一商法典》第4A编，使其成为被采用范围最广的一编。其中，直接适用于CHIPS资金划拨的是《纽约统一商法典》第4A编。《CHIPS规则》第3条规定，参与者和所有其他资金划拨的相关方因该规则产生的权利和义务，受纽约州法律的管辖。因此，适用于CHIPS的接收人终结规则和轧差有效性规则具有法律上的确定性。

三是美联储条例。美联储的《HH条例》对包括支付系统在内的金融市场设施的结算最终性要求进行了明确，要求指定的金融市场设施应该于日间或酌情实时提供清晰、确定的最终结算，最低标准是必须在日终提供最终结算。美联储制定的《J条例》B部分的第210.31条从对受益人银行的支付、对受益人的支付两个方面对结算最终性进行了规定。

四是支付系统规则。为确保结算的最终性，主要进行跨国美元交易清算的纽约清算所银行间支付系统（CHIPS）的《CHIPS规则》（2013年3月版）第2条规定，CHIPS向接收参与者发出支付信息后，发送参与者有义务向接收参与者支付。《CHIPS规则》第13条从支付信息的发送方法、日间结算程序、日终关闭程序、未发送信息的通知四个方面对通过CHIPS的结算进行了系统、全面的规定。任何根据《CHIPS规则》第13条规定完成的支付信息，构成该支付信息的最终结算以及发送参与者对接收参与者支付义务的最终执行。同时，根据《CHIPS规则》，所有的CHIPS参与者要签署参与者协议，接受清算所规则的约束，从而为《CHIPS规则》对所有参与者具有法律约束力提供了保证。

2. 欧盟有关支付系统结算最终性法律保障。

一是欧盟层面的法律。为了提供稳定和高效的支付基础设施来支撑跨境支付，1998年5月，欧洲议会和欧盟理事会颁布了《结算最终性指令》，以确保支付系统参与者进入破产程序时，国内外破产法不会危及支付系统的稳定运行。《结算最终性指令》第3条第1款明确规定划拨指令和净额结算应具有法律可强制执行性，即使在系统参与者进入破产程序的情况下，如果划拨指令在破产程序开始前一刻进入系统，对第三方当事人也有约束力。即使在破产程序开始后，划拨指令才进入系统，如果结算机构、中央对手方或清算所能够提供其不知道，也

① 参见冯果，洪治纲. 论美国破产法之金融合约安全港规则［J］. 当代法学，2009，5：17.

不应该知道系统参与者进入破产程序的证据，划拨指令在法律上仍具有强制执行性，并对第三方具有约束力。《结算最终性指令》第 3 条第 2 款进一步明确，没有法律、法规、规则或惯例，能导致净额结算的解退。由于划拨指令进入系统的时刻是决定结算最终性最为关键的时点，因此，指令进入系统时刻的标准也就至关重要。为此，《结算最终性指令》第 3 条第 3 款明确规定，划拨指令进入系统时刻由该系统的规则定义。如果管辖该系统的国家法律规定了指令进入系统时刻的条件，该系统的规则必须遵循这样的条件。

二是成员国层面的法律。根据《结算最终性指令》第 11 条第 1 款的规定，成员国必须在 1999 年 12 月 11 日前，通过法律、法规和行政规定实施《结算最终性指令》。需要说明的是，这样的保护在《结算最终性指令》制定前，在很多成员国以不同形式存在。比利时、英国、卢森堡、德国、荷兰等国通过制定或修改相关法律等方式对《结算最终性指令》进行了落实。如卢森堡、德国等对其国内法律进行修改，以落实《结算最终性指令》；英国 1999 年制定了《金融市场和破产（清算终结）条例》，规定支付系统的制度办法在与《破产法》的规定不一致时，在法律上仍然有效。①

三是欧洲央行规章。泛欧实时全额自动清算系统（TARGET2）在法律结构上是一个由各成员国实时全额结算系统（RTGS）连接起来的多样性、开放式系统。每个欧元体系中央银行都运行其自己的 TARGET2 组成系统。为了确保结算最终性，欧洲央行制定的《TARGET2 指引》第 3 条规定，每个 TARGET2 组成系统都是相关国家实施《结算最终性指令》的法律而指定的系统，故每个组成系统都要满足结算最终性要求。《TARGET2 指引》第 22 条规定了划拨指令的输入及其不可撤销，并明确规定相关参与者 PM 账户被借记的时点是支付命令输入 TARGET2 的时刻。② 此外，欧洲央行 2014 年 7 月发布的《系统重要性支付系统监管要求条例》第 9 条（最终结算）明确规定：系统重要性支付系统运营者应制定系统规则和程序，确保最终结算不迟于意图结算日的当天结束时发生。

四是协议。非欧元体系成员国的中央银行如果要连接 TARGET2，必须与欧

① Marc Vereecken, Albert Nijenhuis. Settlement Finality in the European Union [M]. The Netherlands: Kluwer Legal Publishers, 2003: 113.

② PM 账户即支付机制账户（Payment Mechanism Account），是 TARGET2 的参与者在欧洲央行支付机制中欧元体系中央银行持有的，主要作用：通过 TARGET2 提交支付命令或接受支付；与欧元体系中央银行进行结算。

元体系中央银行达成协议。协议规定连接 TARGET2 的中央银行须遵守《TARGET2 指引》，以及接受相互同意的对该指引的适当修改的约束。

（二）国际机构有关支付系统结算最终性相关规定

鉴于结算最终性在防范支付系统信用风险等方面的重要性，相关国际机构对此给予广泛重视、持续关注，并以《金融市场基础设施原则》等国际软法的形式对全球结算最终性问题进行国际协调。

1.《金融市场基础设施原则》结算最终性规定。2012 年，在吸取金融危机的教训，吸收原有系统重要性支付系统、证券结算系统和中央对手方等国际标准执行经验的基础上，CPSS 和 IOSCO 联合发布《金融市场基础设施原则》。《金融市场基础设施原则》识别和消除了《系统重要性支付系统核心原则》等原有国际标准之间的差异，强调全面风险管理要求，提高了金融市场基础设施（Financial Market Infrastructure，FMI）安全高效运行的最低标准。《金融市场基础设施原则》高度重视结算最终性，并将其作为原则 8 单独列出，规定：“FMI 应该至迟于生效日日终提供清晰和确定的最终结算。如有必要或更可取，FMI 应该在日间或实时提供最终结算。”并规定 FMI 结算最终性的法律确定可从三个层面进行：一是在法律层面，必须确认 FMI 和系统参与者之间、两个或多个参与者之间有关交易的支付、转账指令或其他债务的清偿都是最终的。二是在 FMI 的规则和程序层面，应该明确地定义结算最终性的时点。由于法律框架和结算系统规则的复杂性，尤其是在跨境结算法律框架不一致的情况下，充分合理的法律意见对确定结算最终性何时发生通常是必要的。三是在协议层面，FMI 与任何结算银行的相关协议要明确结算账户之间资金划拨的最终性。

2.《国际贷记划拨示范法》结算最终性规定。为适应国际资金划拨从使用纸基支付命令到更多使用电子支付命令，以及普遍使用借记划拨转变到普遍使用贷记划拨的巨大变化，联合国国际贸易法委员会于 1992 年通过了《国际贷记划拨示范法》，以促进国际社会统一贷记划拨法律，该法将结算最终性作为重要的法律制度予以明确。一是明确了支付命令的无条件性。《国际贷记划拨示范法》第 2 条第（b）款规定，“支付命令是指发送人以任何形式向接收银行发出的，将固定或可确定数额的款项交由受益人支配的无条件指令”。二是明确了结算最终性的时间。根据《国际贷记划拨示范法》第 19 条第（1）款规定，“当受益人银行为受益人利益接受支付命令时，贷记划拨完成”。《国际贷记划拨示范法》采取的也是受益人银行决定接受贷记划拨时间规则，这将促使受益人在选择受益人银行时尽可能谨慎行事。三是规定了结算终结的法律后果。根据《国际贷记划拨示范法》第19条第（2）款规定，当贷记划拨完成时，受益人银行在其接受的支付命令的范围内对受益人负有债务。贷记划拨的完成并不在其他方面影响受益人和受益人银行之间的关系，也不损害受益人根据支配基础义务的准据法，向发端人索回因一家或多家银行扣除收费而使受益人银行接受的支付命令的金额少于发端人支付命令的金额的任何权益。

（三）支付系统结算最终性法律保障的国际经验

1. 健全的结算最终性法律制度体系。许多法律制度认为资金划拨的最终性时刻会产生重大的法律后果。① 实际上，支付系统所面临的信用风险、流动性风险、法律风险、操作风险和系统性风险等，都最终体现为一个或多个结算参与者违约时面临的风险。正因为如此，“结算最终性”成为支付系统风险控制的关键。② 为此，美欧两个货币国际化经济体在实践中都形成了法律位阶高，立法层次丰富，比较系统、协调的结算最终性专用法律体系。就美国而言，《统一商法典》第4A编、《破产法》《联邦存款保险公司改进法》《HH条例》《J条例》《CHIPS规则》等从不同层面和维度，对结算最终性进行了明确规定。就欧盟而言，除在联盟的法律层面出台《结算最终性指令》外，各成员国也制定了相应的实施法律，央行规章层面的《系统重要性支付系统监管要求条例》《TARGET2指引》等也对支付系统结算最终性进行了明确规定。

2. 完备的结算最终性具体规则。美国通过在《统一商法典》第4A编等联邦法律层面明确接收人终结规则、轧差有效性规则、安全港规则等具体制度，完成了对结算最终性制度的立体建构。欧盟则在《结算最终性指令》等立法中，通过明确划拨指令和净额结算的法律强制执行性、结算最终性的时点、破产程序的启动时刻等关键要素，系统构建了结算最终性法律制度。2012年的PFMI对最终结算的时点、轧差的法律有效性、结算最终性的法律确定方法等进行了更明确的规定。

3. 明晰的结算最终性具体时刻规定。最终结算（结算最终性）是一个法律

---

① 重大的法律后果包括破产法中“零点法则”的效力、可否撤销错误的资金划拨等。如银行在借记划拨人账户或贷记受让人账户后，发现在处理资金划拨时发生差错，该错误资金划拨能否撤销就与结算最终性时刻的确定有关。

② Benjamin Geva. Settlement Finality and Associated Risks in Funds Transfers – When Does Interbank Payment Occur? [J]. Penn State International Law Review, 2003, 22: 34.

定义的时刻，是产生重大法律后果的关键点。为此，银行界和法律界对电子处理资金划拨的终结时间是否与以票据为依据的资金划拨的终结时间一致或者不同极为关注。选择满意的解决办法成为很多争议的焦点。① 实践中，美欧也都对大额电子资金划拨的结算最终性具体时刻在法律上进行了明确。如美联储制定的《J条例》明确规定，通过 Fedwire 的支付，当贷记接收参与者账户或当支付命令已送达接收参与者时（二者之间以更早的为准），是最终的和不可撤销的。《CHIPS规则》第 13 条规定，支付信息被释放后，根据参与者的余额进行轧差后确定的净额，来调增或调减结算参与者 CHIPS 账户当前头寸，构成《统一商法典》第 4A 编第 403 条所规定的最终结算。对 TARGET2 而言，根据欧盟《结算最终性指令》第 3 条规定，划拨指令进入支付系统的时刻是结算最终性的时刻，且划拨指令进入系统时刻由该系统的规则确定。而《TARGET2 指引》第 22 条规定，相关参与者 PM 账户被借记的时点是支付命令进入 TARGET2 的时刻。因此，TARGET2 法律上采用的是借记划拨人账户的时间作为结算最终性的时刻。

三、我国有关支付系统结算最终性的法律保障、问题及完善建议

结算最终性作为支付清算市场通用做法，已经在我国的相关法律、法规、规章和规范性文件中体现，并初步具有了一定法律基础。但与美欧等经济体结算最终性法律制度安排以及具有国际软法性质的《金融市场基础设施原则》的要求相比，我国目前对支付系统结算最终性的法律安排还不适应支付清算市场快速发展的需要，结算最终性仍存在法律风险，需完善结算最终性法律规定。

（一）我国目前有关支付系统结算最终性的法律保障

1. 通用法律规定②。合同是进行市场交易的主要形式。2021 年 1 月 1 日起实施的《中华人民共和国民法典》以原合同法为基础，对我国的合同法律制度进

---

① UNCITRAL, UNCITRAL Legal Guide on Electronic Funds Transfers [R]. New York: United Nations Publication, 1987: 72.

② “通用法律”和“专用法律”的分类是 CPSS 在 2006 年发布的《国家支付体系发展指南》（*General Guidance for National Payment System Development*）中建议的分类方法。运营支付系统等金融市场基础设施的法律主体是整个市场主体之一，其清算服务是社会经济活动中的一种行为，自然要受合同法等通用法律（一般法）的调整，同时，其在资金清算中的基础性、特殊性地位，也需要一些专用法律（特别法）来对清算服务行为进行调整和规范。如一些系统重要性支付系统及其参与者的风险控制可能会超出一般合同法的范围。在这种情况下，专门的支付清算立法可以提供通用法律和合同不能提供的确定性支持。

行了全面系统的修改和完善。《民法典》第四百六十五条规定："依法成立的合同，受法律保护。依法成立的合同，仅对当事人具有法律约束力，但是法律另有规定的除外。"这是支付系统运行规则中有关结算最终性条款有效性的法律基础之一。《民法典》第五百六十七条规定："合同的权利义务关系终止，不影响合同中结算和清理条款的效力。"这是一个承认各类结算或清算安排的一个原则性规定。《民法典》第五百六十八条和第五百六十九条有关债务法定抵销、债务约定抵销的法律规定，为轧差有效性提供了一定的法律基础。此外，破产法与最终结算的关系非常密切。但我国当前缺乏金融破产法则，根据我国 2007 年 6 月 1 日起施行的《企业破产法》第一百三十四条规定，金融机构实施破产的，由国务院依据该法和其他有关法律制定实施办法，但至今尚未出台相关实施办法，豁免于"零点法则"的制度尚未建立，影响清算结果的确定性。

2. 专用法律规定。目前，我国没有结算最终性的专门立法。直接有关支付系统结算最终性的规定主要体现在《大额支付系统业务处理办法》《人民币跨境支付系统业务规则》等规范性文件中。大额支付系统（HVPS）在我国支付清算体系中居于核心地位。该系统采用逐笔实时方式处理支付业务，全额清算资金。当前人民币跨境清算中的港澳清算行就是通过接入大额支付系统进行的，人民币跨境支付系统（CIPS）也在大额支付系统中开立清算账户。2016 年 4 月修订的《大额支付系统业务处理办法》第七条规定："参与者发起的支付业务应符合中国人民银行规定的业务及技术标准，经大额支付系统受理后即具有支付效力。"同时，《大额支付系统业务处理办法》第八条规定："支付业务在大额支付系统完成资金清算后即具有最终性。"为规范 CIPS 业务行为，防范支付风险，《人民币跨境支付系统业务规则》第三十五条规定："CIPS 实时全额结算的支付业务，在成功借记发起直接参与者账户并贷记接收直接参与者账户后，该支付业务不得撤销。CIPS 定时净额结算的支付业务，一经轧差不得撤销。"

（二）我国支付系统结算最终性法律保障存在的问题

1. 从通用法律来看，豁免于"零点法则"的制度尚未建立。目前，我国在规范性文件层面建立的结算最终性制度要求，与通用法律《企业破产法》主要有三个方面的冲突。一是结算最终性要求与破产无效行为的冲突。根据《企业破产法》第十六条规定，人民法院受理破产申请后，债务人对个别债权人的债务清偿无效。这样，结算最终性可能与《企业破产法》关于无效行为方面的规定有冲突。例如，在人民币跨境清算中，在 CIPS 某一清算参与者被宣告破产的情形下，其对 CIPS 其他参与者支付义务的履行，可能被法院认定为对个别债权人的清偿，进而发生清算结果无效的问题。二是结算最终性要求与破产管理人代履行合同选择权的冲突。《企业破产法》第十八条规定，破产管理人有权解除破产企业破产前生效的合同，由此产生了“摘樱桃”的问题，即对合同享有挑拣履行权。这将使 CIPS 未来采用实时全额和定时净额相结合的混合结算功能时缺少法律确定性的支持。三是结算最终性要求与破产撤销权冲突。我国《企业破产法》第三十一条至第三十四条规定，进入破产程序后，破产管理人享有撤销权、否认权和索回权。《大额支付系统业务处理办法》《人民币跨境支付系统业务规则》确立的结算最终性制度，与破产法确立的破产撤销权相比难以对抗。全额结算系统的性质本身，并不能避免法院根据《企业破产法》对无效支付的裁决。如果将来大量境外银行参与到人民币清算体系中来，当某一参与者发生破产，其他参与者将面临破产日的清算结果被破产债权人申请撤销的法律风险。

2. 从专用法律来看，结算最终性制度有待进一步完善。一是结算最终性制度法律效力低。美国和欧盟通过专门立法机关制定高位阶的立法确立结算最终性，而我国目前只是在中国人民银行的规范性文件层面确立了相关规则。严格来说，规范性文件并不属于我国《中华人民共和国立法法》规定的立法种类。同时，根据《最高人民法院关于裁判文书引用法律、法规等规范性法律文件的规定》（法释〔2009〕14 号）的规定，根据审理案件的需要，规范性文件经审查认定为合法有效的，仅可作为裁判说理的依据，而不是直接适用。因此，《大额支付系统业务处理办法》《人民币跨境支付系统业务规则》等规范性文件并不能直接作为法院审理人民币跨境清算纠纷民事案件的裁判法律依据。按照上位法优于下位法的原则，这些规范性文件中的结算最终性规定也不能有效对抗《破产法》中的“零点法则”，使人民币跨境清算中已根据系统规则完成的清算可能面临无效或解退的风险。2012 年国际货币基金组织（IMF）在《关于中国遵守〈系统重要性支付系统核心原则〉详细评估报告》中，就明确将我国“结算最终性和轧差有效性的保护，尚未从法律层面进行规定”作为支付系统稳健运行存在的一个重要问题。[①] 二是有关结算最终性的标准有待进一步明确。《大额支付系统业

① 国际货币基金组织，世界银行. 关于中国遵守《系统重要性支付系统核心原则》详细评估报告［R］. 中国人民银行译. 北京：中国金融出版社，2012：34.

务处理办法》第八条规定："支付业务在大额支付系统完成资金清算后即具有最终性。"同时，《大额支付系统业务处理办法》第二十二条规定："参与者发起的支付业务需要撤销的，应通过大额支付系统发送撤销请求。大额支付系统未清算资金的，立即办理撤销；已清算资金的，不能撤销。"但什么是未清算资金，什么是已清算资金？标准是什么？对此，《大额支付系统业务处理办法》缺乏明确的规定。

（三）完善我国支付系统结算最终性法律保障的建议

1. 关于立法模式的选择。目前，关于结算最终性法律制度在立法模式上大致可分为两类：一是制定单行的结算最终性法律。如欧盟的《结算最终性指令》。二是在相关法律中通过专门条款确认结算最终性。如美国分别在《统一商法典》第4A编、《破产法》等法律中为结算最终性提供法律保障。在具体结算最终性制度建构上，对结算最终性这个纯技术化的风险分配和风险克服规则，我国可直接移植或吸收国外已有的成熟制度与安排。从制定背景来看，欧盟制定单行的结算最终性法律的主要目的是在这个攸关结算安全的核心问题上，在欧盟层面形成一个法律协调，而我国不存在这种需要法律协调的背景。从现实来看，我国正在全面推进依法治国，法律制度建设的任务非常繁重和艰巨，应用第二种模式，对《破产法》等相关法律进行修订，通过专门条款确认结算最终性，可以减少对立法资源的需求和占用。

2. 支付系统结算最终性法律制度完善路径。支付系统的法律基础由通用法律和专用法律共同构成，这样才能形成一个比较完备的法律框架体系。

一是完善结算最终性通用法律制度基础。第一，完善《企业破产法》的相关规定。鉴于《企业破产法》第一百三十四条第二款规定："金融机构实施破产的，国务院可以依据本法和其他有关法律的规定制定实施办法。"为此，我国应在未来的《金融机构破产条例》等相应立法中，进一步确认金融机构间大额电子资金划拨的结算最终性。建议在《金融机构破产条例》中明确规定："本条例中金融机构破产程序的开始，对作为支付清算系统参与者的金融机构已经完成的结算不具有可撤销的溯及力，但欺诈性或恶意的结算行为除外。"这样可避免《企业破产法》中破产无效行为与接收人终结规则、轧差有效性规则等结算最终性专用法律制度的冲突。第二，在《民法典》中构建结算最终性的通用法律基础。建议未来在《中华人民共和国民法典》修订时，在合同编中对净额结算协议等金融交易合同，进行特别规定。如在合同编中规定："净额结算协议等金融合约，在合同一方发生破产事件时，仍具有法律执行力。但欺诈性或恶意的交易结算行为除外。”或规定“法律、行政法规对合同效力另有规定的，适用其规定。”这样为支付系统等金融市场基础设施运行中结算最终性提供坚实的通用法律基础，也为与有关结算最终性的专用法律规定相衔接预留法律空间。

二是完善结算最终性专用法律制度保障。鉴于支付系统在支付清算体系中的核心作用及结算最终性制度的极端重要性，我国应从提升法律层次、细化制度要求等方面完善结算最终性专用法律制度保障。第一，我国应将现有的中国人民银行规范性文件层面确立的支付系统结算最终性制度上升至国务院行政法规层面，在未来我国制定的《支付系统管理条例》中确立完善的结算最终性制度。如可在《支付系统管理条例》的总则部分明确规定“支付业务在支付系统完成资金清算后即具有最终性，破产程序对其开始前的系统参与人的权利与义务不具有溯及力，但支付系统规则另有规定的除外”。之所以要在《支付系统管理条例》中授予支付系统规则关于结算最终性规则的最终确定权，主要是因为严格的结算最终性需要更多的流动性等成本，不同的支付系统可以根据其系统参与者需求或系统本身的特点，来建立与其业务特点最相适的结算最终性规则。又如，明确支付系统“轧差合法性”。可在《支付系统管理条例》中明确规定，“当多边净额结算债务的资金转账系统参加者成员之间，结算义务按照该系统规则完成时，系统中结算账户净额和当前头寸的调整构成最终的清算和支付”。同时规定，“在系统规则所允许的范围内，可通过抵销用于抵偿发送人资金划拨义务”。第二，我国应在大额电子资金划拨立法的法律层面明确“接收人终结规则”和“轧差有效性规则”。这样，从大额电子资金划拨、支付系统运行两个维度形成相互的支持与证立，具有融贯性的结算最终性规则制度体系。第三，细化结算最终性的制度安排。如在我国大额支付系统业务处理规则中，应进一步明确大额支付系统资金清算的标准，可明确规定：“未清算资金”是指因清算账户头寸不足，纳入排队处理的该笔支付业务需划拨的资金；而“已清算资金”是指大额支付系统已借记发起（清算）行并贷记接收（清算）行账户的资金。

当然，以上完善路径，如能分步全部实施，在提升结算最终性制度立法层次的同时，进一步健全具体的支付系统结算最终性制度建构，形成双维度（通用法律和专用法律）、多层次（法律、法规、规章、规范性文件、系统规则）、统一、协调的结算最终性法律制度体系，将为支付系统在结算最终性方面提供更为坚实的法律基础。

经验推介

数字资产运营服务体系建设实践

文/王世辉[*]

摘要：本文结合中国银行数据治理工作实际，从顶层设计、治理架构、制度建设、管理方法、项目实践等方面系统地介绍了数字资产运营服务体系的建设情况，指出了建设过程中面临的困难和挑战，并提出了具体的思考和体会，为我国商业银行数据治理工作提供理论和实践参考。

关键词：商业银行　数据治理　数字资产运营　数据安全

当前，在数字经济背景下，数据要素的市场地位已明确并多次写入党中央正式文件，成为重要的生产要素和战略资源。党的十八大以来，党中央全面推动实施国家大数据战略。2020 年 4 月，党中央、国务院发布了《关于构建更加完善的要素市场化配置体制机制的意见》，明确将数据纳入生产要素。2021 年 9 月，《中华人民共和国数据安全法》正式实行，从法律层面规范数据处理活动，保障数据安全，促进数据的开发利用。同年 12 月，国务院印发《"十四五"数字经济发展规划》，要求"以数据为关键要素，加强数字基础设施建设，完善数字经济治理体系"，对数据要素进行全方位布局。数据要素也将成为驱动银行高质量发展的新动能、新引擎。2022 年 1 月，中国银保监会办公厅出台《关于银行业保险业数字化转型的指导意见》，全面指导推进银行业数字化转型。

中国银行紧跟国家战略发展步伐，聚焦数据领域，深化体系改革，从政治高度、战略高度重视数据工作。2019 年 10 月全行启动数据治理体系改革，前瞻性地设立了数字资产管理部，并成立金融数字化委员会，形成了从领导决策、组织管理到落地实施的完整机制。同年 12 月，明确了按照"三横两纵一线"构建数

* 作者单位：中国银行数字资产管理部。

字资产运营服务体系的总体思路。中国银行“十四五”发展规划明确将数据治理定位为集团“十四五”时期的重要基础工程。中国银行董事会、监事会每年定期听取数据治理工作进展情况，并将数据治理纳入公司治理体系，审议审批数据治理重大事项。中国银行行党委、高级管理层高度重视、强力推动，全行共同努力，数据治理工作取得显著成效，数据治理水平全面提升。

一、数据治理主要措施和成效

（一）顶层设计治理架构，治理体系全面改革

1. 完善组织架构。按照银保监会《银行业金融机构数据治理指引》要求，中国银行在总行层面明确董事会、监事会、高级管理层、金融数字化委员会及数字资产管理部的数据治理职责；总行各业务部门配置从事数据管理和分析应用的专门人员，业务规模较大的部门配置专门的数据团队。分支机构层面，境内一级分行全部完成组织架构设立，海外机构、综合经营公司指定部门或专人负责数据治理。全行数据治理的职责分工更加明确，协同工作机制日趋完善。

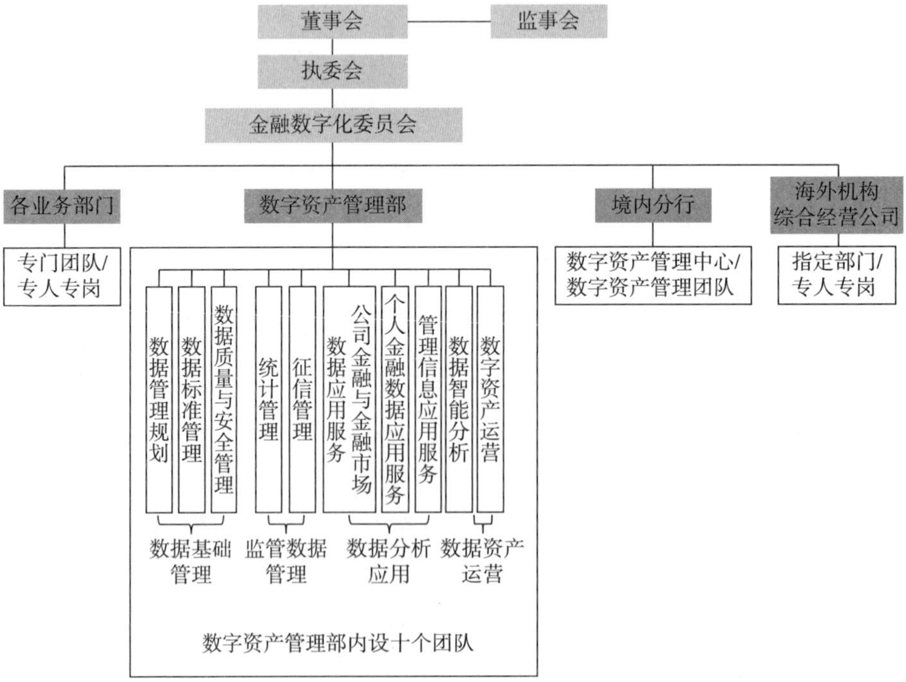

图1　中国银行数据治理组织架构

2. 统筹战略和制度建设。中国银行制定了《“十四五”数据战略规划》，这是中国银行历史上首个数据方面的战略发展规划。《“十四五”数据战略规划》明确未来五年数据方面的发展思路、战略目标和重点任务。同时，为建立数据治理领域的基本制度和根本遵循，中国银行董事会全面审议通过了新修订的《数据治理政策》。以《数据治理政策》为基础，结合外部法律法规和监管要求，数字资产管理部牵头全面梳理、修订整合数据治理领域的数十个规章制度，形成规范化、标准化、全覆盖的制度体系。建立了数据治理自评估工作机制，2021 年首次在全行范围内开展从规章制度、流程措施到成效成果的数据治理对标自评，形成了数据治理工作定期自查自纠、持续提升的良性循环机制。

3. 加强人才队伍培养。新成立的数字资产管理部内设 10 个团队，人员近百人。在人才培养方面，增设数据分析师专业序列，并加大数据分析师序列建设力度，通过监管报送数据质量培训班、数据治理工作研讨班、专业课程培训、数据分析项目实践等多种方式大力培养数据分析师人才队伍，推动打造一支既懂科技又懂业务、专兼职相结合的数据分析师队伍。目前全行共 4000 余人通过数据分析师序列专业资格认证。

（二）以客户信息为突破口，重点领域专项治理

为衡量客户信息质量，中国银行按照人民银行开户规范和反洗钱要求，制定客户信息分类分级规范，并据此精准施策提升客户信息质量。分类分级规范主要依据客户信息空缺性、准确性、持有的金融资产以及客户活跃度，对客户信息按照质量从高到低依次分为 A_{1-4}、B_{1-5}和 C 三类共十级。按照分类分级规范，客户信息在治理前（2019 年底）总体质量比较低，其中个人客户信息（2019 年底）A 类占比约为 58%、企业客户信息 A 类占比约为 21%、金融机构客户信息 A 类占比为 0。

根据客户信息分类分级结果，通过网银、手机银行、ATM、智能柜台等不同渠道提示客户更新信息；上线不规范客户隔离式管理（ACIF）系统，对信息严重不合规的客户进行隔离限制，隔离系统仅允许客户进行客户信息查询、客户信息维护交易，信息维护后实时恢复至核心银行系统。通过隔离式管理，敦促客户主动完善信息。经过“清存量”“控新增”等多措并举的治理措施，存量客户信息质量 A 类占比已超过 90%，新增客户信息质量 A 类占比保持在 99% 以上。

（三）以数据认责为基础，构建质量和安全管理的长效机制

责任清则任务明。数据方面的责任划分和认定尤为复杂，涉及采集、存储、

加工和应用的各个环节。中国银行充分认识到数据认责的重要性，提出和制定了按照“谁主管谁负责”“谁受益谁负责”“谁加工谁负责”“谁录入谁负责”依次认责的数据认责原则，突出数据主管方、数据受益方的认责主体，并在全行范围内达成共识、写入规章制度。数据来源于业务，数据背后是业务。数据认责核心思想是数据质量管理和数据安全管理主体责任与业务主体责任方保持一致，为全行各部门协同开展数据治理工作奠定了基础。结合监管数据质量专项治理，已经完成监管报表的 4 万余个监管数据项认责工作，结合企业级数据字典基本完成基础数据项的认责，并建立了一套完整的数据认责机制，彻底改变过去数据领域职责不清、责任不明的局面。以数据认责为基础，中国银行在数据质量和数据安全方面还着重开展了以下工作。

1. 全面开展手工报表专项治理。中国银行曾经存在上千张手工报表，手工报表不仅给基层带来压力，而且容易导致数据质量问题。中国银行花大力气从根源上专项治理手工报表问题，成立手工报表治理柔性小组，明确手工报表的管控要求，对报表进行逐一分析研究并形成治理方案。经过专项手工报表治理，目前全行手工报表数量已大幅下降，并建立手工报表准入和退出机制，严控手工报表新增，切实减负基层、提升质量。

2. 推动业务部门严格落实数据标准规范。数据质量管理的重点是数据源头质量管控，中国银行数字资产管理部定期组织业务部门和分支行从系统建设、业务流程、数据录入操作规程等方面重检，强化源头管控。同时，依托建立的企业级数据字典（全行的数据标准规范），建立最细粒度的业务系统数据需求管控机制，确保业务系统建设时从需求提出到系统实现全过程中的数据项满足企业级数据字典规范要求。针对生产数据，建立数据变更管理机制，公开透明、审慎审批数据变更事项，堵住数据任意变更的管理漏洞、降低数据篡改的道德风险。针对因业务系统功能缺失导致的数据变更，积极推动业务系统功能优化完善。

3. 强化监管报表质量管理。监管报表数据质量影响着国民经济统计数据和国家宏观政策的制定。中国银行高度重视监管数据报送质量，从制度、流程等方面建立监管数据质量机制性保障措施。例如，数字资产管理部制定监管制度标准化模板，各业务部门基于数据认责按照标准化模板建立健全覆盖所有监管数据填报要求的相关业务和管理制度，建立从上到下各级机构的承诺制度和流程，确保监管报送数据的准确性，数字资产管理部定期组织制度重检。建立报表报送前线上审批流程，通过协同平台线上开展银保监会1104报表报送前各项指标数据的逐级审批，加强数据报送的流程化管理，确保监管报表数据报送质量。

4. 建立数据安全管理体系。制度方面，依据《数据安全法》《个人信息保护法》的相关要求，中国银行制定了《数据安全管理办法》《数据安全分级管理指引》《数字资产用户管理办法》等一系列规章制度，数据安全管理制度逐步完善。机制方面，一是定期组织全辖开展数据安全风险排查和客户信息保护自查，重点聚焦全行员工数据安全意识的培养和数据在采集、存储、传输、使用、删除、销毁等各环节中安全管理措施的落实情况。二是建立数据安全管理定期自评估机制，组织全行从制度建设、业务管控机制、技术管控机制、数据安全风险评估、监督检查、问题报告、岗位培训7个方面综合评价数据安全管理工作情况，对数据安全管理各环节进行自查自纠。三是建立中国银行开展数据安全分级工作的机制和流程，并依托企业级数据字典项的认责工作，组织各部门开展了数据项的安全分级分类，明确保护策略。安全工具建设方面，除了聚焦传统安全工具在数据的清洗、脱敏、加密等环节能力外，中国银行明确了数据安全管理的系统性建设框架，功能涵盖数据安全策略管理、数据安全事件管理、用户行为分析等，并大力推进数据安全管理流程的线上化。

（四）搭建数据治理架构，建立“管好”“用好”数据的体系

中国银行设计了全新的数据治理架构，提出“统一数据、统一架构、统一生态”的治理目标。目前，已经建成集团统一数据平台，以“数据、分析、展现”三层架构，为数字资产的共享、分析应用、服务提供和价值创造提供全面、敏捷、精细的能力支撑；以企业级数据字典为规范，通过协同平台贯穿标准质量的全流程管控，为数据管理提供有力抓手。

1. 数据层建成“湖仓一体”的数据底座。中国银行按照“湖仓一体、新旧一体”的总体思路，已建成数据湖和数据仓库。数据湖和数据仓库构成了“三横两纵一线”治理架构中的数据层，数据湖承载结构化、半结构化和非结构化三种类型数字资产，数据仓库主要承载结构化数据，实现对数据的高效高频加工和运算。目前，数据层实现了对行内主要数据平台的功能承接和数据覆盖，沉淀PB级数据资产，可以快速提供至少5年的历史数据，基本实现了数据既全又通的目标。另外，以机构存贷款变动监测为具体场景，借助实时数据处理技术，从前台业务系统到后台数据展现已实现数据的秒级更新。在大数据基础设施建设方

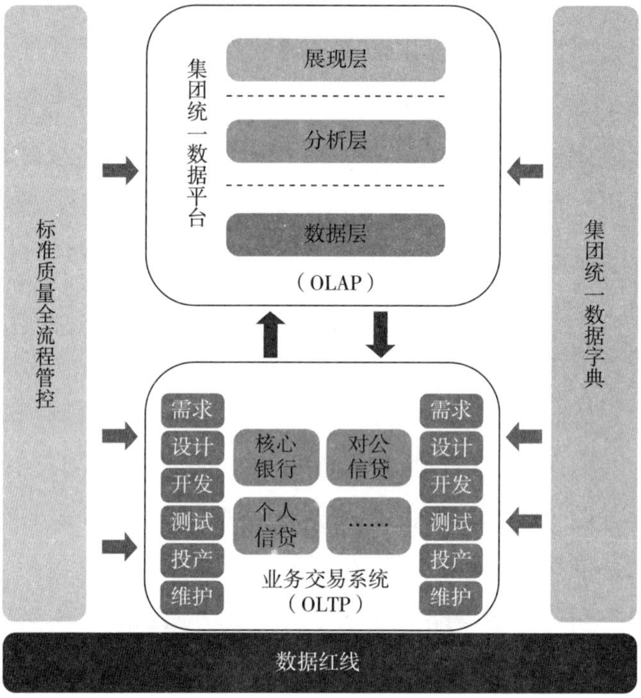

图2 “三横两纵一线”数据治理架构

面，规划建设内蒙古大数据机房，目前大数据机房已实现近百 PB 级规模的存储能力，有力支持数据应用的各类租户环境。

2. 分析层打造“自主用数”的分析师工作台。中国银行按照“边建边用”“以用促建”的思路，搭建数据分析应用的平台和环境。分析层搭建数据分析师工作台，为用户提供丰富的分析工具、充足的资源环境、统一的内外部数据访问，实现了既能集中统一管理又能灵活“自主用数”的平台架构，支持不同角色用户开展数据分析应用，提供了灵活、快速、高效的数据分析挖掘服务能力。

3. 展现层实现数字资产服务在桌面端和移动端的统一展现。中国银行遵循数据的统一展现方式，按照“三横两纵一线”数据治理机构，规划建设了展现层作为全行统一数据门户。展现层通过桌面端和移动端统一提供数据的集中展示。统一数据门户作为桌面端门户，集成了管理驾驶舱、固定报表、分析师工作台、数据字典、协同平台、企业级架构 IT 资产管理等数字资产服务，为用户提供一站式数据消费和体验友好的数据产品服务。上线“数据中行”App，提供了移动终端数据应用的统一入口，目前“数据中行”App 已实现全行存贷款等主要业务数据的秒级展示，数据颗粒度覆盖至最细的五级网点，为全行各级用户提供了随时随地、快而精的数据服务。“数据中行”App 上线半年来，累计下载量已突破 14 万人次，是行内下载量最高的 App。

4. 数据字典完成企业级“内容 + 平台”双落地。为全面建立数据领域的标准规范，厘清系统间数据“血缘”关系，中国银行业务部门、科技部门历时一年左右完成 200 多个业务系统的近 200 万个数据项的梳理，通过去重、整合、重定义，建立企业级数据字典。企业级数据字典包含十万余个数据字典项，共分为基础数据、指标数据、技术数据、外部数据四大类。为进一步规范字典项名称构成，中国银行提出“字典组成词”的概念，用词根约束和规范数据项的名称命名，目前已整理词根一万余个，建立了最细颗粒度的数据规范。发布术语集对专业术语进行释义，在全行推动相关概念的统一表述。上线数据字典平台，实现了数据标准及规范的线上管理、数据从需求到投产的全流程管理、数字资产的全量管理和中行百科检索等功能，有效发挥数据字典在数字资产管理、数据应用分析方面的支撑作用。同时，建立和完善了企业级数据字典管理机制，从制度层面规范企业级数据字典的管理和使用。

5. 协同平台提供协同规范的工作流程支持。数字资产协同平台旨在为数字资产运营服务体系的内部运作提供流程支持，实现 OLAP 与 OLTP 流程的相互嵌入，覆盖从需求提出到成果交付的数据全生命周期标准与质量的管控。目前已投产上线数据需求管控、数据变更管理、报表签报审批、任务跟踪督办等共 35 个流程应用，有效覆盖总行各部门及一级分行，数据协同更加规范有序。

6. 数据文化发挥正本清源的积极作用。中国银行重视数据文化建设，持续扎实开展队伍建设，完成“数据分析专业序列”栏目建设，上传课程数十门，自主开发原理介绍、工具操作和案例分享等数据分析系列课程，全行近 3000 人参加了课程学习。同时，加强问责管理，强化牵头部门的管理责任和各单位的红线意识，起到正本清源的作用，全行数据红线意识明显加强。

综上所述，“三横两纵一线”框架的建成落地，意味着中国银行“管好”数据和“用好”数据的运营服务体系已建成：一是围绕企业级数据字典落标管控，“管好”数据的机制日臻完善。建成企业级数据字典，全面梳理集团数字资产，并建立了以企业级数据字典为核心的数据标准体系，对数据管理和数据应用起到基础性支撑作用。通过数据需求管控规范新增数据，按项目形式推进落标规范存量数据，制定《企业级数据字典管理办法》《数据需求管理办法》等一系列制度，“管好”数据的长效机制已日臻完善。二是通过“三横”使数据“可视可用”，“用好”数据的框架基本建成。“展现层”提供了全行数字资产可视化的窗口，全行不同层级人员可及时、便捷地查看指标和报表等数据产品。对于简单的数据分析应用，通过为分行、总行部门开设租户，丰富数据分析的工具，提供了全行“自主用数”的基础和条件；对于复杂类数据分析挖掘应用，通过建立数据分析柔性小组机制，集中专业力量敏捷实施。此外，通过开展数据分析课程的培训、分析师序列建设等，“用好”数据的氛围也日渐浓厚。

（五）以数据应用为发力点，数据赋能成效渐显

中国银行持续强化数据赋能，在“数据中行”门户开设“洞察”专栏，鼓励全行数据分析师撰写数据分析报告、分享数据分析经验，在全行范围内形成数据分析、数据探索的积极、良好氛围。全面开展数据智能化应用试点项目，通过人工智能技术创新赋能数据应用，一大批人工智能应用成果落地。例如，监管报表智能核验项目的模型结果在近5年银保监会1104报表上的错误预警准确率超过80%；本外币现钞智能调度项目在试点分行网点近3年现金流数据上的预测准确率超过80%；普惠金融智能贷后管理项目依托数据治理新线，基于GBDT梯度提升树算法大幅提升了对中小微企业客户违约率预测能力，模型KS值由原来的0.49提升至0.69，提升比例约为40%；基于人工智能技术的外汇价格预测应用（DeepFX）自2020年3月上线以来运行平稳，截至2021年底已有来自45个国家和地区的134家机构329位用户订阅，订阅用户数持续增加。

二、当前数据治理的主要挑战

数据治理是一项长期的、基础性的工程，需要一个企业内部各个部门的共同持久努力。从中国银行近年来的数据治理实践看，当前数据治理面临以下挑战。

（一）新线价值发挥的挑战

中国银行“三横两纵一线”数据治理架构已经落地建成，下一步广泛使用和推广，发挥架构优势，充分释放数据价值，还需要进一步加强“自主用数”的人才队伍建设。数据分析人才的培养不是一朝一夕，不仅需要靠专业化的培训增加人员技能，更需要数据类的项目实践增加经验。随着“三横两纵一线”在“一体两翼”的推广，分支机构数据应用诉求会进一步释放，有可能会面临数据

分析应用人员与日益增长的数据应用需求不匹配的挑战。

下一步，中国银行将按照“两纵先行、三横跟进”的实施策略，稳步实现“三横两纵”在“一体”的全覆盖和“两翼”的协同推广，通过“边用边建”“以用促建”逐步完善新线建设。通过新线的推广和应用，全行将进一步补充数据管理、数据分析相关专业人员，尤其是将年轻、高素质的人员充实到数据队伍中来，充分发挥全行“自主用数”能力，进一步释放数据价值。

（二）彻底打破原有数据集市格局的挑战

在原有的数据分析应用架构下，中国银行历史上建立了大大小小不同的数据集市，业务部门习惯于使用自己的集市开展数据应用。但是集市间不免会存在竖井，数据不通、不全，可能会导致由集市加工的数据口径不一致、数据共享不充分、资源重复投入等诸多问题。中国银行已按照规划有序开展集市重构工作，实现数据统一加工的目标，但是部分数据集市受制于外资供应商技术转化存在困难，个别集市功能复杂解构工作量大，少数集市所属部门配合意愿低等，数据集市全面解构存在一定的挑战。

下一步，中国银行将采取“先立后破”的策略逐步“破除”原先所有的数据集市，实现全行数据的统一加工。“先立”是在“三横两纵”数据治理新线架构上，先丰富指标体系、标签体系等数据产品，为数据分析、加工提供强大的基础和环境；“后破”是将原有的数据集市进行解构，通过对原有数据集市进行拆解，理清数据源和加工口径，去重、整合纳入指标体系等，在新线上重构原有的数据产品，逐步替代相关数据集市功能。最终，将以较低成本完成高价值数据产品输出，实现数出同源、口径一致、整合共享，提供更灵活、丰富、准确的数据服务。

（三）数字资产运营的挑战

数据类项目的运营只有通过“四态”（开发态、灰度态、生产态、沙箱态）的灵活转换，才能快速响应业务的数据应用需求，敏捷交付数据产品，发挥数据中台的业务支持能力。目前要充分发挥数据中台能力，还需要建立和完善开发运维一体化的运营机制，进一步提升数据产品的敏捷交付能力。

目前，中国银行正在筹建数字资产运营中心。未来将在数字资产运营中心组建一支专门面向联机分析处理（OLAP）的开发及运维专业队伍。同时，借鉴业界先进经验，依托新线建成的大数据平台设施，搭建“四态”环境，建立数据类项目在“四态”环境敏捷实施的项目管理机制，形成一套开发运维一体化的数据类项目运营体系，实现数据类应用的快速迭代、敏捷交付能力，充分发掘和释放数字资产价值。构建由“一个管理部门”和“一个运营中心”组成的数据管理和运营体系格局，由数字资产管理部负责“管好数据”，由数字资产运营中心负责“用好数据”。

（四）数据安全管理的挑战

数据安全和隐私保护在立法层面的落地，对数据的安全合规提出了更高的要求。而且，从监管要求来看，数据治理已被纳入公司治理范畴，数据能力与科技能力已并重成为支撑银行数字化转型的两大基石，数据安全也已逐渐从传统的网络安全范畴独立出来，更加强调数据的安全风险和合规应用。在风险及合规视角下，数据安全需要应对更丰富多样的应用场景，保护的数据对象范畴也不断外延。传统的数据安全管理主要聚焦数据处理环节的脱敏、加密和数据交换环节的权限管理、安全代理等，这种单点管控模式已无法满足覆盖数据全生命周期的安全闭环管理要求。

下一步，中国银行将进一步完善数据安全治理体系，聚焦数据的全生命周期安全防护。一方面，进一步完善细化数据安全管理制度体系，以数据认责为基础，推动全行各部门共同做好数据安全管理；另一方面，加快建设和完善数据安全管理工具，进一步丰富完善数据安全管控的技术手段，动态响应数据安全防护需求。同时，强化数据安全应急管理机制和监督检查力度，提高数据安全管理水平。

三、数据治理的体会

（一）建立多元化的数据人才队伍

千秋基业，人才为本。数字化时代，数据人才的竞争更加激烈，数据人才队伍规模要与银行业务发展相匹配。目前银行业最急需、最短缺的是懂技术、懂数据又懂业务的复合型数据人才。目前银行普遍面临单一人才往复合型人才转型难的问题。从中国银行的实践来看，复合型数据人才队伍可以通过“内生”加“外引”的方式逐步建立起来。“内生”就是通过行内业务人员和技术人员深入融合，以柔性小组或者共同开发数据分析类项目的方式，互补技术人员和业务人员各自的短板，使其双方逐步成长为复合型人才；“外引”是指借鉴“外脑”，引入外部专家资源池，汇聚业界资深的数据管理专家、数据分析应用模型专家、工具专家、行业专家、应用专家，在数据标准、数据质量、数据分析应用模型建立、数据产品开发、关键大数据应用项目实施等方面提供成熟经验，满足临时数据管理和数据分析应用人才需求缺口。同时，对于复合型数据人才在薪酬激励、发展通道等方面要有制度保障，实行市场化的、有竞争力的薪酬激励体系，以保证数据人才队伍的持续稳定发展。

（二）构建以数据认责为基础的协同治理机制

数据认责即数据的确权，是数据管理工作的基础。明确数据在采集、加工、存储、使用等全生命周期过程的相关责任方及其职责，尤其是明确数据的业务主管方及其职责，对做好数据全生命周期质量管理尤为重要。数据的“权”“责”“利”既结合又统一，明确数据的“owner”（所有者）是关键。构建以数据认责为基础的管理体系，一是要赋予数据认责方对等的数据权利，比如“哪些数据可供他人使用”“哪些数据可供他人可见”等数据权利。二是要肯定和给予数据认责方更多的数据利益，数据作为一项资产，通过数据的共享交换以及基于数据挖掘等方式带来的经济价值，正在变得可计量、更加科学地计量，数据认责方要优先分配数据带来的利益。因此，当前最重要的基础工作是做实数据认责，数据认责是一个持续的、动态的过程，要建立和运用好数据认责的长效管理机制，确保数据认责清晰、有效。

（三）持续培育良好的治理理念和数据文化

数据治理需要全行各部门的共同参与，这种“共治”的理念传导离不开董事会、监事会、高级管理层的大力支持和强力推动，也需要牵头部门制定切实可行的机制和措施，压实数据治理相关方职责。数据治理理念的形成不是一蹴而就，需要一个较长的时间。从中国银行的实践经验来看，往往要经历从行政手段的“威逼”到数据好用的“利诱”，从考核考评的“被动”到数据用好的“主动”的逐渐转变过程。中国银行将持续以数据治理项目、数据分析应用、培训宣贯等工作为契机，构建良好的数据文化，树立数据是重要资产和数据应真实、准确、全面、及时的理念与准则，强化依规用数、科学用数的职业操守。此外，中国银行在强化数据治理问责管理机制的同时，还将研究建立数据管理及应用专项荣誉奖励机制等，进一步激发全行管好数据、用好数据的积极性和创造性，逐步形成企业全员主动提升数据质量、挖掘数据价值的良性循环。

（四）构筑“机防”加“人防”的数据安全管理防线

数据安全管理要从安全管理工具和岗位人员管理两方面着手。安全管理工具即“机防”，是通过丰富安全管理工具功能，利用科技手段实现数据在安全合规防护的共享和应用。例如，通过隐私计算技术区分数据承载的具体信息和计算价值，厘清数据使用的“权、责、利”，在保护数据本身不对外泄露的前提下，实现数据的分析计算，使得数据“可见”与“可用”的适度分离。岗位人员管理即“人防”，是通过宣导培训、警示教育等手段培育岗位员工的数据安全和隐私保护意识，让岗位人员知晓、敬畏并遵守数据安全管理规定。随着科技的迅猛发展，“机防”的手段和能力将不断提升，但是只依靠“机防”并不能完全杜绝数据安全事件，也要注重加强“人防”建设，最大限度降低人为数据安全操作风险，构筑“机防”加“人防”的数据安全管理防线。

全面加强数据安全管理

文/徐　翥　陈梦霄　穆　凯*

摘要： 近年来，随着商业银行数字化转型不断推进，数据要素的价值日益凸显，商业银行存储的海量数据已成为企业内部最核心、最关键、最有竞争力的生产资料，由此带来的数据安全风险也不断显现，同时随着国家相关法律法规、行业标准的密集发布，数据安全已成为国家、社会和企业关注的重点领域。工商银行始终坚持发展与安全并重的原则，持续强化行内数据安全管理，当前已构建四位一体、协调联动的组织架构，建设较为完善的数据安全制度规范体系，形成多层次、立体化的数据安全技术框架，为全行的数字化转型发展奠定坚实基础。

关键词： 数据安全　组织架构　制度保障　技术体系

一、数据安全面临的新形势

在数字经济时代，数据已经成为继土地、劳动力、资本、技术之外的新兴生产要素，蕴含着巨大的经济和社会价值。近期国务院印发的《“十四五”数字经济发展规划》明确提出，“数据要素是数字经济深化发展的核心引擎。数据对提高生产效率的乘数作用不断凸显，成为最具时代特征的生产要素。数据的爆发增长、海量集聚蕴藏了巨大的价值，为智能化发展带来了新的机遇。协同推进技术、模式、业态和制度创新，切实用好数据要素，将为经济社会数字化发展带来强劲动力。”因此，数据越来越成为国家和社会发展的重要基础，对推动我国经济社会的高质量发展，提升国家治理能力现代化水平具有重要意义。

* 作者单位：中国工商银行软件开发中心。

在数据日益重要的今天，国家对数据安全的合规监管日益趋严，《网络安全法》《数据安全法》《个人信息保护法》等与数据安全相关的法律法规及行业标准密集出台，从国家战略、法律法规、行业标准等多个层次对企业的数据安全提出了新的要求。未来随着数据分类分级保护制度、数据交易管理制度、数据安全审查制度等配套的保护制度和标准体系的进一步落地，企业面临的安全合规压力将日益增大，行业的自律要求逐步提高，为保障安全合规投入的人力和技术成本将进一步增加。

二、工商银行数据安全管理实践

工商银行高度重视数据安全工作，始终坚持发展与安全并重，积极落实国家法律法规要求，全面做好数据安全管理工作，充分激发数据要素的内在价值，为全行的数字化转型发展奠定坚实基础。工商银行主要从组织架构、制度保障、技术体系三个方面加强数据安全管理。

（一）完善组织架构

工商银行建立了组织架构健全、职责边界清晰的数据安全治理机构，构建决策、管理、执行、监督四位一体的组织架构，各级机构协调联动，共同保障数据安全要求有效落地。同时确立了职责明确、分工合理的人员体系，明确了数据安全岗位职责，在总行、一级（直属）分行、直属机构等各级机构设置安全岗位，强化数据安全管理要求，遵循“依法合规、分级管理”“谁主管、谁负责”“谁使用、谁负责”的原则，对数据及数据归属系统的安全进行全面管理。

（二）强化制度保障

工商银行结合法律法规、行业规范等外部监管要求，持续完善行内数据安全制度规范体系，多领域保障全行的数据安全，在信息与信息系统安全、个人客户信息安全、大数据安全等方面，发布多项制度规范，强化对行内数据使用、对外合作、终端管理、大数据应用等领域的安全保障。同时建立健全业务管理机制，不断提升个人客户信息、征信信息等领域的安全管控能力，积极开展专项治理，加强数据安全风险监测，充分保障行内数据安全。

（三）夯实技术体系

工商银行目前在技术层面，结合国家标准 DSMM 模型，从企业级视角规划建立了多层次、立体化的数据安全技术体系，以数据资产安全为核心出发点，加强全生命周期技术管控，并结合行内的基础安全和监测响应手段，为数据安全管理和运营提供了良好的技术支撑。目前，行内已建设数据安全技术平台、隐私计算技术平台、区块链技术平台、API 平台等安全支撑系统，提供多种安全技术能力，同时强化终端数据、生产数据的安全防护，积极提升数据安全攻防能力，全面加强行内数据安全管控，为行内金融业务的高速发展保驾护航。

1. 数据安全技术平台。工商银行积极打造数据安全技术平台，结合行内各类用数场景，把数据安全技术与用数场景深度融合，全面落地数据安全技防实体。数据安全技术平台以“能力沉淀、服务赋能”方式开展建设，拥有智能数据识别与分类分级服务、动态控权服务、统一数据脱敏引擎服务、数据水印溯源服务及用数监控审计服务五大能力。智能数据识别与分类分级服务结合专家规则、正则匹配、人工智能算法等，建设自动化数据识别引擎，为工商银行数据安全分类分级工作提供基础保障。动态控权服务采用实时 SQL 改写技术，提供细粒度的数据访问控制能力，为各类用数场景提供更灵活的权限定制能力。统一数据脱敏引擎服务内嵌各种脱敏算法及脱敏策略，为全行数据安全提供良好技术支撑。数据水印溯源服务将文档水印与数据水印有机结合，通过在结构化数据中加入离散的隐写信息，提高数据的溯源能力。用数监控审计服务，自研用数解析算法，结合数据资产的安全分类分级策略，提供用数安全监控手段。目前数据安全技术平台已完成初步建设，支撑多个业务场景投产使用，为数据要素价值释放提供安全服务保障。

2. 隐私计算技术平台。在数据要素化时代下，企业内部及各企业之间往往存在“数据孤岛”“信任鸿沟”现象，高价值的数据被分离在独立的区域中，数据的流通共享受到严重的阻碍。为了解决这一问题，工商银行积极推进隐私计算技术体系建设，构建企业级隐私计算平台，开展业务场景创新试点，参与行业标准与规范建设，推动数据要素流通共享。

在技术平台建设方面，结合隐私计算技术发展和业界技术现状，规划建设联邦学习、多方安全计算两大技术平台，打造企业级隐私计算服务能力，赋能全行业务创新发展。结合混淆电路、不经意传输、同态加密等密码学算法，构建多方安全计算平台，提供丰富的安全算法库，支持联合统计、隐私求交、隐匿查询等服务功能，提供灵活的互联及接入方式，支持多种数据源格式的便捷接入，为工商银行和合作机构进行多方数据的安全融合计算提供技术支撑能力。基于同态加密等密码学算法，构建联邦学习平台，实现多方数据安全建模，各参与方无须共享原始数据即可进行数据联合训练，建立共享的机器学习模型，充分保障数据“可用不可见”，推进数据要素跨机构安全使用。

在业务场景创新方面，工商银行在对客服务、运营管理、产品创新、风险管控等相关领域积极进行试点应用，推动隐私计算赋能业务创新。其中“珠海驾考资金监管”项目在新华社客户端、《经济参考报》等主流媒体发布，社会反响强烈；“基于隐私计算的小微商户普惠金融服务”及“基于联邦学习技术的普惠信贷风控服务”分别获得信通院隐私计算星河标杆案例和优秀案例。

在行业标准建设方面，工商银行联合华控清交编写金融业首份《隐私计算推动金融业数据生态建设》白皮书并对外发布，探索基于隐私计算技术建设数据生态基础设施，打造行业全新安全的数据生态，为业界提供有益参考。同时积极参与业界《多方安全计算金融应用技术规范》《联邦学习技术金融应用规范标准》《多方安全计算金融应用现状及实施指引》等一系列标准规范的制定，积极推动隐私计算产业发展，为业界技术进步贡献工商银行智慧。

3. 区块链数据安全技术建设。工商银行积极开展区块链原理研究、技术平台建设及应用场景创新工作，当前已打造同业领先的企业级区块链技术平台——工银玺链。工银玺链平台基于区块链技术特性，保证在链上存储的数据不可篡改、可追溯，并积极加强平台自身数据安全能力建设，在数据隔离、权限管理、密码算法支撑、安全灾备四个维度保障区块链链上数据安全。在数据隔离方面，玺链支持链数据隔离、通道数据隔离、块内交易数据隔离等不同层次的数据隔离技术，可以根据不同的业务场景为用户提供多维度控制的隔离手段，灵活地保障用户数据的隐私性；在权限管理方面，玺链平台通过提供白名单功能、ACL 访问权限控制列表、用户权限矩阵等功能来保证用户数据使用的合法性，用户可以在数据流转全流程中设置不同层级的权限控制，防止数据被非法使用。在密码算法支撑方面，玺链已引入商用密码算法，通过应用商用密码算法于链上读写集和通信数据，保证数据在存储和通信过程中的机密性，应用商用密码签名算法与通信数据保证数据的抗抵赖性。在安全灾备方面，目前玺链已支持双园区部署模式，可以保证一个园区发生大批量数据意外丢失时，另一个园区仍能正常对外服务，进一步提升玺链整体的健壮性和数据的可恢复性。同时为了进一步提升密态数据使用能力，工银玺链平台成功集成安全多方计算能力并在相关业务场景完成试点，赋能链上数据价值流通共享，推进跨机构合作和隐私保护。

目前工银玺链平台已成功在资金管理、贸易金融、供应链金融、民生溯源、行业监管和数字资产等三十余个场景落地应用，形成了“民生服务生态”“贸易金融生态”“资金管理生态”等一批具有行业影响力的精品生态，荣获云鹰奖、双链奖、银行科技发展奖等众多奖项。

4. 终端数据安全防护。工商银行积极加强数据防泄露建设，保障终端数据安全，通过客户端管理系统、文档安全防护系统等，在访问控制、外设管理、信息泄露防护、文档加密等多个维度对终端数据进行了有效的安全保护。在访问控制方面，限定只有安装相关安防软件的电脑，方可通过准入认证，并需通过行内安全完整性检查才能够访问内网资源，避免被非法设备接入行内网络导致数据外泄风险；在外设管理方面，对终端外部设备接口设置管控策略，禁止终端通过外设对外传输数据；在信息防泄露方面，通过客户端管理软件禁止终端访问互联网，设置数据防泄露策略，监测非行内网络下的网络数据外传行为，结合U盘外发、邮件外发监控等，加强数据防泄露管理；在文档加密方面，通过文档安全防护系统，对终端涉密文档进行安全加密，加密后的文档在行外机器无法解析，并可通过授予不同用户不同权限，控制文档访问范围，实现风险最小化。

5. API平台数据共享安全。工商银行遵循人民银行《商业银行应用程序接口安全管理规范》，建立了贯穿事前、事中和事后的多层次、全流程立体API安全管控体系。事前加强安全审批，在人民银行API两级安全分类基础上针对A2进行进一步细化分类，通过差异化管理加强涉及敏感信息的API管控，涉敏信息传输的API接口需要在相应系统进行登记并进行严格的审批，未经批准不允许上线使用，同时加强合作方准入管理，建立涵盖技术和业务的多层次审批机制；事中加强安全使用，通过安全通讯协议、多元化身份认证、访问控制、客户授权、交易防重放等建立全链路的技术管控，保障数据传输安全，并对API访问记录日志信息；事后加强安全检测和审计，建立API开放平台、产品系统、大数据分析三层监控体系，通过异常模型检测、专家模型和大数据分析挖掘等多种方式进行风险检测，支持通过阻断、限流、服务降级等多种工具箱进行应急处理及日志溯源，确保平台整体平稳运行。

6. 生产数据安全防护。工商银行积极加强生产数据安全防护，不断完善生产数据安全管理体系，一是持续优化 IT 架构转型下的数据备份架构，确保全行核心信息系统的生产数据备份精准有效，先后完成各类大数据集群、工商银行金融生态云等备份方案与管理平台的自研工作，守牢备份数据安全底线。同时加强生产数据使用管理，研发生产数据恢复与脱敏自动化平台，实现事前脱敏的密钥/汉字对照表对变形实施人员不可见、事中对脱敏实时情况的监控与报错自动处理、事后自动对比验证敏感数据的脱敏结果及源文件自清理等，有效保障了生产敏感数据在开发、测试环境使用的安全，避免客户隐私及工商银行敏感业务数据的泄露和滥用。

7. 数据安全攻防。工商银行积极践行“以攻促防”建设思路，在同业中率先建立网络安全蓝军团队和安全攻防实验室，通过不断强化攻防两端实战能力，保障工商银行系统及数据安全。一是建立了一支覆盖全行的蓝军队伍，通过内部渗透测试、攻防竞赛、红蓝对抗演练等活动，构建攻防兼顾、能力相长的安全体系框架，有效保障客户资金和数据安全。二是切实贯彻“以攻促防”理念，通过开展安全测试及时发现安全隐患，对信息泄露等安全风险进行拦截，助力工商银行在实战中经受住了考验。三是积极推进人工智能数据安全攻防技术研究，针对图像识别、文本分析等人工智能重点应用领域，利用数据投毒、对抗样本等新型攻击技术，开展数据安全、模型算法攻防演练，及时发现并纠正安全风险，助力工商银行数据安全能力提升。四是制订生物识别数据攻击检测方案，基于活检层、设备层、算法层等攻击维度，对人脸识别、声纹识别等算法的安全防护能力进行全面评估，提升工商银行生物识别数据安全防护能力。

三、未来展望

数据安全的本质是通过必要措施对数据进行有效保护和合法利用，从而充分激发数据要素蕴藏的巨大价值，工商银行将持续秉承“以发展促安全，以安全保发展”的理念，从以下三个方面推进全行数据安全能力建设。

一是持续加强数据安全管理工作，密切跟踪国家、行业相关制度、标准的发布情况，积极进行分析研究，不断完善行内制度体系，强化人员管理，为全行数据安全工作提供有力支撑。

二是积极推进数据安全分类分级治理，结合国家、行业最新要求，梳理行内数据资产，强化数据分类分级保护要求，加强个人信息保护，充分保障数据全生命周期安全。

三是不断完善数据安全技术体系，加强传统数据安全技术应用，大力推进多方安全计算、联邦学习、同态加密等隐私计算新技术的研究与使用，促进数据跨机构安全流动，充分激发数据要素潜在价值。

金融账户

企业银行结算账户风险防范对策

——基于 AHP 层次分析及风险画像模型实证研究

文/宁波银行南京分行课题组*

摘要： 企业银行账户作为商业银行为存款人提供金融服务的基础载体的同时，也常被犯罪分子用于洗钱、诈骗、偷逃税款等违法活动，由此产生一系列由客户因素引发的业务运营外部风险。近年来，全国各地电信诈骗形势严峻，涉诈、涉赌风险案件呈持续上升趋势。本研究以南京地区商业银行风险账户为样本，采用主观专家经验与客户风险账户数据分析相结合的方式，通过 AHP 层次分析与逻辑回归模型、随机森林模型实证分析方法对企业账户风险画像情况进行综合分析，提出了一种交易风险监测综合画像模型构建策略，有效解决账户风险排查过程中痛点问题，提升风险账户识别效率与识别准确性。

关键词： 企业　账户　风险　模型

一、研究背景与现状

根据全国多地公安机关披露的信息，近年来对公账户已逐渐成为电信诈骗和洗钱团伙的“高级”犯罪工具。注册、买卖对公账户，成了电信诈骗黑市的一条专门产业链。这些被买卖的对公账户，经几道手之后，最终成为电信网络诈骗团伙、境外赌博团伙的洗钱账户。不法分子在利益的驱使下通过各种方式大量地开立、买卖账户用于电信诈骗等违法犯罪活动。

风险形势严峻，究其原因，除了企业注册便利的原因外，更在于银行机构在对

* 课题组组长：周琦；课题组成员：刘智炜、姜燕、徐弋、陈琛祎。

公账户管理过程中未能严格履行客户身份识别各项要求及日常排查，为不法分子提供了便利。监管单位要求银行金融机构按照“谁开户、谁负责”的原则进行风险识别，对于涉案账户追溯对应开户行以及相关工作人员。目前已有多家银行及网点因对公账户风控问题被追责，轻则官方通报处罚，重则暂停新开业务多个月。

（一）外部涉案形势分析

根据2020年以来人民银行发布的数期《支付业务风险提示》以及最高人民法院对外公开数据分析，风险账户涉案特征主要呈现以下特点：

一是案件总量与损失金额“双升”，社会危害性不断扩大。从涉诈案件总量方面来看，2016年至2020年，全国电信网络诈骗案呈“井喷式”上升趋势，每年破获的电信诈骗案件数量增长率超50%；从人均损失金额方面来看，2016年至2020年，涉电信网络诈骗人均损失由2016年的9741元上升至2020年的24476元，上升幅度达151%。电信网络诈骗犯罪涉及范围广、危害程度大的特点日益突出，给社会大众的财产安全造成了严重影响。

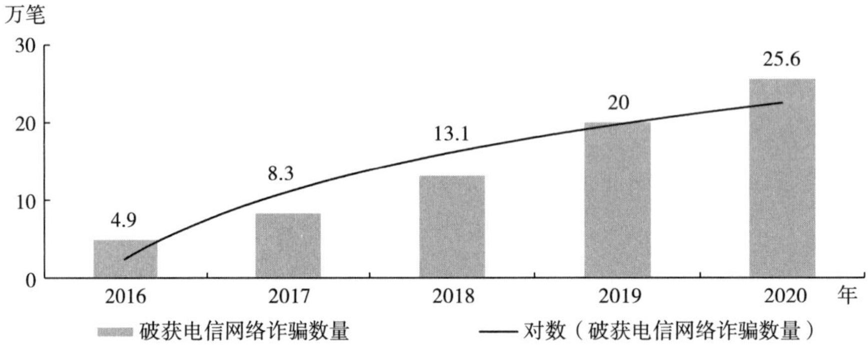

图1　我国2016—2020年破获网络诈骗数量分析

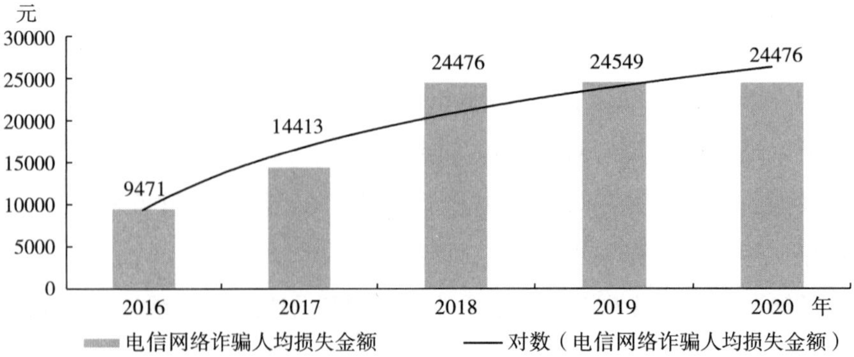

图2　我国2016—2020年电信网络诈骗人均损失金额分析

二是对公账户载体占比增加，账户管理难度显著提高。根据公安部门在2020年1月至4月的通报情况来看，我国涉电信网络诈骗案件使用的收款银行账户共计16.5万户，其中单位银行账户3.4万户，在总涉案账户数量占比已接近三分之一。对公账户逐渐受到不法分子“青睐”，被大量用于电信网络诈骗等犯罪活动。究其原因，一方面，对公账户的隐蔽性更强。传统认知中，对公账户的背后有正规公司、贸易往来支撑，群众警惕性不高，容易受骗转账，导致对公账户逐渐成为涉公司类诈骗接收赃款的“必需品”。另一方面，对公账户的资金拆分速度更快。目前，大多数企业在注册时主要采用认缴制方式，对公账户非柜面转账限额往往较高，大额资金拆分流转快，能够满足电信网络诈骗赃款流转的特殊需求，作为犯罪分子赃款洗钱的“水房”具有天然优势。上述涉案账户结构的变化，也对商业银行的账户管理，尤其是企业结算账户管理提出了更高的要求。

（二）风险账户特征分析

1. 总体情况分析。根据腾讯发布的《电信网络诈骗治理研究报告（2019年上半年）》，“与以往简单结伙、单兵作战不同，近年来电信网络诈骗运作模式日趋专业化、公司化，犯罪手段日趋智能化，活动地域呈现跨境化，并逐渐形成恶意注册、引流、诈骗、洗钱等上下游环节勾连配合的完整链条，各环节精细分工、专业运作、技术应用迭代升级，形成了网络诈骗的新范式”。电信诈骗呈现典型的团伙特征，存在收取诈骗赃款的所谓“专用账户”，账户被用于套现犯罪所得，受害人存在屡次受骗的现象，在实施电信诈骗的过程中，存在账户买卖和实际账户持有人非本人等现象，账户之间存在关联交易往来。

2. 电信诈骗流转模式分析。目前电信诈骗的流转模式按照方式和路径，大致可以分为两种：

一是“纯交易”上下游资金流动模式。通常如图3所示的一、二、三级账户资金往来，呈现类“金字塔”状，通过层层拆分划转的形式，将收入的大额诈骗资金通过二、三级数量众多的账户予以分散，最后经由所谓“背包客”或“车手”以现金形式取出。

二是“交易+流通”混合第三方支付的资金流动模式。通常如图4所示，通过在资金链头、尾部之间增加快捷支付、POS机以及虚拟货币等第三方支付平台

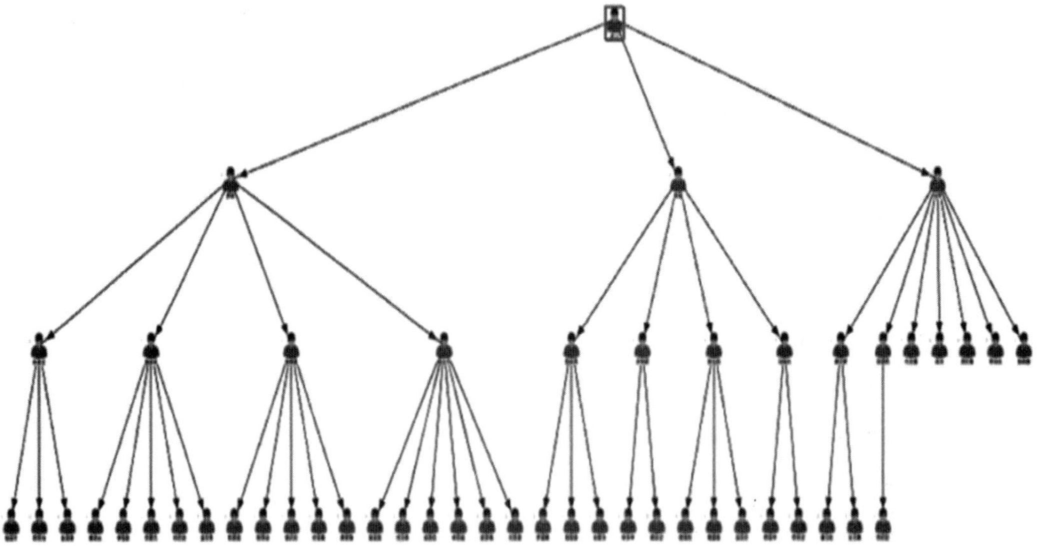

图 3 “纯交易”上下游资金流动模式资金划转形式

方式，例如将诈骗所得的账户资金用于购买第三方支付平台代售的基金产品，再经过基金赎回操作实现资金的“离析”后，最终通过提现等形式完成资金流转，将非法诈骗资金予以洗白。由于中间平台的信息存储格式和商业银行等金融机构的信息存储格式不同，在两种不同格式的数据之间建立关联难度较大，故较“纯交易”上下游资金流动相比，此模式的隐蔽性更强，有效阻断了来自结算账户的资金追查，增加了商业银行资金性质甄别的难度。

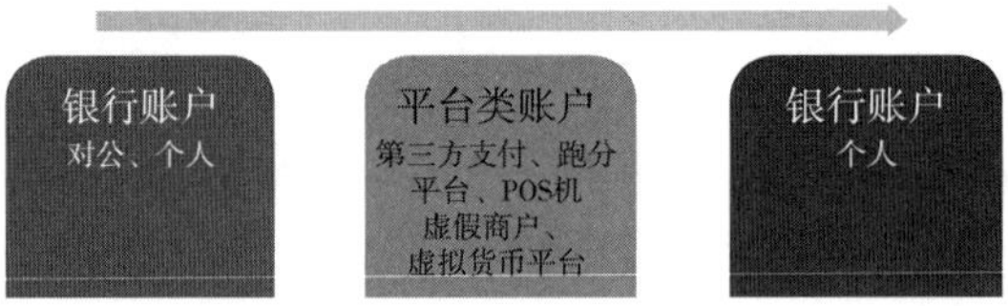

图 4 “交易 + 流通”混合第三方支付的资金流动模式

（三）商业银行在企业银行结算账户风险防范中面临的问题

1. 基础信息方面。“单一维度”识别，缺少系统性的综合评价方法。为了对企业账户进行有效风险识别，目前各商业银行均已逐步加强账户准入与监测力度，在开户及日常风险排查环节，根据客户基础信息情况设置相应的风控评价指标并纳入账户尽职调查范围。以笔者调研的部分商业银行为例，其在对客户基础信息方面实施的风险识别及管控举措如表 1 所示。

表 1　　部分商业银行客户基础信息风险管控方式总结

客户基础信息维度	判断维度	风险管控举措
客户名称	企业注册名称随意，使用无意义词组作为企业户名	强化尽调并提供项目背景材料，经有权人审批
账户名称		
注册地址	虚拟注册地址且核实为异常的	原则上不准入开户
	3 家及以上开户企业注册地址相同的	强化开户审核，落实实地亲访
实际经营地	无实际经营场所或无实质经营项目的	原则上不准入开户
	3 家及以上开户企业实际经营地相同的	强化尽调、落实实地亲访并提供项目背景材料
经营范围	实际经营情况与经营范围明显不相符的	原则上不准入开户
法定代表人、经办人	异地法定代表人地处电信诈骗敏感地区	强化尽调并提供项目背景材料，经有权人审批
	多个企业间的法人与经办人、网银经办复核人为同一人的	强化尽调、落实实地亲访并提供项目背景材料

上述方式虽在一定程度上能够阻断风险账户的开立，但仅仅通过某一项基础信息情况即判断客户存在风险，难免有失偏颇，进而极大程度地增加正常企业被“误判”的概率。那么，是否能够基于客户基础信息的综合评价方法，以提高对于风险客户识别的准确性，将是未来各商业银行面临的一项重要课题。

2. 交易监测方面。“经验主义”优先，缺少可量化的权重分析过程。商业银行在日常账户资金流水排查过程中，实际需要监测的维度十分繁杂，包括但不限于：账户休眠小额试探、大额资金过渡、夜间频繁交易、快进快出、大额公转私等。在特殊情况下，还需结合企业的经营情况、财务年报、关联企业等进行综合判断才能最终确定账户交易是否存在异常。这些交易监测复杂程度高、经营关联性强，使得商业银行实际工作开展难度较大，各商业银行目前仍主要依靠排查人员经验来进行异常排查，主观判断的成分过大，影响资金异常识别的准确性。此外，随着“断卡”行动工作的不断深入，后续账户全面排查工作将逐渐趋于常态化，人工排查的方式也将迫使员工核查工作量大幅增加，如何在“量”升基础上，保证核查效果不打折扣，对于商业银行而言也是一个不小的挑战。那么，是否能够结合交易监测各类异常特征维度，形成可量化的权重分析策略，以协助排查工作人员判断资金异常情况，进而增强核查的客观性，提升核查效率，也是商业银行急需解决的问题。

3. 账户服务方面。“求多求全”思想，缺少客观性的负面评估机制。若仅从风险防范角度出发，毋庸置疑，商业银行在账户全生命周期中，实施风险管控举措数量越多必然风险管控水平越高。然而，如不对管控举措的合理性进行有效评估，一味在管控举措上“求多求全”，将导致对公客户约号难、开户手续烦琐、业务办理时间长等一系列服务方面的问题，进而严重影响正常企业，尤其是小微企业的开户进度和使用便利性。根据笔者调研，目前仍有不少商业银行，采用上述“求多求全”思路进行行内账户风险管控，这与国家优化营商环境以及放管服改革“两个不减、两个加强”初衷是明显相悖的。因此，商业银行在风险防控工作中除了应做好“加法”举措有效防范异常风险，更应积极探索“减法”机制，通过有效的评估方法，剔除低效、冗余的管控维度，实现账户风控环节的“精准施策”。

（四）本文的研究思路

在服务客户实践中，银行作为履行责任主体，既要有效管控账户风险，又要

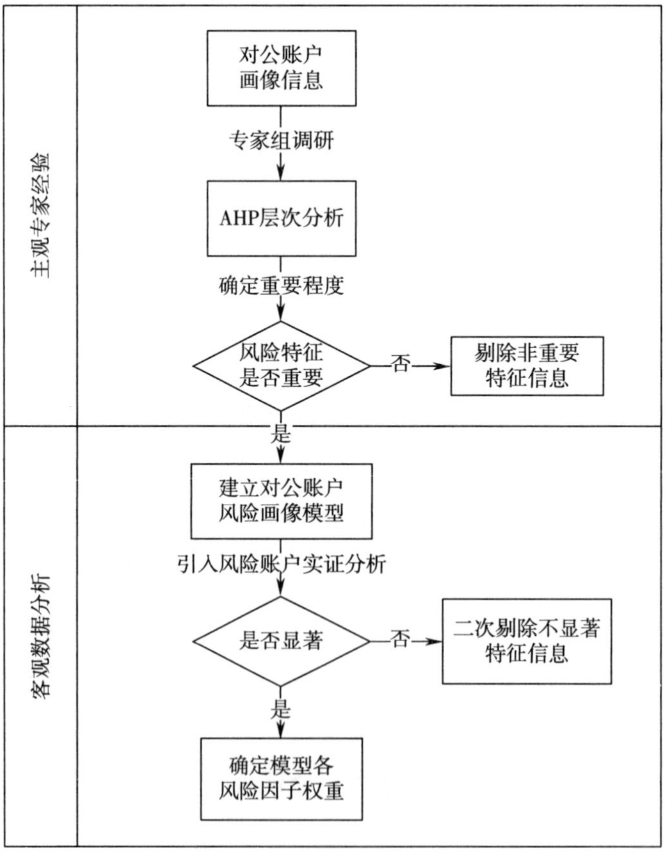

图5 对公账户风险画像模型研究思路导图

保障客户的正常开户需求，实现强化账户风控与优化账户服务的平衡。为了有效解决上述商业银行在企业结算账户风险防范过程中的痛点问题，本文计划采用主观专家经验与客户风险账户数据分析相结合的方式，通过 AHP 层次分析与实证分析方法对企业账户风险画像情况进行综合分析，进而剔除与账户风险低相关、不显著信息要素，形成交易风险监测综合画像模型。进而从账户准入、交易、处置等多个环节对风险账户进行全生命周期的风险防控，有效识别风险账户。

二、基于层次分析法（AHP）层次分析的对公账户风险特征判别与决策

为了有效解决商业银行日常对公账户排查过程中，风险信息综合量化评价难的问题，本文在异常账户初筛方面进行创新，通过 AHP 对单位账户风险特征打分形成综合量化指标，再对相关指标合理性加以分析验证，最终得出对公涉诈账户的风险特征因子用于构建风险判别模型，从而实现快速有效地筛查风险账户的目标。

（一）AHP 风险特征权重分析过程

AHP 是一种运筹学决策分析方法，于 20 世纪 70 年代中期由美国运筹学家托马斯·塞蒂（T. L. Saaty）提出，属于一种运筹学与数学相结合的分析方法，适用于解决难以定量分析的决策问题，在农业、运输、经济等领域广泛应用。AHP 在决策方面主要是用于对方案选择的决策，也可以在此基础上计算各方案对目标的权重（优先度）。本模型可以将方案更换为风险，从而能够逆向推测各风险要素对目标层——账户的重要程度，并对该重要程度进行量化，确定占比。

AHP 对账户风险评价的基本步骤包括三步，分为构建层次结构模型、构造成对比矩阵、排序及其一致性检验。

1. 构建层次结构模型。为了便于更加深入了解对公账户全生命周期中各类信息的内在逻辑关系，进而为后续风险特征的选择提供有效决策。我们首先将决策问题分解，并分为多个层次，构建完整的层次结构模型，同一层的各个因素从属于上一层的因素，或对上层因素产生影响，同时又支配下一层的因素或受到下层因素的作用。

表 2　对公账户风险特征层次结构模型

目标层	风险类型	风险特征
异常账户风险	客户基础信息	企业名称
		注册证件号
		注册时间
		注册地址
		注册资本
		法人
		经营范围
	账户信息	开户时间
		账户类型
		实际经营地
		经办人信息（含网银）
		业务复核人信息（含网银）
	交易特征	交易时间
		交易笔数
		交易对手
		交易附言
		交易金额
	外部穿刺	手机号码使用情况
		纳税信息情况
		外部黑、灰名单情况
		工商异常情况
		企业信用情况

2. 专家组评价打分。根据本课题的研究范围，笔者选择 12 家商业银行分管行长、营业网点运营经理及主管、风控职能部门风险监测岗位人员共同组成专家小组，通过对专家团队发放调研问卷评价打分的模式形成得分矩阵，并针对性制定一级指标——风险类型因子的判断表。上述专家小组人员均具备丰富的账户风险排查经验，在日常工作中对风险账户排查的实际情况十分了解，能充分代表各层意见，具备较强的决策参考性。

3. 构造成对比矩阵。根据已经确定的以下 4 个一级指标：基础信息（A1）、账户信息（A2）、交易特征（A3）、外部穿刺特征（A4），利用 AHP，通过两两比较的方式得出判别层次中诸多因素相对的重要性，之后进行相对重要性排序以综合判断方法为标准，构建四个指标对比矩阵，按照度量表标准进行比较。

表 3　　层次分析法度量标准表

标度	含义
1	表示两个因素相比，具有同样重要性
3	表示两个因素相比，一个因素比另一个因素稍微重要
5	表示两个因素相比，一个因素比另一个因素明显重要
7	表示两个因素相比，一个因素比另一个因素强烈重要
9	表示两个因素相比，一个因素比另一个因素极端重要
2，4，6，8	上述两相邻判断的中值
倒数	表示两个要素相比，后者比前者的重要性标度

$A_{ij}=2n$，$n=1$，2，3，4，元素 i 与 j 的重要性介于 $A_{ij}=2n-1$ 与 $A_{ij}=2n+1$ 之间；反之则：如果第 i 个指标比第 j 个指标重要，即 $A_{ij}=3$。如果第 j 个指标比第 i 个指标重要，就 $A_{ji}=1/3$。

$$A_{ji} = \frac{1}{A_{ij}}$$

按照以上的量表，对以上四个指标进行两两评判，得到一个矩阵计算出矩阵的特征向量后，就可以计算出 A1、A2、A3、A4 四个指标的相对权重。对矩阵的各列求和后，得到一个矩阵（命名为对比矩阵 A），具体如表 4 所示。

表 4　　对比矩阵表 A——求和过程

风险类型判断字段	基础信息	账户信息	交易特征	外部穿刺特征
基础信息	1	3	1	2
账户信息	1/3	1	1/3	1/2
交易特征	1	3	1	2
外部穿刺特征	1/2	2	1/2	1
SUM	2.8333	9	2.8333	5.5

对每一列进行归一化处理，公式如下：

$$B_{ij} = \frac{A_{ij}}{\sum A_{ij}}$$

其中，$\sum A_{ij}$的值为各列的和，即表 4 中的 SUM 行。归一化处理后，得到一个新的矩阵结果（命名为对比矩阵 B），对每一行进行求和即得出特征向量，具体如表 5 所示。

表 5 对比矩阵表 B——特征向量确定

风险类型判断字段	基础信息	账户信息	服务指标	外部穿刺特征	λ（特征向量）
基础信息	1/3	1/3	1/3	3/8	1.40285205
账户信息	1/9	1/9	1/9	1/9	0.43731432
服务指标	1/3	1/3	1/3	3/8	1.40285205
外部穿刺特征	1/6	2/9	1/6	1/6	0.756981581
SUM	1	1	1	1	4

4. 风险类型字段的层次排序。通过对特征向量进行归一化处理，公式为：

$$W_i = \frac{B_j}{\sum B_j}$$

得出风险类型判断各字段的权重比例，具体如表 6 所示。

表 6 对比矩阵表 B——权重比例计算

风险类型判断字段	基础信息	账户信息	交易特征	外部穿刺特征	λ（特征向量）	权重 W	w%
基础信息	1/3	1/3	1/3	3/8	1.40285205	0.350713012	35%
账户信息	1/9	1/9	1/9	1/9	0.43731432	0.10932858	11%
交易特征	1/3	1/3	1/3	3/8	1.40285205	0.350713012	35%
外部穿刺特征	1/6	2/9	1/6	1/6	0.75698158	0.189245395	19%
SUM	1	1	1	1	4	1	100%

5. 一致性检验。又根据随机一致性比率检验公式：

$$C.R. = \frac{C.I.}{R.I.}$$

其中，$C.I. = \frac{\lambda_{\max} - n}{n - 1}$，$\lambda_{\max} = \frac{\sum (AW)_i}{nW_i}$

计算得出的 C.R. =0.03835658/0.89 =0.043097281 <0.1，即保持显著水平。因此，依据层次分析法得出初步结论，在从风险类型中排查异常账户时，账户的基础交易信息与交易特征相对于账户信息以及外部穿刺特征，在日常排查中重要程度更高。

表 7 风险类型重要程度占比情况

风险类型判断字段	风险类型	权重 W_i
异常账户风险	基础信息	35%
	账户信息	11%
	交易特征	35%
	外部穿刺特征	19%

限于篇幅原因，对公账户风险特征与风险类型字段的计算过程基本一致，本文不再赘述，直接给出已经过 CR 检验一致性检验的权重结果，具体如表 8 所示。

表 8　　　　风险特征重要程度情况

风险类型	风险特征	归一化权重 W_i	风险特征	风险类型	归一化权重 W_i
基础信息	法定代表人	8.74%	交易特征	交易对手	11.22%
	注册地址	7.72%		交易笔数	9.38%
	经营范围	5.82%		交易时间	7.36%
	企业名称	4.63%		交易金额	4.69%
	注册时间	3.47%			
	注册资本	3.09%		交易附言	2.35%
	注册证件号	1.54%			
账户信息	经办人信息（含网银）	3.26%	外部穿刺特征	外部黑、灰名单情况	7.64%
	实际经营地	3.26%		工商异常情况	4.65%
	业务复核人信息（含网银）	2.04%		企业信用情况	2.61%
	开户时间	1.63%		手机号码使用情况	2.61%
	账户类型	0.81%		纳税信息情况	1.50%

如表 8 所示，AHP 归一化权重 W_i 超过各风险特征重要程度归一化权重 W_i 中位数 3.47% 的账户风险要素共有 10 个，风险权重占比最高的是“交易对手”（11.22%），其次为“交易笔数”（9.38%），剩余不再赘述。

（二）对公账户风险画像模型因子的选择与假设提出

根据表 8 列示的各风险类型项下风险特征的重要程度占比，结合外部账户政策文件要求评估，笔者最终选择以下信息构建对公账户风险画像模型框架。

表 9　　　　对公账户综合风险画像模型框架

变量类型	风险类型	模型因子	变量名称	数据口径说明
被解释变量	—	风险账户	*riskaccount*	包括公转私异常、流水异常、人行黑名单、外部涉案账户、工商异常账户五大类异常账户
解释变量	交易特征	交易金额	*value*1	流水与注册资本比： 账户交易流水与注册资本比是否合理
			fast	快进快出： 账户是否存在快进快出情况

续表

变量类型	风险类型	模型因子	变量名称	数据口径说明
解释变量	交易特征	交易对手	*centralize*	集中转入分散转出、分散转入集中转出： 账户是否存在集中转入分散转出、分散转入集中转出情况
		公转私	*ptp*	公转私： 账户是否存在公转私金额、笔数异常情况
		交易时间	*overnight*	夜间交易： 账户是否存在频繁夜间交易情况
	基础信息	法定代表人/单位负责人	*age*	法人年龄： 是否存在法定代表人年龄过大或过小情况
			bossaddress	法人地址： 是否存在法定代表人身份证地址不为本地情况
		注册地址、实际经营地	*address*	单位地址： 注册地址和实际经营地址是否为本地
		客户、账户名称	*name*	名称与经营范围敏感词： 客户名称、账户名称、企业经营范围存在敏感词的
		企业经营范围		
	外部穿刺特征	法定代表人/单位负责人手机号码	*phone*	单位的法定代表人手机号码是否实名注册
控制变量	—	交易用途、附言	*control1*	代发工资剔除
			control2	同户名划转剔除

模型中涉及各要素与AHP风险特征重要程度情况一致的，不再赘述。下文将针对模型因子选择过程中与AHP分析结果存在差异的字段进行重点分析。

1. 基础信息部分。模型因子选择中与AHP分析结果存在差异的主要为注册地与实际经营地字段。此两字段在账户风险排查过程中具有高度相关性，故一同进行讨论。从专家小组对两种地址重要程度的评判不难看出，目前监管部门及商业银行对于注册地与实际经营地在账户风险排查过程中的作用较有争议。《中国人民银行关于加强支付结算管理 防范电信网络新型违法犯罪有关事项的通知》（银发〔2016〕261号）明确，“银行须审慎核实对公账户开户的每项信息，特别是对注册地址不存在或虚构经营场所的单位，银行不得为其开立对公账户”。但在实际的账户排查中发现，部分初创小微企业集中注册或暂无实际经营地址的情况较为普遍，并不能充分印证账户风险情况。

据此，本文提出假设1：注册地址与实际经营地址对账户风险影响不显著，以确定相关字段是否纳入本文构建的对公账户风险画像模型。

2. 交易特征部分。模型因子选择中与 AHP 分析结果存在差异的主要为交易用途、附言字段。通过对诈骗分子资金使用过程中行为心理的分析，笔者认为一般情况下不法分子使用涉案账户进行资金交易时往往具有较强隐蔽性，正常情况下不太可能在交易附言中留下诈骗线索，因此单看该字段实际对风险账户的判断作用不大，这与专家组的意见是一致的。但逆向思考后不难发现，交易用途、附言字段对于定位正常交易流水明细具有较高价值，进而在账户交易流水分析时最大限度剔除干扰信息，进而提升模型分析的准确性，因此仍将相关字段纳入风险画像模型。

3. 外部穿刺特征。模型因子选择中与 AHP 分析结果存在差异的主要有以下几项：

（1）外部黑名单情况、工商异常。此两类字段虽在 AHP 风险特征分析过程中重要程度较高，但考虑通常情况下，若账户已涉及外部黑名单及工商异常等情况，则根据外部法律、法规已能够直接对相关账户进行久悬或权销处理，故将相关字段纳入风险画像模型进行综合打分已无实际意义。

（2）法定代表人/单位负责人手机号码。根据外部环境监测，不难发现近年涉赌、涉诈风险案件中，“实名不实人”的电话卡作为整个诈骗链条中关键环节，是被犯罪分子用来实施电信诈骗联系受害人的主要方式。因此，2020 年 10 月 10 日国家正式部署实施“断卡”行动，对出租、出售、贩卖银行卡、电话卡的行为予以严厉打击、整治和惩戒。彻底斩断电信诈骗等违法犯罪分子的手段、出路和念头。然而，在异常账户 AHP 风险特征分析过程中，专家组并未将“法人手机是否实名制”作为权重突出的风险因素进行考虑，笔者认为主要原因在于，非实名制手机号码往往多被诈骗分子用于诈骗实施阶段，而非诈骗实施结束后的资金转移阶段。“手机非实名制”是否与账户风险直接相关有待进一步商榷。

据此，本文提出假设 2：手机号码对账户风险影响不显著，以确定手机号码本人注册核验与账户风险情况的相关性，并决定最终是否纳入本文构建的对公账户风险画像模型。

三、基于账户数据的综合风险画像探索性分析

本文第二节通过 AHP 层次分析，从交易特征、基础信息以及外部穿刺特征

三个方面选取账户风险画像模型的变量，本文先剔除数据缺失的单位，而后对各个变量进行显著性检验，随后通过 Logistic 回归与随机森林，对结果进行进一步比较。

（一）样本的选取

本文研究对象以行内对公账户为单位，考虑到数据完整性，剔除数据缺失的单位账户，最终筛选出 1601 个对公账户，其中包含 453 户风险账户，数据来源于行内系统。

1. 变量选取。

（1）被解释变量说明。风险账户（*risk account*）：通过筛选公转私异常、流水异常、人行黑名单、外部涉案账户、工商异常账户五大类异常账户，构造相应的风险账户虚拟变量，正常账户为“0”，风险账户则为“1”。

（2）解释变量说明。通过上文 AHP 分析，本文从基础信息、交易特征以及外部穿刺特征三个方面选取账户风险画像模型的解释变量。

基础信息方面，建立法人信息、单位注册地与实际经营地、客户名称与经营范围三类变量。

法定年龄（*age*）：如果法人年龄小于 20 岁或大于 60 岁则为“1”，介于 20 岁至 60 岁则为“0”；

法人地址（*boss address*）：法人地址为异地地址为“1”，本地则为“0”；

单位注册地址与实际经营地址是否为本地（*address*）：是异地为“1”，本地则为“0”；

客户名称、账户名称或经营范围敏感字（*name*）：综合考虑到已有较多风险账户中，客户名称、账户名称或经营范围中含有“财富”“网络科技”“投资”“资产管理”“资本”“租赁”“信托”“融资”“私募”“网贷”“有限合伙”“金融服务”“金融外包”“信息科技”“基金”“交易所”“商业保理”“理财”，因而构造相应的虚拟变量，若含有上述敏感词，则将其设为“1”，反之则为“0”。

交易特征方面，建立交易金额、交易对手以及交易时间三类变量。

企业日常流水与注册资本比（*recapital*）：通过样本数据中企业日常流水置信区间与注册资本比，判断合理性，不合理赋值“1”，合理赋值“0”；

企业交易快进快出（*fast*）：通过样本数据中企业日均余额与借贷笔数比判断合理性，不合理赋值为“1”，否则为“0”；

企业公转私（*ptp*）：通过公转私笔数以及金额判断单位账户是否存在公转私合理，合理赋值为“1”，否则为“0”；

集中转入分散转出或者分散转入集中转出（*centralize*）：通过账户借方交易笔数与贷方交易笔数比，判断合理性，不合理赋值“1”，合理赋值“0”。

夜间交易（*overnight*）：通过夜间交易笔数情况，判断合理性，不合理赋值“1”，合理赋值“0”。

外部穿刺方面，建立手机号码一类变量。

单位法定代表人手机号码是否实名认证（*phone*）：若不是实名认证则为“1”，反之则为“0”。

需要注意的是，交易特征方面，由于样本数据近似拟合正态分布，样本数据量较大，根据中心极限定理，本文采用相关数据的置信区间来判断各虚拟变量的阈值。

2. 显著性检验。为更好地观测出样本集的组间差异和组内差异，本文采取联合假设检验（F - Test）对样本进行显著性检验，具体检验结果如表 10 所示。

表 10　　主体间效应检验

源	Ⅲ类平方和	自由度	均方	F	显著性
修正模型		10	25.900	625.593	0.000
截距	0.043	1	0.043	1.033	0.310
流水与注册资本比是否合理	0.614	1	0.614	14.837	0.000
是否快进快出	0.882	1	0.882	21.302	0.000
是否公转私异常	4.074	1	4.074	98.407	0.000
是否集中转入分散转出或分散转入集中转出	1.371	1	1.371	33.119	0.000
是否夜间频繁交易	0.499	1	0.499	12.061	0.001
是否存在法人年龄过大过小	44.406	1	44.406	1072.602	0.000
法人是否异地	0.662	1	0.662	15.999	0.000
注册地与经营地是否为本地	28.915	1	28.915	698.425	0.000
手机号码是否实名	0.031	1	0.031	0.749	0.387
客户名称是否存在敏感词	0.206	1	0.206	4.984	0.026
误差	65.827	1590	0.041		
总计	453.000	1601			
修正后总计	324.824	1600			

注：检验结果来自 SPSS。

根据上述检验结果可知，手机号码是否实名认证未通过显著性检验，因此拒绝原假设，接受备择假设，手机号码是否实名认证对风险账户并没有太大影响，因而下文模型中剔除手机号码是否实名认证，进一步建立模型对风险账户的影响因子进行分析。

（二）逻辑回归模型

1. 模型建立。逻辑回归是一种传统的二分类模型，将目标值拟合到［0，1］，然后对目标值进行离散化，实现分类。本文利用通过显著性检验后的相关变量作为自变量，将账户是否为风险账户作为因变量建立逻辑回归模型，对账户风险进行预测。

首先 Logistic Regression 在线性回归理论的基础上添加了 Sigmoid 函数，如下所示：

$$f(x) = \frac{1}{1 + \exp(-x)}$$

当 $x=0$ 时，$f(x) = 0.5$，当 x 趋于无穷的时候，$f(x) = 1$，x 趋于负无穷的时候，$f(x) = 0$，Sigmoid 函数可以通过将输出转换为（0，1）之间的取值，以 0.5 为区分点对输出进行分类。

2. 参数估计。本文首先将通过 AHP 层次分析得出的 10 个特征变量进行逻辑回归建模，如表 11 所示。

表 11　　逻辑回归参数结果

变量	系数	标准误	Z	P>|z|	
recapital	6.1541	0.5437	11.3180	0.0001	***
fast	1.1022	0.3356	3.2840	0.0031	**
ptp	3.5428	0.4318	8.2050	0.0010	***
centralize	5.3725	0.4117	13.0500	0.0001	***
overnight	1.9964	0.8737	2.2850	0.0223	*
age	-2.0753	0.4534	-4.5770	0.0001	***
bossaddress	-1.5850	0.3589	-4.4170	0.0001	***
address	1.0050	0.3392	2.9620	0.0001	**
name	-1.5094	0.7035	-2.1460	0.03191	*
phone	-14.1464	863.2166	-0.016	0.9869	

注：回归结果来源于 R 语言。

由表 11 可得，逻辑回归结果显示注册地址与实际经营地址的 P 值为 0.0001，该变量极其显著，故本文第二节提出假设 1 不成立；手机号码是否实名认证的 P 值大于 0.05，该变量不显著，故本文第二节中提出的假设 2 成立。

因此将其剔除后进行逐步逻辑回归，通过对比 AIC 值，选取 AIC = 303.82 拟合度最优时的结果，如表 12 所示。

表 12　　　　逻辑回归参数结果 –2

变量	系数	标准误	Z	P > | z |	
recapital	6.1557	0.5433	11.3300	0.0001	* * *
fast	1.0838	0.3355	3.2310	0.0012	* *
ptp	3.5554	0.4315	8.2390	0.0001	* * *
centralize	5.3996	0.4124	13.0920	0.0001	* * *
overnight	1.9933	0.8665	2.3000	0.0214	*
age	–2.0796	0.4536	–4.5840	0.0001	* * *
bossaddress	–1.5973	0.3586	–4.4540	0.0001	* * *
address	1.0207	0.3392	3.0090	0.0026	* *
name	–1.4939	0.7036	–2.1230	0.0337	*

注：回归结果来源于 R 语言。

由表 12 可知，变量对模型影响从高到低的排序情况，依次是法人年龄是否过大或过小、注册地与经营地是否为本地、是否公转私异常、是否快进快出、流水与注册资本比是否合理、是否夜间频繁交易、客户名称是否存在敏感词、法人是否异地、是否集中转入分散转出或分散转入集中转出。

为进一步验证上述结果的可靠性，在回归过程中对于各个变量进行重要性打分，增强模型的可解释性，本文接着构建随机森林模型，对数据进行分类预测。

（三）随机森林模型

1. 模型算法简介。随机森林是一种以决策树为基学习器的集成学习算法，在分类和回归上具有良好的性能，所以我们将使用随机森林对数据进行分类预测。

算法流程：

（1）从原始训练集中，应用 Bootstrap 方法有放回随机抽取 m 个样本，共进行 b 次采样，并由此构建 b 棵决策树，同时未抽取到的数据即袋外数据（OOB）作为随机森林的测试样本。

（2）设原始数据变量个数为 n，则在每一棵决策树的每个节点处随机抽取 m _0个变量（m _0 < n）作为备选分枝变量，一般取 m0 = p/3，然后在其中根据

分枝优度准则选取最优分枝。

（3）每棵树开始自顶向下递归分枝，本文设定叶节点最小尺寸为3，并以此作为回归树生长的终止条件，即当叶节点数目小于3时，停止分枝。

（4）将生成的b棵决策树组成随机森林模型，由多棵决策树预测的均值决定最终预测结果。回归的效果评价采用袋外数据（OOB）预测残差均方MSE及拟合优度 R^2。

具体流程如图6所示。

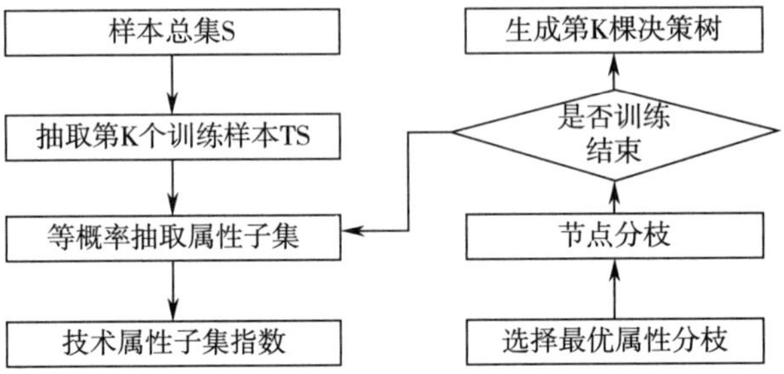

图6　随机森林流程

在进行回归的过程中，对每个变量进行打分，获取变量重要性得分，增加了模型的可解释性，并通过残差均方误差减少量衡量。

具体过程如下：

（1）每一个自助样本建立一个回归树，产生袋外数据b个，同时使用该模型对应的袋外数据OOB进行预测，得到袋外数据的残差均方及标准误差（SE）；残差均方记为MSE_1，MSE_2，MSE_3，…，MSE_B；

（2）遍历拟合回归树所用到的变量x_i，形成新的OOB测试样本（即只采用x_i剔除其他变量），然后用已建立的随机森林对新的OOB进行预测，并获取置换后的OOB残差均方，结果矩阵如下：

$$\begin{matrix} MSE_{11} & MSE_{12} & MSE_{13} & \cdots & MSE_{1b} \\ MSE_{21} & MSE_{22} & MSE_{23} & \cdots & MSE_{2b} \\ \cdots & \cdots & \cdots & \cdots & \cdots \\ MSE_{p1} & MSE_{p2} & MSE_{p3} & \cdots & MSE_{pb} \end{matrix}$$

（3）使用$MSE_1 \quad MSE_2 \quad MSE_3 \quad \cdots \quad MSE_b$与矩阵中 i 行向量相减后平均最后除以标准误差SE获取变量x_i的重要性评分。

$$score_i = \frac{(\sum_{j=1}^{b} MSE_j - MSE_{ij})/b}{SE} \qquad (1 < i < p)$$

2. 模型结果。本文使用 R 语言，建立随机森林模型，进行对筛选出的特征进行重要程度打分和预测，运行结果如图 7 和图 8 所示。

```
Call:
 randomForest(formula = y ~ ., data = data, importance = TRUE,       ntree = 1000)
               Type of random forest: regression
                     Number of trees: 1000
No. of variables tried at each split: 3

          Mean of squared residuals: 0.02933716
                    % Var explained: 85.54
> importance(data.rf)
       %IncMSE IncNodePurity
x1   19.475961     3.2145959
x2   24.654891     6.2613741
x3   75.301805    21.7864367
x4   37.800009    12.3962708
x5   21.281470     3.7976285
x6  122.915634   128.1371457
x7   19.346967     4.1559554
x8  113.700735    93.2270759
x9   12.109032     1.5249912
x10   7.634907     0.2494399
> varImpPlot(data.rf)
```

图 7　特征变量的运行结果图

由图 7 可以看出，法人年龄过大或是过小、注册地与经营地是否为本地以及公转私情况排名前三，重要性相对较高，法人年龄每增加 1 单位的误差，对账户风险的预测误差会增加 122.9156 个单位，准确性会减少；而客户名称是否存在敏感词以及手机号码是否实名的重要性相对较低，手机号码是否实名每增加 1 单位的误差，对账户风险的预测误差会增加 7.634 个单位。

绘制图像如图 8 所示。

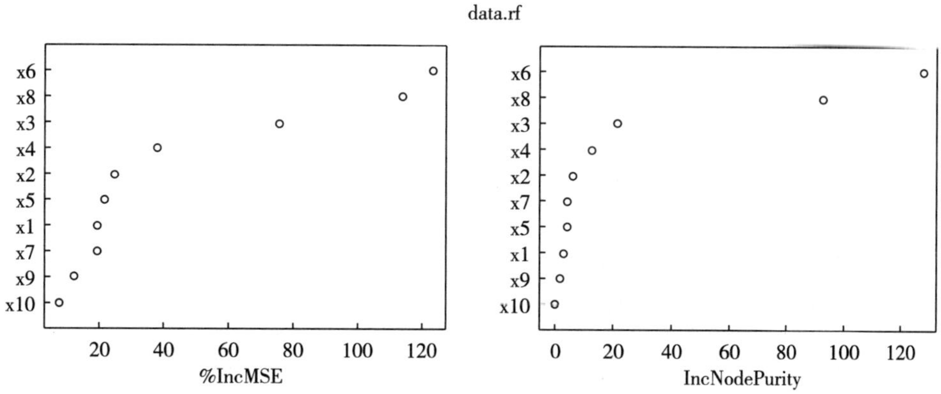

图 8　特征变量的重要性散点图

由图 8 可以看出，法人年龄过大或是过小、注册地与经营地是否为本地以及公转私情况重要性相对较高，法人年龄过大或是过小、注册地与经营地是否为本地的重要性程度均大于 100，而变量客户名称是否存在敏感词以及手机号码是否实名的重要性程度相对较低，变量 x_{10} 即法人手机号码是否实名的重要程度趋近于 0，则将该变量剔除，再次进行预测，结果如图 9 所示。

	0	1	MeanDecreaseAccuracy	MeanDecreaseGini
x1	0.0021445993	0.006295673	0.0032832855	5.325738
x2	-0.0005065047	0.015163032	0.0038001189	7.719498
x3	0.0087403303	0.062988835	0.0235446291	31.778493
x4	0.0003726334	0.040003332	0.0112228820	17.625903
x5	0.0034712030	0.003456601	0.0034612196	6.432786
x6	0.0771294750	0.185525017	0.1066612006	173.442081
x7	0.0009780081	0.004119071	0.0018407363	6.506123
x8	0.0817587962	0.157839643	0.1024669176	133.982140
x9	-0.0001923692	0.002370484	0.0005075626	2.639191

图 9　剔除后各变量的预测结果图

将相关变量权重按百分制进行归一化处理后，打分情况如表 13 所示。

表 13　　百分制转化后各变量权重打分表

变量名	打分情况（百分制）
recapital	34.76
fast	2.01
ptp	8.24
centralize	45
overnight	1.67
age	4.57
bossaddress	1.69
address	1.38
name	0.68

其预测准确度为 88.0%。

此外，ROC 曲线是评判模型效果的重要指标之一，ROC 曲线下的面积称为 AUC（AUC < 1），其值越大，分类器的正确率越高。该预测模型的 AUC = 94.1%，说明其预测效果较好，ROC 曲线如图 10 所示。

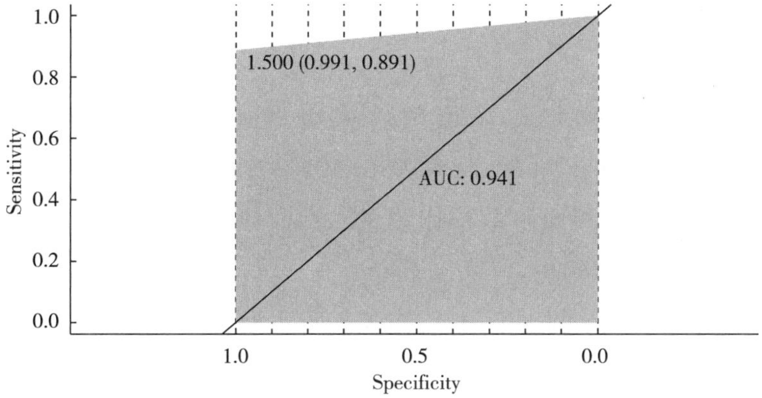

图 10　随机森林模型 ROC 曲线图

四、研究总结

通过上述研究内容，本文最终实现了以下三个方面的突破。

一是解决了传统排查方式下“维度单一”的问题。笔者基于对企业客户相关基础信息、账户信息、交易情况、外部穿刺等全面分析，提出了一种对公账户综合风险画像的建模方案。该方案较传统商业银行账户风险准入策略，识别方式更加科学，为银行在账户风险排查中有效避免“一刀切”提供了一种可行的思路。

二是厘清了对公账户“全生命周期”中各类信息风险相关性。通过主观专家经验（AHP）的分析以及逻辑回归模型显著性检验，本文对单位账户全生命周期中各类信息字段与风险的相关性进行了系统性评估，为商业银行风险防控手段决策提供了一种有效的合理性评估手段，进而在保证行内风控举措有效性基础上，精简冗余、低效防控举措，提升账户服务质量。

三是提升了对公账户日常风险排查的准确度与效率。本文基于账户综合风险画像，最终建立了随机森林账户风险预测模型，为商业银行日常账户风险排查，提供了一种有效的权重配置方案。该预测模型针对实验样本的预测准确率高达88%，若将其应用在实际生产场景下，形成以“模型排查为主、人工复核为辅”的排查模式，将极大程度提升风险排查的准确度与效率。

参考文献

[1] 腾讯．电信网络诈骗治理研究报告（2019 年上半年）https：//110. qq. com/article _ detail. html？id =556BA82F787BC4431FCC.

[2] 包虹．大数据视野下电信诈骗犯罪案件侦查策略探索［J］．甘肃警察职业学院学报，2017（14）．

[3] 杨晓宁．我国大陆地区电信诈骗新特点及侦防对策［J］．云南警官学院学报，2016（4）．

[4] 张玉荣．职能部门合力应对电信诈骗［J］．小康（中旬刊），2016（6）．

[5] 庞晓霞．从电信诈骗犯罪看银行反洗钱客户身份识别问题［J］．河北金融，2019（7）．

[6] 程小白，邓昌智．违法资金分析与查控技术实务指南［M］．北京：中国人民公安大学出版社，2019：160－164.

[7] 索朗热·戈尔纳奥提．网络的力量：网络空间中的犯罪、冲突与安全［M］．王标，谷明菲，王芳，译．北京：北京大学出版社，2018.

[8] 范永强．关于单位银行结算账户"公转私"业务风险防范的思考［J］．黑龙江金融，2018（3）．

新形势下优化银行账户分类分级管理路径研究

文/李彩虹　王　京*

摘要：有效的账户管理是存款人开展正常经营活动、获取各项金融服务的重要前提。当前，银行业金融机构面临优化账户服务和防控账户风险的双重考验，优化银行账户分类分级管理成为银行急需解决的课题。本文总结梳理账户分类分级管理现状，剖析了当前银行账户管理在组织架构、制度支撑、非柜面管控、风险评级体系等方面存在的问题，借鉴银行信用卡授信及风险控制经验，从加强制度建设、强化高风险业务管理、改造系统功能等方面探索构建新形势下的银行账户分类分级管理框架。

关键词：银行账户管理　分类分级　风险评估

一、银行账户分类分级管理现状

银行账户分类分级管理的实质是，按照“风险为本”的原则，对不同客户进行精准的风险评估，并根据客户风险水平、实际支付需求，为其开通或设定相适应的账户功能，以实现风险可控和优化服务的双重目标。近年来，人民银行指导商业银行不断健全银行账户分类分级管理机制，持续提升银行账户管理水平。

* 作者单位：李彩虹，中国人民银行娄底市中心支行；王京，中国人民银行长沙中心支行。

（一）人民银行账户分类管理有序推进，相继出台个人账户分类管理和简易开户服务指引等政策

1. 出台个人银行账户分类管理制度。2015 年以来，人民银行启动个人银行账户制度改革，以落实银行账户实名制和保护存款人合法权益为核心，兼顾安全和效率的原则，建立并全面推行个人银行账户分类管理制度，将个人银行结算账户分为Ⅰ、Ⅱ、Ⅲ类，建立Ⅰ类户为主，Ⅱ、Ⅲ类户为辅的账户体系。同一个人在同一家银行（以法人为单位）只能开立一个Ⅰ类户，同一银行法人为同一个人开立Ⅱ类户、Ⅲ类户的数量原则上分别不得超过 5 个。Ⅰ类户是全功能账户，Ⅱ类账户限额单日累计 1 万元、年累计 20 万元，Ⅲ类户单日累计 2000 元、年累计 5 万元。

2. 推行简易开户服务试点。人民银行为优化银行结算账户服务，解决开户难问题，2020 年 12 月制定了《小微企业银行账户简易开户业务指引》，在部分省份试点实施简易开户程序。在充分试点的基础上，人民银行于 2021 年 10 月正式推行小微企业简易开户服务，并将相关分类分级管理经验应用于个人银行账户管理，出台《个人银行账户简易开户业务指引》。简易开户在开户初期，通过精简的客户身份核实程序，开立功能相对简单的银行结算账户，以满足小微企业、个人客户开户需求，并持续跟踪账户使用情况、提高客户身份识别程度，逐步升级账户功能，确保客户身份核实程度、账户功能、账户风险大小相互匹配。

3. 建立洗钱风险评估及客户分类管理机制。2013 年，人民银行印发《金融机构洗钱和恐怖融资风险评估及客户分类管理指引》（以下简称《指引》），指导商业银行按照“风险相当、全面性、同一性、动态管理”原则对客户特性、地域、业务、行业四项风险子项进行评估，以定性分析与定量分析相结合的方式来计量客户洗钱风险。《指引》还对风险评估的时间和频率以及对高风险客户、低风险客户应当采取的风险控制措施进行了明确规定。

（二）各银行机构探索账户分类管理，尤其是针对电信诈骗严峻的形势推出了相关措施

通过选取湖南省内国有商业银行、股份制银行及地方法人机构等 10 家银行进行个人银行账户分类分级管理问卷调查，各银行在非柜面业务准入、额度管理、客户风险分类及管控等情况如下。

1. 非柜面业务准入方面。2019 年以前，各银行非柜面业务准入基本凭客户自愿，申请开通网上银行业务。2020 年后，为防范电信网络诈骗，部分银行在客户非柜面业务准入方面有了一定门槛并对存量高风险客户进行了管控。建设银行对未满 18 周岁的未成年人开通非柜面业务，要求法定代理人或监护人陪同；不满 16 周岁或已满 16 周岁无民事行为能力的人原则上仅能开通简版电子银行。

2. 限额管理方面。出于风险防控目的，各银行加强了对非柜面交易限额的管理。如招商银行在总行层面已上线 I 类账户非柜面支出限额功能，分行可自行根据区域情况设置非柜面支出日限额及年限额默认值。中国银行根据业务办理的渠道和安全认证工具设置不同限额，并将高风险客群的日累计非柜面转账限额降至 1 万 ~5 万元，交易笔数降至 10 ~ 20 笔。建设银行取消手机银行或网上银行非柜面业务限额自行调整功能，自助柜员机渠道个性化限额调整最高为 5 万元/日。

3. 分类分级及管控措施方面。目前，各银行主要依据人民银行银行账户分类管理要求将银行账户分为Ⅰ、Ⅱ、Ⅲ类，对客户风险的分级主要借助客户洗钱和恐怖融资风险评估机制进行分类管理，各行对客户分类方式不尽相同。如建设银行按是否涉案或账户风险等级情况，将个人账户分为涉案账户、风险账户、正常账户三类。中国银行对个人客户设立了风险等级，对于被调高至 D 级以上的高风险客户，办理业务时需要加强尽职调查和持续监测，对重点可疑和涉赌涉诈类的可疑客户，将被暂停非柜面业务。

二、银行账户风险分类分级管理面临的困境与问题

（一）银行账户管理机制不健全，缺乏有力的内在保障

一是内部治理结构不够清晰，账户风险管理存在缺陷。银行账户业务管理涉及部门众多，但缺乏牵头管理部门，从账户开立、使用以及事后监测均由不同的部门负责，部分银行部门之间职责界限不够清晰，且风险考核指标占部门考核比例较低，造成多头治理变成“多头不理”。二是考核管理较为粗放，责任义务不对等，后续问责有失偏颇。银行账户风险考核主要看涉案账户数量或占比，没有将账户管理风险事项嵌入业务流程进行全方位考核。通常由基层网点承担涉案账户的考核问责，而中后台风险管理部门缺乏科学合理的考核问责机制，风险管理主观能动性不强。基层网点人员迫于考核压力，加强了对重点人员和异地流动人口的开户审核，通过设置复杂烦琐的开户审核或尽职调查来规避事中事后风险管

理责任，在很大程度上影响服务效率。

（二）政策支撑不够充分，制约分类分级监管效果

261 号文件规定对“身份信息存疑，拒绝出示辅助证明文件”“有明显理由怀疑开立账户从事违法犯罪活动的”等情形银行有权拒绝开户。但在实践中，身份信息存疑、有明显理由怀疑开立账户从事违法犯罪活动等情形判断存在较强主观性，在开户环节识别、拦截客户风险的难度较大。而在非柜面业务开通和管理环节，ATM、手机银行、快捷支付（账户侧）等非柜面业务，缺乏相应的业务管理制度，银行对此类高风险业务的准入资质审查、额度调整和分类管控缺乏制度依据。

（三）非柜面业务管理较粗放，未充分体现分类分级原则

一是电子银行、快捷支付等业务开通准入把关不严。部分银行系统支持客户在未经银行审核情况下自行开通非柜面业务，如个别银行等均可通过网上银行、手机 App 等渠道自助开通具备转账功能的电子银行业务；部分银行机构在未开通非柜面业务情况下，客户可自行开通与 40 余家支付机构的快捷支付渠道。二是非柜面业务限额管理以认证方式为主而不是基于对客户风险评估。部分银行机构对非柜面转账限额的分级管理主要是基于不同认证方式，而非客户风险本身，没有根据客户职业、收入状况等与存款人约定和设置非柜面转账限额和交易笔数。部分银行允许客户经过人脸识别后自主调高非柜面转账限额，仅验证客户身份真实性，而对转账限额与客户风险是否匹配没有核验。

（四）缺乏有效的风险评级体系，分类分级管理效能打折扣

一是采集信息不够丰富，缺乏有效的交叉验证。分类分级管理的基本前提是采集足够、真实、有效的客户信息，以便准确评估客户欺诈风险水平。目前，在开户环节，银行一般仅采集客户姓名、性别、国籍、职业、地址、联系方式等九要素身份信息，在后续的高风险业务准入或管理环节，不再进一步采集客户其他信息，同时，由于银行在账户管理过程中公共数据库、商业数据库等第三方数据应用引入不够，对信息和交易背景真实性缺乏有效的交叉验证，难以通过已有信息准确判断客户风险水平并实施分类管理。

二是账户分类分级管理缺乏可靠的指标体系和有力的系统支撑。目前，银行对账户风险的分类分级、额度限制主要通过一线工作人员对客户进行问询，观察客户是否存在异常情形，或简单依据年龄、身份设置非柜面业务额度上限，缺乏可靠的账户风险评估指标体系和系统支撑。而反洗钱评级与其他账户功能管理部门协作不够畅通，风险防控效果有限。

三是账户风险动态管理机制有待完善。各银行虽然都建立了异常交易监测系统，但分散在安全保卫、反洗钱、业务管理等多个部门，没有进行集中管理，对于监测频率、账户风险等级调整等也没有明确规定。此外，银行还缺乏有效的尽职调查机制，在监测发现异常后，没有及时进行风险处置。

三、银行机构信用卡分类分级及风险管理借鉴

（一）部门职责清晰，调查与审批环节相互制约独立

信用卡部是信用卡的主管及归口部门，负责制定制度、监督检查，信用卡的资信审查、审批、日常风险监控等。营业网点主要负责营销推广，协助做好风险管理工作。信用卡受理调查、审查、审批相互独立，互相补充。信用卡推荐人、初审人、终审人相互制约，不能兼任，对于分支行审核的额度，总行有权拒绝发卡或减少授信额度。

（二）信用卡征信流程较为科学，各环节贯穿风险管理理念

一是在调查和额度确认环节，分支行征信人必须对申请人的有效身份、财务状况、消费和信贷记录等情况进行全面的审核及调查，查看申请人的收入证明、各项缴费账单，通过第三方平台查询个人信用报告、缴金缴保情况。同时，对于不同的信用额度及不同信用状况的申请人采取差异化的调查方式。二是在信用卡额度调整环节，授信额度调整必须经分支行相关有权人（推荐人、初审人、终审人）的推荐审批后报总行，总行进行最终审批和额度调整，额度调整遵循风险相当原则，主要依据客户资信状况变化情况、历史交易行为等进行综合判断。三是在考核与评价环节，银行通常就各业务环节的履职评分制定了合理的损失赔偿系数和责任人赔偿权重，如某地方性法人银行信用卡各业务环节中，推荐人员、初审人员和终审人员责任权重分别占35%、30%和35%。

（三）高端信用卡发放、授信额度调增等高风险业务审查严

如某银行办理高端信用卡或超过系统额度授信的申请人在符合基本准入要求的基础上，还需具备以下条件之一：如科级以上的国家公务员，中央及地方国有企业，金融行业县级以上分支机构高级管理人员；开户时间满半年且日均金融资

产 50 万元以上等。对于首次申请高端信用卡的客户，不得采取全程系统自动发卡方式核发，受理、调查、审查、审批及合同签订等核心环节不得外包。对于超过系统建议额度授信的还要开展补充调查，收集真实有效的资信证明，确认还款能力是否与消费需求相匹配，并由二级分行以上层级有权审批人审批。

（四）信息应用广泛，系统支撑有力

一是内外部信息应用较为广泛，银行对信用卡进件需要采集客户信息类别、形式以及明确规定审查方式，确保客户资料的真实性、有效性、完整性和可核实性。同时，通过商业合作广泛采集第三方政务及商业数据库，加强信息比对和核验，如征信信息、学籍信息、学历信息、公积金信息、个税信息、社保信息、运营商信息等。二是系统自动化程度较高，在受理调查环节、初始授信环节以及事中监测环节均有较完备的系统支持，系统会自动采集行内、外数据并对客户提交资料进行交叉比对，排查欺诈风险，并根据客户基本情况、偿债能力等信息预测新申请贷款风险的评分模型，来分析客户初始授信建议额度。此外，系统还会持续监测客户内外部信息变化情况、用卡行为，定期筛选生成风险信息。

四、以风险评估为导向构建个人银行账户分类分级管理体系

（一）推行简易开户服务满足基本的金融交易需求

各银行应按照人民银行《小微企业简易开户服务业务指引》《个人银行账户简易开户服务业务指引》要求，制定本行个人开户简易流程等相关内部管理制度，加强对分支机构简易开户服务业务指导和管理，部署分支行通过精简的客户身份核实程序，开立功能相对简单的银行结算账户，满足基本的账户交易需求。主动公示简易开户服务流程，列明简易开户资料清单、程序，确保客户了解开户程序及制度规定，充分知晓简易账户功能受限以及后续配合身份核实等事项。同时，银行应当依据所收集的客户资料和客户身份识别程度，相应确定客户风险初步评级，结合其经营情况、开户用途等与其约定账户功能并限制其额度，审慎开通非柜面支付等高风险业务并设定交易限额、频率，确保身份核实程度与账户功能、账户风险大小相互匹配。此外，银行还应当对简易开户建立跟踪服务机制，持续关注客户交易情况，及时补充完成后续客户身份核实，重新评定客户风险等级和账户功能，确保账户服务满足客户需求。

（二）完善非柜面交易等高风险业务管理机制

一是完善制度基础。人民银行组织修订相关账户管理制度，尽快出台关于银行非柜面业务的规范性指导文件，要求银行机构建立专门的部门开展账户及支付业务管理，进一步压实责任，同时为银行实施非柜面业务准入审查、额度管控提供有力的政策支撑，指导银行机构主动、创新开展非柜面业务的风险管控。二是强化非柜面业务准入和额度管理。银行对于客户开通非柜面业务应当设置科学的准入门槛和合理的额度限制，可借鉴信用卡授信管理模式，建立涵盖前台、中台、后台的相互独立的准入资质和额度管理审查机制，从客户基本信息、交易记录、资信状况综合评估客户欺诈风险，并结合客户真实合理需求，审慎开通非柜面业务或设置符合客户风险状况的限额。三是完善配套考核机制。银行应当全面梳理账户管理、非柜面业务管理责任，建立贯穿账户全生命周期管理流程的考核机制，设置包括信息收集、账户开立、高风险业务准入、额度审批、事中监测、尽职调查等各个管理环节的考核问责机制，实现权责相当，充分调动中台、后台风险防控人员的主观能动性，避免过度考核基层工作人员，造成服务质量下降。

（三）提升账户分类分级管理智能化水平

一是打造智能化信息收集平台。客户信息是客户分类分级的基础，信息维度越丰富、质量越高，客户画像越精准。银行应当比照信用卡系统的信息收集，打通信息采集和共享渠道，实现信息自动采集、共享。实现开户和非柜面业务准入审查环节，自动调取银行核心系统、风控系统、反洗钱系统的相关数据，并视客户行内信息完整程度和风险评估需要进一步调取第三方商业数据库、社保信息数据、运营商数据、裁判文书网信息、失信被执行情况、互联网公共信息平台以及公安、市场监管、海关、税务等可共享的政务信息和执法信息。二是打造智能化调查平台。银行应当按照“风险相当”与“动态管理”原则，构建客户风险状况评估指标体系，综合运用内外部信息对客户风险状况进行全面评估，并依据客户在本行的交易行为持续更新评估结果，减少前台人员审查、评估的人为干扰。三是构建智能化风险监测处置闭环平台。健全以总行集中监控为主，分行调查处置为辅的风险监测、处置闭环模式，基于客户行为和第三方风险信息，综合运用各种手段对账户风险状况进行监测，及时掌握了解账户异动情况，预测风险变化趋势，并采取有效措施及时控制和化解风险，避免系统重复建设和“标签式”“洒水式”监测。

风险管理

互联网平台支付服务风险及对策研究

文/高　羽　魏思龙*

摘要：当前，互联网平台迅猛发展，其交易场景、交易主体的多样性、复杂性，催生了多种支付服务模式。整体来看，相关支付服务的发展演变较好地适应和满足了平台经济增长的需要，对促成交易、降低成本、提升客户支付体验等多个方面都起到了积极作用，但也客观存在偏离支付本源、形成信息黑箱、构成市场垄断、侵犯消费者权益，甚至为非法交易提供支付服务等风险，值得重点关注并加以防范。

关键词：互联网平台　支付服务　风险　对策

一、互联网平台支付模式分析

互联网平台支付是指支付服务主体为平台运营方、商户、消费者之间的交易活动转移货币资金、了结债权债务的过程。由于平台场景丰富多样，如电商平台（B2B/B2C/O2O）、金融理财平台、供应链平台、政务平台等，业务组织架构有所不同，如自营型、中介型、混合型等，加上平台规模、覆盖面，参与主体完成交易的资金来源（自有资金、信用资金）的不同、工具介质（条码、账基、卡基、货币基金/理财产品）、收付款方式（预付、实付、延付）等，形成了多样化的支付模式。

本文将其分为直接、担保、分账、钱包、信用支付，其中直接支付是指消费者付款转账后，该款项不需要客户确认收货，即可由银行/非银行支付机构（以

* 作者单位：高羽，中国人民银行长沙中心支行；魏思龙，中国人民银行株洲市中心支行。

下简称支付机构）直接结算给平台商户，比较常见的场景是停车场缴费。担保支付是为了解决买卖双方网上交易信任问题，消费者在付款后需要确认收货后，由银行/支付机构将资金结算给平台商户，比较常见的场景是电商平台购物。分账支付是为了解决付款后商品（服务）需要分次交付、较长周期的信任问题，即消费者付款后，资金由银行/支付机构归集在与平台约定的特定账户上，待商品（服务）交付完成后，将资金结算给平台商户，常见场景如教育培训、网约车、

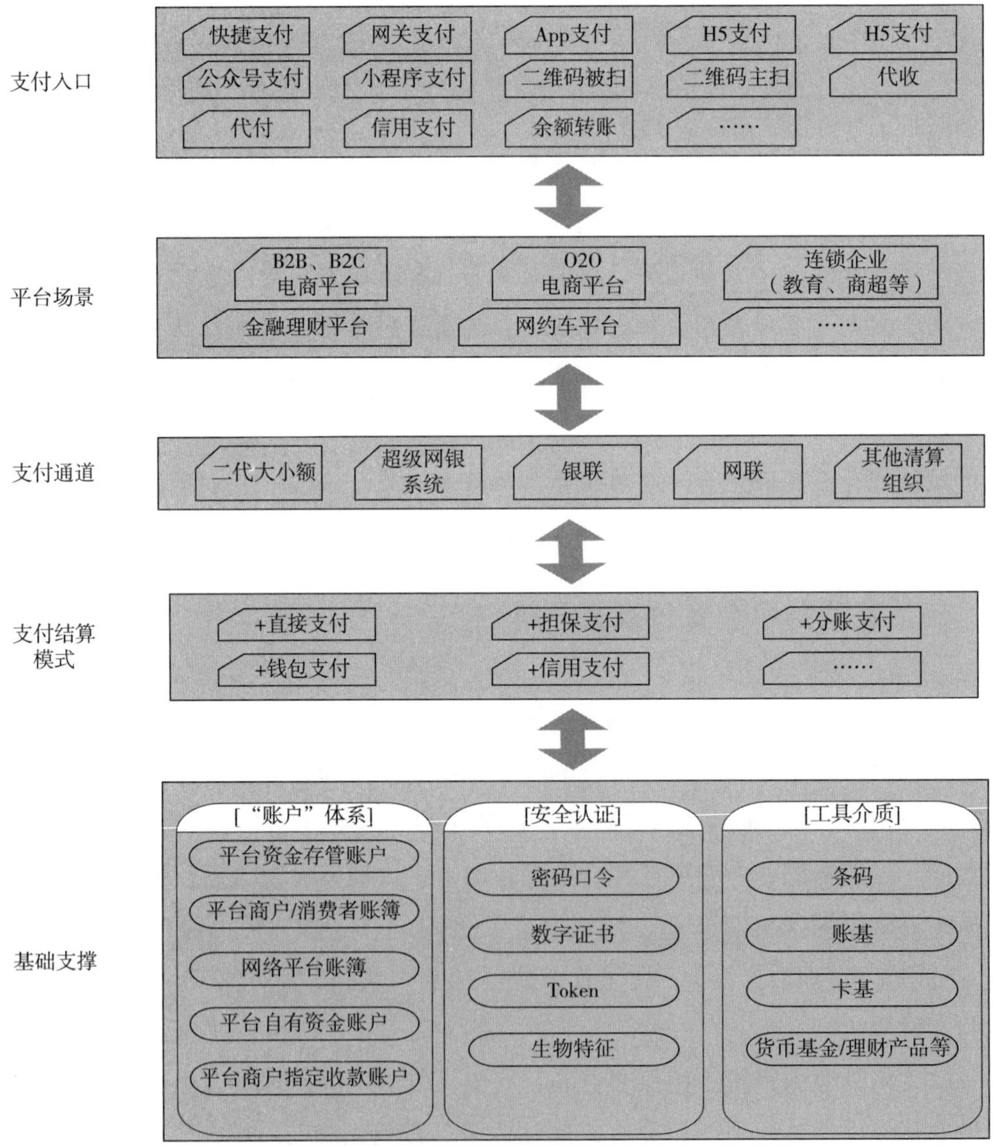

图1　互联网平台支付

连锁商超等。钱包支付是为平台上的消费者开立具有充值、消费功能的单用途电子钱包，消费者先充值（一般有溢价）再支付，资金由银行/支付机构定期结算给平台，比较常见的场景是O2O平台、蛋糕店预付卡。信用支付是指银行/支付机构为平台上消费者付款提供除银行卡、支付账户余额、信用卡以外的支付方式用于付款；或银行/支付机构在消费者付款后，跨机构资金清算未到位的情形下，为平台商户提供垫资服务。

从用户支付入口、跨机构支付通道、服务主体支付结算模式、基础支撑四个维度看互联网平台支付。

二、主要风险分析

（一）偏离支付本源

一是嵌套金融产品支付。在信用支付模式下，互联网平台的支付链路中嵌套了消费信贷、货币基金等金融产品，甚至将金融产品与银行账户、支付账户并列展示成为支付方式，支付服务主体或实质扩展到了银行、支付机构以外的其他金融机构。二是支付账户无序向对公领域扩张。支付机构定位于在零售支付领域提供小额、便捷支付服务，但在市场实践中与B2C、B2B、政务类、供应链等互联网平台合作时，却为公司法人、机关事业单位等对象开立了单位支付账户，不断向对公领域延伸。这与正在进行的非银行支付机构条例立法中对支付账户开立对象为自然人（含个体工商户）存在出入。

（二）平台支付交易信息不透明、不规范

一是交易信息不透明。互联网平台商户、消费者相互间的某些交易，如导流开户、转账、红包等，构成了闭环交易，未经具有资质的清算机构转发或逐笔转发处理，形成了信息黑箱，日常监管难以渗透其中。

二是交易信息不规范。为防止虚假商户等，提升风险控制水平，银行、支付机构均要求互联网平台报送平台商户（即二级商户或子商户）信息，但有关报送时间、报送流程、报送内容并不统一，同时目前清算机构对快捷支付等同类业务制定的报文规范并不完全相同，也影响了交易信息的规范化。

三是交易信息有割裂。按照有关要求，支付服务主体应当确保交易信息的真实性、完整性、可追溯性以及在支付全流程中的一致性，不得篡改或者隐匿交易

信息。但有的支付机构在为互联网平台提供支付服务时，为同一笔支付交易生成了多个唯一可追溯的标识，且面向不同对象（客户、平台、收单机构、发卡行）展示不同标识，结果造成客户在遭受电信诈骗时，监管、公安部门难以快速定位交易及资金去向。

（三）滥用市场支配地位

据统计，近年来网络支付存在过度集中的市场格局，该格局下滥用市场支配地位等垄断行为也时有发生。

一是平台支付“二选一”。近年来，支付“二选一”在平台不断蔓延，演变成了折叠隐藏对手支付方式，甚至直接或间接取缔对手支付入口。二是支付接口对外封闭。不同于线下条码支付已形成聚合支付的现状，个别头部支付机构特定类型的网络支付接口对外封闭，也未向清算机构开放，平台支付接口不支持其他机构调用。三是额外收取不合理费用。平台支付以免费吸引资金流入、额外收费筑高流出门槛。例如，对客户快捷支付不收费，但在提现时收取费用，实际转嫁了快捷支付成本。

（四）侵犯消费者权益

一是客户支付信息泄露。平台经济遵循规模效应，往往离不开资本支持，在支付领域快速扩张，在改善支付机构经营能力的同时，也增加了信息泄露的隐患。二是侵害客户支付隐私。互联网平台过分追踪与收集用户“数字足迹”，没有按照“告知同意”和“最小必要”原则采集和共享支付信息，消费者在平台支付过程中经常需要签订一些服务条款，通过授权信息共享换取服务权利。三是消费者支付价格歧视。大型互联网平台企业利用大数据、算法等技术手段，基于成本或正当营销策略之外的因素，对同一商品或服务在同等交易条件下设置不同价格，形成大数据杀熟。

（五）为非法交易提供支付服务风险

一是平台违规资金“二清”。个别互联网平台在未获取支付业务许可证的条件下，违规为客户提供支付结算服务。还有的资金未直接结算给平台商户，而是通过其他持牌机构作二次结算。二是平台商户虚构交易为非法交易提供掩护。利用平台内部信息黑箱、风控能力有限等薄弱环节，不法分子成立多个空壳公司，注册大量虚假商户，通过虚构商品、虚假交易，为非法交易提供资金结算渠道。

三、相关政策建议

（一）促进支付回归本源

一是全面清理断开互联网平台支付与其他金融产品的不当连接。对支付嵌套金融产品的行为及风险开展穿透式监管，严禁直接或变相将金融产品作为支付方式，不得在支付页面引流其他金融产品。二是推动“非银行支付机构管理条例”尽快出台，确保不得为企业法人以及其他法人组织开立支付账户，遏制支付账户无序向对公领域扩张，尽快回归本源。

（二）健全互联网平台支付信息报送与统计

一是建立健全平台内部交易信息报送机制。结合市场监管总局出台的《网络交易监督管理办法》，探索健全以平台内经营者主体维度的交易信息报送机制。二是完善交易报文规范。组织相关清算机构制定互联网平台支付交易报文规则，即明确平台及平台商户各自的交易信息字段，形成统一的行业标准。

（三）维护支付市场公平竞争秩序

一是依法查处支付领域滥用市场支配地位。对本机构及其合作互联网平台滥用市场优势地位，实施二选一、低价倾销、交叉补贴等不当手段，进行严查严处。二是规范网络支付互联互通。推动头部支付机构向清算机构开放接口，构建网络支付四方模式。三是完善网络支付收费标准。在降费让利实体经济同时兼顾线上、线下费率公平，实现机构长远发展。

（四）加强平台支付信息保护

一是加强支付服务协议管理，确保支付服务协议签订独立性，在协议中显著标识客户应当知悉了解的重大事项，禁止设置霸王条款、概括性授权条款。二是制定支付信息收集行业标准，约束信息收集行为。三是加强公众宣传，提升自我保护意识及能力。

（五）强化非法交易风险防控

一是提升技防能力，压实银行、支付机构主体责任，健全事前防范、事中监测、事后处置三道防线，完善风控机制及模型，有效甄别与防范非法交易。二是构建支付大数据监管系统，通过 API 接口，采集汇总互联网平台支付等数据，提升科技支撑支付监管能力。三是加强监管协作，与市场监管总局、公安等部门在信息共享、法制健全、联合惩戒等方面加强监管协作，打击互联网平台相关违法违规行为。

参考文献

[1] 胡滨．构建大型互联网平台监管长效机制［EB/OL］．财新，2021-07-12.

[2] 中国农业银行“综合收银台+”行业解决方案［EB/OL］．支付清算协会网络和移动支付案例汇编（2021），2021-07-21.

利用基于大数据平台的 Benford 模型筛选非法商户研究

文/陈宇星*

摘要： 近年来"信用卡养卡""黑商户套现"有愈演愈烈的态势，这些违法行为给商业银行带来巨大经济损失。统计发现，这些违法行为大多都是不法分子通过黑入并远程控制 POS 机终端，进而为养卡和套现等违法活动提供支撑和保护。因此，打击养卡、套现这种违法活动的关键在于排查出异常 POS 机终端。从全国范围看，POS 机的商户交易流水量汇总起来的数据是巨大的，这给银行的数据分析处理造成很大的压力。在保证准确度的前提下，怎样快速高效地识别出交易表中的异常交易，将存在违规行为的异常商户筛选出来就是目前需要尽快解决的一个问题。本文试图将大数据编程技术与数学上的 Benford 模型相结合应用到银行交易流水的分析之中，帮助银行筛选非法商户，并在商户信用评级方面提出"三评制度"设想，进而优化银行的风险识别系统。

关键词： 大数据　Benford 模型　筛选非法商户　三评制度

一、国内外研究现状和本文研究亮点

纵观国内外大数据技术和风险识别的发展，国外一直非常重视大数据技术的企业应用，帮助企业优化风险识别机制。在风险识别的优化研究方面，国外比较重视分析风险识别缺陷产生的原因，并致力于研究影响提高风险识别效率的因

---

* 作者单位：徽商银行股份有限公司。

素，通过运用大数据网络调查大量企业，及时调整风险识别结构以应对环境不确定性。更有学者通过实证调查和结构方程建模来分析出提高风险识别效率的决定性因素。

相较于国外，国内虽然在运用大数据技术优化风险识别方面起步较晚，但总体上看进展较快。在大数据方面，2015 年国家发布的行动纲要正式确定了大数据在国家发展战略中的重要地位，带动大数据在风险识别领域中应用研究取得不少成果。前期有很多是致力于研究大数据平台搭建以及分析大数据技术在风险识别中的应用前景，到了后期就逐渐细节化，包括大数据技术具体是如何应用到企业风险识别中去、它所能带来的创新思路和优化方式、在引入大数据等新兴技术后需要引起重视的弊端，等等。而商业银行作为一种特殊形式的企业存在，在风险识别方面与一般企业有诸多不同之处，对于该行业的风险识别研究还有很多可以进一步优化的空间。

本文着眼非法商户识别视角，站在前人研究的基础上对商业银行的风险识别优化进行进一步的探索，主要研究了利用计算机编程的方法将 Benford 定律赋予实用性，进而能够对大数据进行分析筛选，得出对银行风险识别有利的结论。本文主要创新亮点在于针对商户不良行为引起的外部欺诈风险的解决办法，引入了数学上的 Benford 模型再加以计算机上的编程辅助，达到从海量交易数据中精确筛选出非法商户的效果，实现了不同领域学科知识的跨领域融合创新。

二、基于大数据平台的 Benford 定律在筛选非法商户中的应用

（一）基于大数据平台的 Benford 定律介绍

Benford 定律具体是指在生活中很多时候的数据都符合这个规律，即在这些数据中以 1 作为首位数的数字出现的概率比以 2 作为首位数的数字出现的概率要大，以 2 作为首位数的数字出现的概率比以 3 作为首位数的数字出现的概率要大，以此类推。该规律的发现者就是在翻书时发现前面的页面相较于后面的破损更加严重，进而得出了此规律，除此之外还有很多数据都符合该规律，例如股票指数、物理化学常数、企业财务数据以及数学上著名的斐波那契数列等。该定律的具体数学表达式如下：

$$p(d) = \log_b(d+1) - \log_b(d) = \log_b(1+\frac{1}{d})$$①

其中，d 是 1 至 9 这九个数字；b 是多少进制；p 是该数字作为首位数出现概率。

通过计算可以得出当 d 分别取 1 ~ 9 时，对应的 p（d）值分别为 0.3010、0.1761、0.1249、0.0969、0.0792、0.067、0.058、0.0512、0.0458。

参照金融业过去解决洗钱等问题的方法和手段，要想在筛选问题商户上提高效率、实现优化，就必须充分利用好数据挖掘和人工智能等计算机技术，其中数据挖掘就是指通过对数据进行计算机分析进而找出数据中的隐藏价值，银行的相关人员可以对分析出的结果加以利用来帮助他们作出更好的决策。在数据挖掘里用到很多数学模型，Benford 定律就是其中一个应用非常多的法则，本文正是运用这个定律的特性结合商业银行商户筛选标准，通过编程来实现需求，先是对该定律在该银行中的适用性进行了实证性定量分析，接着在 spark 平台上用 SQL 语句编写了利用 Benford 定律筛选问题商户的程序，将偏离度严重偏离正常值的商户筛选出来加以关注。这种方法相比于传统方法能够更大程度地提高银行的数据处理效率，节省大量的人力和时间，并且具有很强的灵活性，可以根据实际情况和具体需求随时修改代码来达到预期效果。

（二）商业银行商户交易流水与 Benford 定律相关性验证

为了确保获取到的商业银行的商户交易流水数据符合 Benford 定律中数字规律，在正式应用前需要进行一个实证性的定量相关性验证分析。若最后得出结果二者是高度相关的关系，则该方法在该银行中可以适用；相反，若得出结果显示二者相关性较小甚至不相关，那么该方法就无法在银行中应用，需要继续寻找其他数学模型来进行数据挖掘。

相关系数是用来衡量两个变量的相关程度的指标，最早由国外著名统计学家卡尔·皮尔逊提出，但是相关系数并不只有皮尔逊相关系数这一个，只是因为它是最常见也是应用最多最广的一个相关系数，所以在此选用该系数来衡量二者的相关关系。相关系数通常用字母 r 来表示，其基本公式如下：

$$r = \frac{n\sum xy - \sum x \sum y}{\sqrt{n\sum x^2 \quad (\sum x)^2}\sqrt{n\sum y^2 - (\sum y)^2}}$$

① 该数学公式为 Benford 定律的基本公式，当 d 取不同的数值时，其对应的以其为首的数字出现的概率就是该公式计算出来的数值。

由该公式计算出的 r 值是大于负一小于一的，即 $-1 \leqslant r \leqslant +1$。一般直接取 r 的绝对值进行分析：当 $0 < |r| < 1$ 时，则意味着二者之间存在着一定程度的相关关系；当 $|r|$ 逼近于 1 时，则意味着二者的相关性越强；当 $|r|$ 逼近于 0 时，则意味着二者的相关性越弱。

这里在商业银行的企业级数据库中随机获取了一些商户的交易记录，共计 10 万条左右，通过使用 SQL 语句对这 10 万多条交易流水首位数进行筛选统计结果如表 1 所示。

表 1　　相关系数对应表

分类	1	2	3	4	5	6	7	8	9	相关系数
相关系数理论值	0.3010	0.1761	0.1249	0.0969	0.0792	0.0670	0.0580	0.0512	0.0458	1.0000
该银行商户交易流水	0.3248	0.1690	0.1172	0.0820	0.0757	0.0712	0.0610	0.0496	0.0490	0.9936

从分析结果可以看出最后的相关系数 r 的值为 0.9936，非常接近于 1，所以商业银行商户交易流水表的数据是高度符合 Benford 定律的，因此可以利用 Benford 定律来帮助商业银行筛选出有很大风险存在违法违规行为的商户。

（三）利用 Benford 定律验证被商业银行评为高风险的商户

在得出 Benford 定律与银行的商户交易流水成强相关性的结论之后，为了进一步验证该方法确实能够帮助银行找出非法商户，选择将之前被银行认定为有过套现行为的高风险商户的交易记录与其他大量的正常商户交易记录放在一起，看运用该方法能否准确识别出异常商户。

本次研究一共选取了近 100 家商户各 1000 条左右的交易记录，其中包括三家非法商户和剩下的九十多家正常商户，一共是 10 万条左右的交易数据。为了保护商户的隐私，已将所有商户进行编号处理，并去掉交易对手等信息，只保留了交易金额，其中三家非法商户的编号分别为 merchant13、merchant45、merchant61。将这些数据导入编好的程序中运行，计算出每个商户 1～9 的每个首位数对应的偏离度，最终筛选出偏离度大于 30% 的商户和对应首位数，看用该方法筛选出来的偏离度异常商户是否和那三个非法商户吻合。在计算出偏离度之前需要计算出几个中间值来进行辅助计算，分别是：记录数——同一商户同一首位数的交易记录；总记录数——同一商户的交易记录数，实际概率 =（记录数 ×1.0）/总记录数 ×100；Benford 定律概率 = $\log_{10}$（1 + 1/

首位数）×100；偏离度 =（实际概率 - Benford 定律概率）/Benford 定律概率 ×100。

表 2 是将获取到的银行商户交易流水表导入程序并运行得出的偏离度超出 30 的异常结果。

表 2　　异常偏离度结果表

商户名	首位数	Benford 定律概率	偏离度
merchant13	6	6.6947	77.39027562
merchant45	7	5.7992	89.42999985
merchant61	9	4.5757	110.0091467

得出的异常超高偏离度结果分别是 merchant13、merchant45、merchant61，这正是放进去的三家非法商户编号，完全吻合。所以银行接下来可以利用此方法来大批量地从所有商户中筛选出偏离度异常商户，然后对这些商户进行重点关注和深入调查，将其交易金额、交易对手及所在单位、交易品种等信息都收集起来进行分析，以确定该商户是否有违法违规行为。这里用散点图和数据透视图对全部数据偏离度值分布进行了展示，如图 1、图 2 所示。

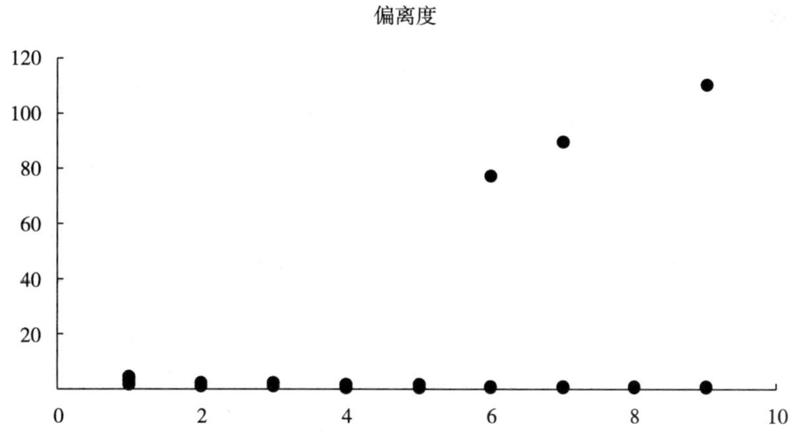

图 1　偏离度值散点图分布

可以通过与正常数据对比看出非正常商户偏离度的异常，正常商户偏离度很少有超过 5 的，但是异常商户的偏离度甚至远超 30，高出正常值太多，包含正常商户交易分析结果的部分输出结果此处不进行详细展示。

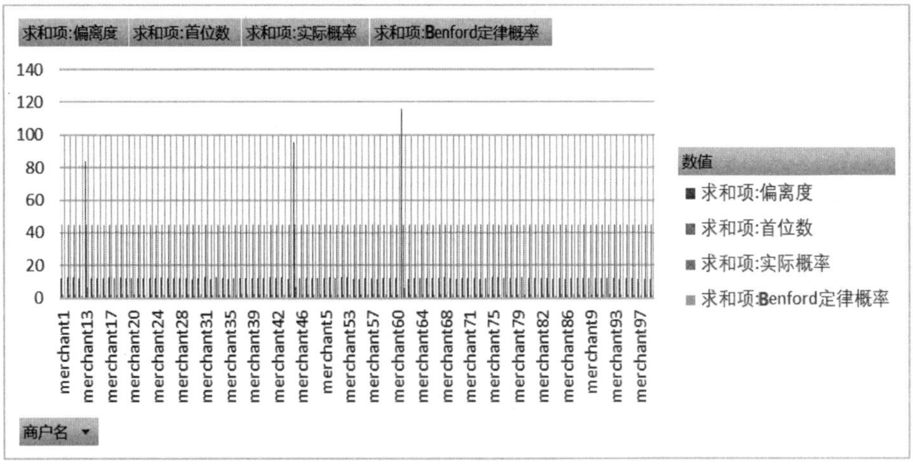

图 2　数据透视图

三、相应的商业银行风险识别优化分析

（一）结合 Benford 定律优化商业银行风险反应机制

运用 Benford 定律筛选非法商户，在先后经过相关性和适用性的验证后，已经可以确定 Benford 定律可以在商业银行中推广，所以与用该定律进行风险识别出来的结果相匹配的风险反应方案也需要相应地落实下来。

针对筛选出的高风险商户深入调查。在经过 Benford 定律模型筛选后，出现偏离度异常的商户一定存在着某笔或者某几笔的异常交易，商业银行的风险管理部门应从两方面入手去调查高风险商户。一方面是分析数据，把经过筛选出现问题的那几条交易数据单独提炼出来，然后详细分析这些数据的具体信息，包括交易金额、交易对手及所在单位、交易品种等信息，并进一步对这些信息进行深入调查，找出异常点；另一方面是实地考察，一味地分析纸面数据往往不能全面真实地展示事件的全部，所以必须安排调查人员对这些高风险商户进行实地考察并做好相关记录，可以通过文字、照片、视频的形式对目标商户进行真实记录，争取能够将企业的各部门和环节可能存在的问题和风险完整记录下来，以备后续使用。

长期观察高风险商户并及时采取措施。将数据分析和实地考察过后得到的记录进行保存处理，然后对这些高风险商户保持持续地高度关注，定期对其进行考察，并将每次考察后的记录与之前的记录进行全面对比。如果商户在各方面均有所改善，并达到该商业银行的要求，则经过重新评定可以提高对该商户的信用定级并对其放开信贷业务；相反，如果在后续的考察中该企业并没有任何改善，甚至风险更大，则商业银行此时便可采取措施将该商户永久拉入征信黑名单并长期禁止为该商户办理信贷业务。

（二）推广“三评制度”① 和模型应用

目前大多数商业银行主要的商户信用评级还是通过人工来完成，很多银行的大数据部门也是刚成立时间不久，对于计算机和风险分析模型的应用还处在初步探索阶段，需要一定时间来发展和成熟，但这个过程是相对漫长的，所以在探索和开发与商业银行内部情况相匹配的风险分析模型的同时还需要优化现阶段较为普遍的人力评审制度。为了尽可能地消除人为误差，“三评制度”在现阶段商业银行中的推广很有必要，在保证前两位信贷员在给同一商户评级时双方没有沟通交流的前提下，将这两位信贷员给出的评级结果以及评级依据汇总交由第三位不相关的信贷员进行评级，最终取第三位的评级结果作为最终结果，这样能够在风险分析模型技术还不够成熟、模型分析定级还没能普及的情况下，最大限度地排除人为因素，消除“关系商户”，将商业银行目前的商户信用评级体系风险降到最低。

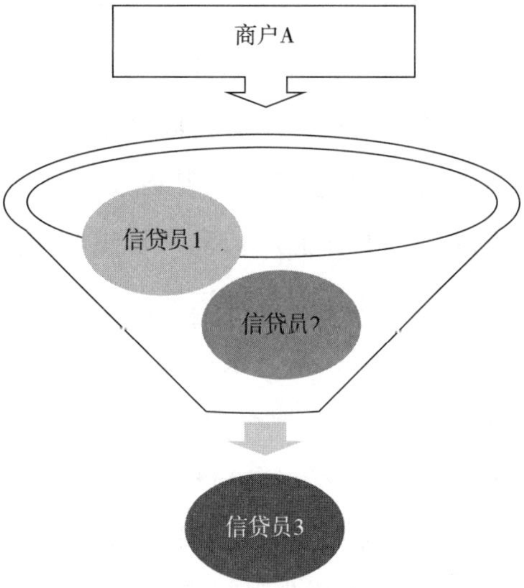

图3 “三评制度”原理

---

① “三评制度”这里特指对商户评级的一种模式，即在两位信贷员对同一商户进行评级过后，再交由第三位信贷员在未与前两位沟通的情况下作出评级。

与此同时，商业银行还需加大对风险分析模型的研发力度，结合商业银行自身的内部情况，打造一套专属的风险分析模型体系。对于目前技术上的缺陷和不足可以部分外包给专业领域人才，但是商业银行自身必须注重培养这方面的人才，这样才能确保外包人员做出来的程序银行自身能够看懂，并且能够判断设计出来的程序是否真实有效。在真正设计程序时应对内部人员和外包人员要求做到以下几点：一是要保证模型的设计目的是解决商业银行的风险控制问题，不能生搬硬套模型，适用于其他银行或企业的风险模型并不一定适用于本银行。二是设计的模型所用到的数据必须能够准确获取，模型设计出来就是为了分析数据来得出有价值的结论，如果数据无法获取或者获取到的数据的真实性得不到保障，那么即使该模型设计得再好也无法应用到实际操作中。三是要根据不同的企业类型和规模为其量身定做适合分析该企业数据的模型，保证模型的合理性，分析出来的结果才能有效加以利用。只有人力与机器两手齐抓，才能在最短的时间内帮助商业银行最快速地提高其抗风险能力。

四、结论与展望

当下银行业的竞争非常激烈，尤其对于成立时间并不算太久的商业银行来说，竞争对手上有各方面都走在最前沿的综合实力非常强劲的传统国有大型商业银行，下有扎根于当地经济的各个地方的农村商业银行。要想在与它们的竞争中占据一席之地，就必须在打好“特色牌”的基础上稳中求胜，精确定位主要目标客户和做好产品、服务固然重要，但从长远来看想在激烈的市场竞争中长久平稳地发展下去，就必须牢牢把握住风险识别这一关。只有不断地学习新技术、创造新方法，才能大大提高工作效率，减少银行损失，才能为银行在市场竞争中提供强有力的支撑，注入强劲动力。

本文从商户行为控制的视角出发，针对由商户不良行为引起的外部欺诈问题，从风险识别和风险应对方面提出了具体的优化方案：结合基于大数据平台的Benford定律筛选非法商户的模型在商业银行中具有适用性和有效性，值得推广；同时在机器化智能化还未达到高水平的今天，很多商业银行的主要商户信用评级工作还是由人工来完成，有必要推广“三评制度”并同步加大模型研发力度。

在优化风险评估的方案中引入了“大数据技术”“Benford 模型”“三评制

度”，旨在帮助商业银行提高其识别筛选非法商户行为的效率和准确度，实践中肯定还有更多的数学模型和新兴技术能够应用进来，从而进一步提高商业银行的风险识别效率。相信随着大数据技术在银行内部发展的不断深化，越来越多的模型也会应用其中，银行的风险识别系统也会越发稳定和高效。

参考文献

[1] 王力. 基于大数据的农商银行内部控制审计 [J]. 现代商业，2015 (32)：131 - 132.

[2] 林广. 大数据视角下企业内部控制应用分析 [J]. 纳税，2019，13 (29)：273.

[3] 柴静，程喜爱. 大数据时代的企业内部控制研究 [J]. 经济研究导刊，2019 (21)：109 + 137.

[4] 郭宸昊. 大数据公司与内部控制风险应对 [J]. 中国注册会计师，2019 (6)：95 - 98.

[5] 杨毓，陈园. 大数据对企业内部控制信息安全影响研究 [J]. 中外企业家，2020 (6)：71.

[6] 潘秀丽. 对内部控制若干问题的研究 [J]. 会计研究，2018 (6)：22 - 25.

[7] 郑二明. 商业银行内部控制体系的缺陷及优化 [J]. 中国审计，2008 (12)：63 - 64.

[8] 雷英，吴建友. 内部控制审计风险模型研究 [J]. 审计研究，2011 (1)：79 - 83.

[9] 林梅. 商业银行内部控制问题及对策浅析 [J]. 财会学习，2020 (5)：281 + 283.

[10] 吴秋生，杨瑞平. 内部控制评价整合研究 [J]. 会计研究，2011 (9)：55 - 60.

[11] 杨增生，杨道广. 内部控制质量与银行风险承担——来自我国上市银行的经验证据 [J]. 审计研究，2017 (6)：105 - 112.

[12] 杨鸿运. 商业银行内部控制自我评价模式优化研究——基于两家商业

银行内部控制自我评价项目实践［J］. 中国内部审计，2013（10）：72－75.

［13］欧阳昌永．商业银行的内部控制环境分析与优化［J］. 财会研究，2007（11）：71－72.

［14］黄文．国有商业银行加强内部控制建设分析［J］. 财会学习，2020（5）：270－271.

知识瞭望

人民币跨境支付系统发展与展望

文/许再越*

摘要： 人民币跨境支付系统（Cross－border Interbank Payment System，CIPS）是中国唯一专司跨境人民币业务的批发类系统。本文详细介绍了CIPS建设背景、发展历程、运营公司治理、业务规则、业务种类和相关服务，并对未来发展予以展望。

关键词： 金融基础设施　人民币跨境支付系统

作为中国重要的金融市场基础设施之一，CIPS丰富了跨境人民币清算渠道，采用国际标准ISO 20022，遵循《金融市场基础设施原则》，以市场化服务为宗旨，向市场主体提供不同类型的跨境人民币清结算业务以及相关产品和数据服务，全力支持人民币跨境使用，服务“一带一路”资金融通，提升金融服务实体经济的能力。

一、发展背景

（一）CIPS建设背景

随着跨境人民币业务各项政策相继出台，跨境人民币业务规模不断扩大，对金融基础设施的要求越来越高。为满足人民币跨境使用的需求，2012年，在借鉴国际经验的基础上，人民银行决定组织建设人民币跨境支付系统（Cross－border Interbank Payment System，CIPS），进一步整合人民币跨境支付结算渠道和资源，提高人民币跨境支付结算效率，满足全球各主要时区人民币业务发展的需要，提高交易的安全性，构建公平的市场竞争环境。

* 作者单位：跨境银行间支付清算有限责任公司。

（二）CIPS 发展历程

2015 年 10 月，CIPS 上线运行。系统采用实时全额结算方式，为跨境贸易、跨境投融资和其他跨境人民币业务提供安全、高效、便捷和低成本的资金清算结算服务。作为人民币跨境支付清算体系的核心系统，CIPS 的建成和运行是中国金融市场基础设施建设的又一里程碑事件，标志着人民币国内支付和国际支付统筹兼顾的现代化支付体系建设取得重要进展，服务和支持人民币成为全球主要的支付货币。

2017 年 10 月，CIPS 推出双边业务功能，支持债券通“北向通”业务券款对付（DvP）结算，有效降低了跨境债券交易资金结算风险，提高了资金结算效率。

2018 年 5 月，CIPS 运行时间由 5×12 小时延长至 5×24 小时 +4 小时，实现对全球各时区金融市场的全覆盖，支持全球的支付与金融市场业务，满足全球用户的人民币业务需求。同时，CIPS 采用更为节约流动性的混合结算方式，提高人民币跨境和离岸资金的清算、结算效率。

2019 年底，CIPS 投产清算机构借贷业务功能，支持香港、澳门地区电子钱包在内地使用。

2020 年 11 月，CIPS 终端产品——CIPS 标准收发器投入使用，并完成首笔跨境汇款业务。

2021 年 1 月 1 日起，根据监管要求，中国的大额支付系统（HVPS）不再处理银行间跨境人民币支付业务，相关业务通过 CIPS 办理。

2021 年 9 月，CIPS 与中国外汇交易中心、上海清算所等运营的金融基础设施，通过交易、托管、结算三者衔接，共同支持债券通“南向通”，便利内地投资者投资香港债券市场。同日，CIPS 开通港元支付业务，为境内外金融机构提供跨境港元清结算服务。

2021 年 10 月，粤港澳大湾区“跨境理财通”正式开通，CIPS 提供“跨境理财通”人民币资金跨境汇划服务。

二、公司治理

跨境银行间支付清算有限责任公司（CIPS Co.，Ltd.，以下简称跨境清算公司）前身是 2015 年 7 月在上海成立的跨境银行间支付清算（上海）有限责任公司，2019 年完成增资扩股，引入 36 家中外股东，2020 年 4 月更名为现名。跨境清算公司接受中国人民银行监管，负责 CIPS 的开发、运行和维护，提供人民币跨境支付清算和信息交互服务，开展参与者服务、产品创新、标准建设、数据处理、信息技术支持和市场拓展等工作。

根据《公司章程》，跨境清算公司建立了规范的治理结构体系，治理安排由股东会、董事会、管理层（高级管理人员）等构成。其中，股东会是跨境清算公司的权力机构，依法行使相应职权。董事会向股东会负责和汇报，执行股东会决议，审议重大事项。管理层由董事会聘任或解聘，向董事会负责和汇报，依法开展跨境清算公司的日常经营业务。股东会向董事会问责，董事会向管理层问责。

跨境清算公司接受人民银行的检查，促进公司运营合法合规，保障金融市场安全平稳。同时，跨境清算公司根据实际情况，开展内部管控和业务运营自查，不断完善内部管控机制，增强内控建设力度。

三、CIPS 业务介绍

（一）业务规则

1. 结算机制。

CIPS 支持混合结算模式，满足不同支付业务的结算需要。对直接参与者（以下简称直参）逐笔发起的支付业务进行实时全额结算，对直参批量发起的支付业务进行定时净额结算。系统根据不同金融交易的资金结算需要，支持人民币付款、DvP、人民币对外币同步交收（PvP）、中央对手集中清算和其他跨境人民币交易结算等业务。

2. 参与者准入及管理。

直参是指在 CIPS 开立账户、拥有 CIPS 行号，直接通过 CIPS 办理人民币跨境支付结算业务的机构。间接参与者（以下简称间参）指未在 CIPS 开立账户，但拥有 CIPS 行号，委托直参通过 CIPS 办理人民币跨境支付结算业务的机构。银行类金融机构和金融市场基础设施运营机构可申请作为直参或间参加入 CIPS。

直参加入流程包括以下 5 个步骤：（1）提交申请至跨境清算公司；（2）跨境清算公司对申请材料进行初审；（3）中国人民银行审核批复；（4）系统准备（申请机构在签订协议后 9 个月内完成工作）；（5）验收通过后接入 CIPS。

间参加入流程包括以下 3 个步骤：（1）委托直参提交申请至跨境清算公司；（2）跨境清算公司审核；（3）通过直参接入 CIPS。

3. 账户及流动性管理。

跨境清算公司为直参在 CIPS 开立的资金账户为零余额账户，不计息、不得透支，场终（日终）余额为零。直参通过注资（预注资）、调增（预注资调增）和调减（预注资调减）等方式，对其 CIPS 账户进行流动性管理，确保账户余额充足，其中注资（预注资）是指境内直参在营业准备阶段（夜间处理阶段前）的规定时间内，通过大额支付系统（HVPS）向自身或委托方的 CIPS 账户注入要求的最低限额；调增（预注资调增）是指境内直参在日间（夜间）处理阶段的规定时间内，通过 HVPS 增加自身或委托方的 CIPS 账户余额；调减（预注资调减）是指境内直参在日间（夜间）处理阶段的规定时间内，通过 CIPS 向对应的 HVPS 清算账户发起资金转账，以减少其 CIPS 账户余额。

境外直参应当委托其资金托管行代理注资（预注资）和调增（预注资调增）。

4. 运行时序。

CIPS 的运行时间为 5×24 小时 +4 小时，在中国法定工作日全天候运行，分为日间场次和夜间场次处理业务。一般工作日的日间场次运行时间为当日 8：30 至 17：30（其中 17：00－17：30 为清零等场终处理时间）；周末及法定节假日后第一个工作日（以下简称 S 日）的日间场次运行时间提前至当日 4：30。夜间场次的运行时间为当日 17：00 至次日 8：30（其中 8：00－8：30 为清零等日终处理时间）。

表 1　　CIPS 运行时序

场次	时间	所属阶段	任务概述
日间运行	8：30－9：00 （S 日 4：30－5：00）	营业准备	切换系统工作日，参数生效，受理注资。
	9：00－17：00 （S 日 5：00－17：00）	日间处理	日间业务处理； 16：00 停止受理批量业务及中央对手资金结算业务，开始受理夜间业务预注资； 16：30 发送日间业务截止警告。
	17：00	日间业务截止	停止受理日间业务； 进入夜间业务处理，并同步进行场终处理。
	17：00－17：30	场终处理	完成日间账户清零、对账等。

续表

场次	时间	所属阶段	任务概述
夜间运行	17：00－次日8：00	夜间处理	夜间业务处理； 20：30，停止受理预注资、预注资调增、预注资调减，进行预注资自动转注资； 次日7：00停止受理批量业务及中央对手资金结算业务； 次日7：30发送夜间业务截止警告。
	次日8：00	夜间业务截止	停止受理夜间业务。
	次日8：00－8：30	日终处理	完成夜间账户清零、对账等。

5. 风险防控。

CIPS具有丰富的结算风险防控机制，支持参与者做好自身流动性管理，保障跨境支付业务顺利进行。一是设置直接参与者准入和退出机制，确保只有具备良好流动性管理能力的机构才能加入系统，并开展相应业务。二是支持直接参与者通过HVPS利用注资（预注资）、调增和调减等方式从本机构（或资金托管行）在HVPS的账户获得流动性。三是提供队列管理、余额预警、自动缺款通知等辅助管理功能。此外，各直接参与者还可以利用现有的全国同业拆借中心的交易平台，按照有关规定通过同业拆借方式获得流动性。

6. 应急处置。

跨境清算公司和直参建立了系统故障处理和突发事件应急处置机制，确保系统不间断、安全、稳定运行，保障业务处理的连续性、数据的完整性、资金和信息的安全性，并做好系统运行异常信息和突发事件信息的收集、分析和报告，建立健全系统运行异常和突发事件预警机制。

CIPS主备双中心运营，定期开展生产系统与备份系统的切换演练，确保备份系统在突发事件发生后能够快速、高效的投入使用。

（二）业务范围

CIPS处理的业务主要包括支付业务、金融市场资金结算业务、清算机构借贷业务以及信息业务。

1. 支付业务。

根据服务的客户类型、业务发送方式等，CIPS处理的支付业务可分为客户汇款、金融机构汇款和批量业务。根据报文信息流结构，可分为V型报文结构和T型报文结构。V型报文结构下，参与者逐笔发送报文，CIPS采用实时全额方式进行结算；T型报文结构下，参与者以打包形式发送报文，CIPS采用定时净额方式进行结算。

2. 金融市场资金结算业务。

CIPS 支持 DvP 和 PvP 结算。按发起方不同，可分为银行类直参发起和金融基础设施类直参发起两种模式。系统还支持采用中央对手机制的金融市场业务资金结算。

3. 清算机构借贷业务。

清算机构借贷业务是 CIPS 为支持转接清算机构的跨境人民币业务所提供的资金结算服务，根据业务流程中被借记方是否需要确认扣款指令，分为直接借记和借记确认两种模式。

4. 信息业务。

信息业务是指 CIPS 支持直参之间或直参与 CIPS 之间传递信息，常用的是查询查复和自由格式两类业务。查询查复是指当直参对发起或接收的业务有疑问，或者受理客户的其他查询事项时，通过 CIPS 向对方发起查询，对方收到查询并确认信息后，组成查复报文通过 CIPS 发送给查询业务的直参。自由格式报文可用于 CIPS 向部分或全部直参发布公告信息，也可用于支持直参之间的信息传递交流。

（三）运营情况

截至 2021 年底，CIPS 直参有 75 家、间参 1184 家，其中亚洲 916 家（含境内 536 家）、欧洲 158 家、非洲 43 家、北美洲 28 家、大洋洲 22 家、南美洲 17 家，实际业务已覆盖全球 178 个国家和地区的 3600 多家法人银行机构。

2021 年，CIPS 累计处理支付业务 333 万笔，金额 79.3 万亿元。日均处理业务 13375 笔，同比增长 51.05%；日均处理金额 3185.3 亿元，同比增长 75.19%。共处理债券通“北向通”资金结算 7.19 万笔，金额 6.51 万亿元，同比分别增长 24.67% 和 35.42%。

四、产品和服务

（一）标准服务

报文标准是跨境支付清算业务中不可或缺的部分，是信息交换的载体，更是产业链协同运作的基础。CIPS 自 2015 年建设之初便采用国际标准 ISO 20022（金

融服务　金融业通用报文方案）作为报文标准设计的框架。CIPS 报文中，有 47 条采标了 ISO 20022 标准，21 条为自定义报文，其中，支付类、对账类报文全部采标 ISO 20022 标准对应报文；系统管理类、流动性管理类全部为自定义报文；其他类报文部分采标了 ISO 20022 标准。

为了弥补 ISO 20022 在人民币跨境领域的业务空缺，进一步缩小 CIPS 报文与国际通行标准的差距，跨境清算公司于 2020 年启动了申请自定义报文成为 ISO 20022标准的工作，将 CIPS 自定义报文提交 ISO 20022 标准。

2021 年，金融稳定理事会（FSB）和支付与市场基础设施委员会（CPMI）发布了《跨境支付路线图》，指出应加快推进 ISO 20022 和 LEI 在跨境支付领域的应用以减少数据格式转换对支付链路的影响，SWIFT 也计划于 2022 年 11 月正式启动支付领域报文向 ISO 20022 的迁移计划，国际上基本形成了各类信息交换标准逐步向 ISO 20022 标准融合过渡的共识。在此背景下，跨境清算公司于 2021 年 12 月启动“中国跨境支付实施 ISO 20022 迁移项目组”工作，聚焦 CIPS 报文与跨境支付报告（Cross – Border Payment and Reporting Plus，CBPR + ）标准差异，形成核心 CIPS 业务报文与 CBPR + 标准的差异分析报告和中国跨境支付市场实务规范，提升境内外市场服务效率，降低衔接成本。

此外，跨境清算公司积极参与 ISO 20022 国际标准相关工作组，如注册管理组、外汇交易评估组、ISO 20022 复审意见研究组等，始终保持对现有标准变化和未来标准发展的跟踪，并认真履行作为全球 LEI 基金会（GLEIF）中国董事单位职责，积极参与 GLEIF 各项工作，推广 LEI 在中国的应用，推进 CIPS 参与者赋码工作。

（二）产品服务

为解决跨境支付节点复杂、支付指令标准不统一、人工处理环节过多等痛点，跨境清算公司于 2020 年 11 月推出系统终端产品——CIPS 标准收发器。

CIPS 标准收发器是直参与间参以及企业之间的业务处理组件，是为跨境人民币业务场景量身定做的业务处理与信息交互工具，可实现跨境支付一体化处理。CIPS 标准收发器具有标准统一、使用灵活、功能丰富、易于扩展四大特点。

在金融标准方面，CIPS 标准收发器采用 ISO 20022 标准，支持中文字符并容纳丰富的金融业务信息。间参/企业在部署 CIPS 标准收发器后，可以打通上下游链路，基于统一接口、统一标准实现跨境人民币业务一体化处理，从而提升跨境支付效率，降低管理成本，便利跨境贸易和投融资结算。

CIPS 标准收发器提供 API 对接和 GUI 界面两种使用方式，这两种方式在业务效率、应用成本、扩展性等方面各有优势。

CIPS 标准收发器全面支持跨境支付业务场景。在业务功能方面支持付款汇出、收款来账、账务核对、业务查询、金融市场业务、信用证业务等处理。在管理功能方面，提供账户行信息管理、用户管理、任务中心、参数管理、运行监控等功能，保证低延迟高可靠金融信息交互。此外，还设计了应用插件功能，能够向银行和企业用户提供各类增值功能，实现一站式服务。

（三）数据服务

为持续优化数据服务，积极响应市场主体对人民币支付汇路信息的迫切需要，发挥市场基础设施作用，跨境清算公司通过深挖支付数据内在价值，融合多方数据来源，运用多源比对、智能校核等技术，于 2021 年 9 月推出数据服务，支持 App 终端、WEB 网页、API 接口接入，向参与机构提供全局导航、汇路优选、多码映射、机构信息查询等业务功能，建立可靠、全面的全球跨境支付汇路数据库，以信息化手段提供精准、实时、便捷的汇路查询服务。

（四）用户社区

CIPS 用户社区于 2020 年 2 月正式上线，是一个集市场实时服务、数据互动查询、规则标准披露、产品创新展示、产业信息共享等多项功能于一体的平台，服务 CIPS 参与者、金融机构、企业用户、服务供应商及个人等市场主体，旨在建设人民币跨境支付业务的一站式服务窗口，打造全行业全领域的全球人民币“朋友圈”。

用户社区设有五个功能模块：一是市场服务模块，提供专属通知、直间参关系对应、参与者档案、汇路查询、风险合规提示等服务。二是数据服务模块，主要披露系统数据，涵盖各重点地区、参与者规模、具体业务统计等，在此栏目中，直参用户可享受每月定制月报服务，便于其分析自身业务，掌握行业趋势，助其发现业务增长点。三是规则标准模块，发布 CIPS 报文标准，规范报文使用与业务规则，同时支持 LEI 码推广工作，用户可在此栏目申请 LEI 码。四是产品服务模块，提供最新产品介绍，在线注册意向服务，下载数字证书等。五是资讯平台模块，汇集最新人民币跨境业务政策与研究报告，为参与者与合作伙伴提供宣介活动平台，并提供答疑交流窗口。

五、未来发展

展望未来，跨境清算公司将持续推进系统建设，完善 CIPS 核心系统功能，优化净额清算机制，构建开放服务能力，不断提高整个市场人民币使用效率和服务可达性；持续拓展境内外参与者，加强与境内外银行、金融基础设施等的合作，包括在 G20 提出的跨境支付路线图框架下，探讨同境外金融基础设施互联互通的可能性，为人民币跨境使用提供更大的便利性；继续推广标准收发器等产品和服务，为境内外银行、终端客户提供更优质的人民币跨境支付体验。

国际观察

欧洲支付计划：欧洲支付业的下一件大事？[①]

译/王　昔　刘岳阳　徐加清

摘要：21 世纪初以来，人们一直在提议新增一个欧洲卡支付方案（European Card Payment Scheme，ECPS），以补充现有欧洲信用转账方案和单一欧元区（SEPA）直接借记方案。自 2020 年以来，这项提议取得了新进展，来自五个欧洲国家的银行宣布实施欧洲支付计划（European Payments Initiative，EPI）。本文介绍了欧洲卡支付方案在21 世纪前后的发展情况，接着分析了 EPI 要成为 ECPS 必须克服的挑战。该支付方案一旦成功，欧洲国家在支付方面将获得一定程度的自主权。

关键词：欧洲支付计划　支付方案

一、简介

21 世纪初以来，人们一直在提议新增一个欧洲卡支付方案（European Card Payment Scheme，ECPS），以补充现有欧洲信用转账方案和单一欧元区（SEPA）直接借记方案。自 2020 年以来，这项提议取得了新进展。2020 年 7 月 2 日，来自欧洲五个国家（比利时、法国、德国、荷兰和西班牙）的 16 家大行宣布启动欧洲支付计划（European Payments Initiative，EPI）。随后，又有其他的欧洲银行和两家大型支付机构（Nets 和 Worldline）加入该计划。该计划还任命了一位董事总经理，并成立了临时公司。该计划旨在建立一个泛欧的支付方案，以实现银

① 本文翻译已经取得相关方授权，但作为非官方翻译，难免存在疏漏，请读者朋友批评指正。原文载于期刊《支付战略与体系》（*Journal of Payments Strategy & Systems*）第 15 卷第 3 期。参考网址 https://www.henrystewartpublications.com/jpss。

行卡和钱包支付在POS端、电商、取现和点对点支付等方面的应用。该计划获得了欧洲央行和欧盟委员会的支持。本文先介绍了ECPS在21世纪前后的发展情况，接着分析了EPI要成为ECPS必须克服的挑战。EPI一旦成功，欧洲国家在支付方面将获得一定程度的自主权。

二、前期的支付方案及其结局

（一）欧洲支票

从1969年5月1日至2001年12月31日，欧洲支票（Eurocheque）和其担保——欧洲支票卡（Eurocheque card），是欧洲银行业提供的第一个跨境支付产品。自此，整个欧洲甚至欧洲之外的地区实现了跨境取现和非现金支付（在欧洲支票即将退出历史舞台时，非欧洲国家，如埃及、阿尔及利亚、黎巴嫩、摩洛哥和突尼斯，也接受欧洲支票作为支付手段和现金替代物）。

该支票担保制度的监管是按照欧洲支票兑现准则进行的。这些制度由银行代表组成的欧洲支票工作组（Eurocheque Working Group）决定，并对欧洲支票系统的运作起指导作用。在国际欧洲支票秘书处（Eurocheque Secretariat）的指导下，欧洲支票工作组每年召开两次会议，直至后来，欧洲支票秘书处并入欧洲支票国际公司（Eurocheque International S. C.）。尽管欧洲支票系统的组织形式与今天的支付方案有很大差异，但仍然是一个成功的支付系统，在其30多年的光辉历史中，欧洲支票的标识在整个欧洲广为人知。

然而，欧洲支票的巨大成功并不代表它被普遍接受。一些国家积极发行欧洲支票和欧洲支票卡并兑换欧洲支票。这些国家几乎完全抛弃其国内的支票担保卡和银行卡，转而使用欧洲支票卡。还有一些国家则比较被动，只在客户的特别要求下发行欧洲支票和欧洲支票卡。

1988年，欧洲支票发展如日中天，5000万张欧洲支票跨越国界，交易总额超过67亿欧元。此后，由于ATM取现功能和POS机非现金支付功能的发展，国外发行的欧洲支票数量开始下降。到2001年该产品退市时，还有7200万张欧洲支票卡在流通，构成了欧洲最大的支付体系。

到20世纪末，欧洲支票卡升级为电子借记卡，在市场广泛流通。但是，随着该卡的支票担保功能逐渐弱化，且支票处理成本高、风险大，欧洲支票卡方案再继续下去并不划算。最重要的是，交换费收益实际上已经入不敷出，所以发行欧洲支票的银行几乎失去了发行动力。因此，2001 年 12 月 30 日，欧洲支票卡支付方案退出历史舞台，所有欧洲支票卡都被欧洲国际支付组织（Europay International S. A.）发行的借记卡所取代。

（二）欧洲国际支付组织

EPI 并不是一个新概念，其前身是欧洲国际支付组织，一家成立于 1965 年的信用卡公司，当时名为欧洲国际卡组织（Eurocard International S. A.）。

在 20 世纪 70 年代末，欧洲银行业希望建立一个以欧洲为中心，覆盖全球的信用卡系统。为此，欧洲银行业直接或间接收购了欧洲国际卡组织 88% 的股份，万事达卡国际组织是少数股东，持有另外 12% 的股份。

卡发行和商户收单随后迅速发展，欧洲卡（Eurocard）、万事达卡，以及维萨卡成为欧洲领先的卡支付方案。

当时，由于使用欧洲支票的国家在欧洲国际卡组织中占一定比重，欧洲国际卡组织和欧洲支票国际公司于 2001 年宣布合并，欧洲支票卡更名为 Maestro 借记卡，作为国家支付方案的一部分，由欧洲银行业发行，并通过与万事达卡国际组织（Mastercard International）的合作，可用于世界各地的 ATM 和 POS 机。因此，欧洲第一张基础广泛且真正基于 PIN 的借记卡成为欧洲国际支付组织的另一个业务驱动力。

2002 年，欧洲国际支付组织并入万事达卡国际组织。后者于 2006 年在纽约证券交易所（NYSE）上市，更名为万事达卡公司（Mastercard Inc.）。令股东高兴的是，万事达卡不仅市场业绩出色，而且股价也一路攀升（见图 1），2020 年，其净收益为 64 亿美元，2021 年 2 月，其市值为 2740 亿欧元。

（三）维萨欧洲有限公司

维萨欧洲有限公司（Visa Europe）曾经是一种 ECPS，主要用户集中于欧洲支票不流行的国家（主要是英国、法国和西班牙）。2008 年，维萨国际（Visa International）以维萨公司（Visa Inc.）之名在纽约证券交易所上市。2016 年，维萨公司收购维萨欧洲有限公司。

从股价来看，维萨公司业绩颇佳（见图 2），其 2020 年净收益达 108 亿美元。2021 年 2 月，其市值为 3640 亿欧元。

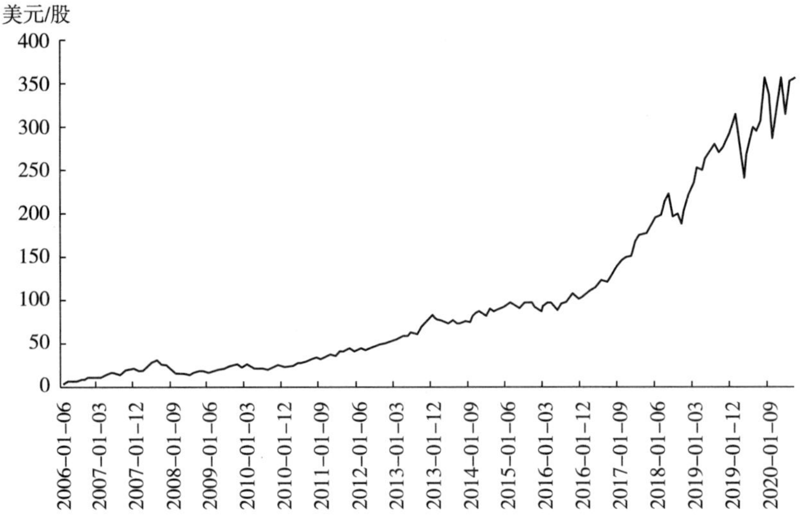

图1　万事达公司股价

（资料来源：www. finance. yahoo. com）

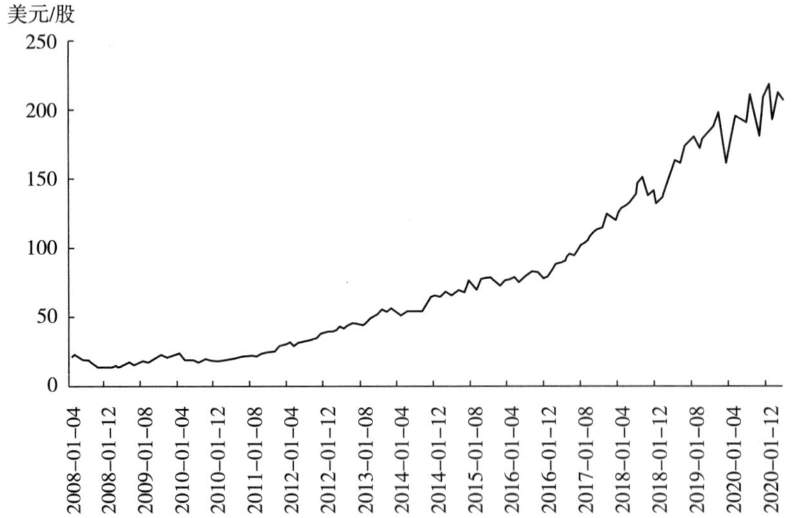

图2　维萨公司股价

（资料来源：www. finance. yahoo. com）

（四）前期支付方案的结局

1. 银行业对支付业务重要性的误判

欧洲银行业对 ECPS 的发展并未发挥积极作用。面对非现金支付业务的强劲增长，银行业因守旧失去了后期获益的机会。而当它们决定不参与 ECPS 的制定时，再一次错失良机。实际上，在欧洲各大银行中，高级管理层似乎对这个话题既没有兴趣，也缺乏领导力。

然而，随着 SEPA 卡框架的宣布和实施，关于 ECPS 的话题开始反复出现。例如：

- 早在 2007 年，彼得·琼斯（Peter Jones）就呼吁在欧洲建立第三个卡组织，以获得借记卡的自主权。
- 2007 年，当时的欧洲央行支付业务分管行长让·米歇尔·戈德弗罗伊（Jean－Michel Godeffroy）呼吁 ECPS 的多样性，ECPS 应具有“非捆绑式和四方”“联合品牌”“银行所有”“低交换费”“可盈利”和“标准化”等特征。然而，这一愿景并未实现。
- 2011 年，时任德意志联邦银行执行委员会成员的卡尔·路德维希·蒂勒（Carl－Ludwig Thiele）呼吁卡支付实现真正的“欧洲化”。然而，综合考虑国内外解决方案，他承认欧洲化难以实施。
- 根据 2012 年的一项调查，赛讯咨询公司（Celent）称短期内不太可能出现一种全新的、可行的和有竞争力的 ECPS。

2. 前期失败的若干欧洲计划

还有三次建立欧洲支付系统的尝试也都失败了：

- 欧洲支付联盟（European Alliance of Payments）方案，该方案得到几个国家借记支付系统的支持。
- Monnet，一个主要由法国发起，西班牙、意大利和其他一些欧洲银行参与的项目。
- Payfair，一个面向商户但中立的支付系统，向银行开放。

3. 在发卡方面，万事达和维萨品牌广泛使用

在发卡方面，借记卡和信用卡产品普遍采用了万事达和维萨的品牌，而不仅仅是发卡机构自身的品牌。它们的主导地位也体现在，到 2020 年底，有 5.94 亿张万事达信用卡和借记卡，有超过 7.52 亿张维萨信用卡和借记卡。

4. 在收单方面，非银行支付机构的跨境合并浪潮高涨

收单业务几十年前还是银行的领域，近年来在很大程度上脱离了银行。在过去的十年里，收单业务被外包给非银行支付机构或私募股权公司。因此，银行现

在对收单和支付业务的影响很小。在最初的整合浪潮之后，欧洲的收单业务仍掌握在支付机构手中。一般来说，这些机构为商户提供各自国家惯用的全套非现金支付方案。

活跃在多国的欧盟最大的支付机构是法国的 Worldline 公司（在巴黎证券交易所上市）和意大利的 Nexi 公司（在米兰证券交易所上市）。Worldline 公司收购了比利时的 Banksys 和 BCC、荷兰的 Equens、瑞士的 Six Payments 和 Aduno、法国的 Ingenico 以及德国的 Payone。Nexi 公司通过收购 SIA S. p. A. 加强了自己在国内的实力，并接管了丹麦的 Nets A/S，后者在包括德国在内的几个欧洲国家表现出活跃的态势，由德国 Concardis 运营。

三、欧洲卡支付方案的新发展

（一）欧洲支付计划

2020 年，欧洲提出了一项新计划以维护欧洲的支付自主权，并减少对非欧洲支付主体的依赖，尤其是减少欧洲内部交易的对外依赖。EPI 旨在为欧洲创建一个全面的支付解决方案，覆盖欧元区市场和非欧元区市场。在欧洲国际支付组织被收购的 19 年后，在一些著名的欧洲银行和支付机构的支持下，EPI 现在正在向 ECPS 发展。

位于布鲁塞尔的欧洲支付计划临时公司（European Payments Initiative Interim Company）已经开始运营，在未来几年，这家欧洲股份有限公司有望替代外国（主要是美国）的（卡）支付方案。当然这有一定难度，因为美国的万事达和维萨已经确立了全球领先地位，在 POS 机和电子商务支付交易中都有显著优势。

中国和俄罗斯已经尝试摆脱（至少是部分摆脱）对万事达和维萨的依赖，并已在其国内获得支付的自主权。

中国推出三项著名的支付方案。最早的是 2002 年作为中国银行业国内信用卡业务处理系统而推出的银联。自 2005 年起，银联卡也可以在国外使用，而且受理网络逐年扩大。银联也与国外相关机构合作，共同从事发卡业务。另外，支付宝和微信支付的移动支付平台在中国获得了巨大的市场份额，并逐步走向国外。

俄罗斯也有类似的支付方案，即由俄罗斯国家卡支付系统（Russian National

Card Payment System，是俄罗斯中央银行的全资子公司）运营的 Mir 支付方案。此前，由于美国对俄罗斯实施经济制裁，一些俄罗斯银行无法接入美国的万事达和维萨支付网络，于是俄罗斯于 2015 年推出该方案。通过该支付方案，俄罗斯最重要的零售银行 Sberbank 也成为欧洲最大的收单机构。2020 年其完成约 200 亿笔支付交易，是 Worldline 和 Nets 的数倍。

所以，这里的主要问题是系统的控制与监管。正如 Worldline 首席执行官吉勒斯·格拉皮内（Gilles Grapinet）所言，欧洲是唯一使用第三方品牌进行跨境零售支付的大型经济体。这在战略上是有问题的，因为缺乏对支付系统的实际控制意味着国内的系统连接随时会被切断。因此，只有抓住支付交易的自主权才能紧握数字时代的主动权。而 EPI 的目标正是为欧洲的银行、支付机构和客户创建多维度 ECPS，从而重新获得卡支付、移动支付和网络支付的自主权。

EPI 目前的股东来自 7 个国家（包括 6 个欧元区国家）、31 家银行和银行业协会，以及欧洲两个最大的支付机构（Worldline 和 Nexi）。未来会有更多的股东加入。但目前还不清楚 EPI 是否只对银行、银行业协会和支付机构开放，其他投资者是否也能成为股东，或者是否计划像美国两大卡组织那样公开上市。

但是，EPI 的组织架构也有其问题。因为如果一个支付方案有众多银行、银行业协会和支付机构参与，一般很难达成重大的（甚至是一般的）决议，冲突也是不可避免的。换句话说，厨子多了反而做不好菜。

关于 EPI，目前的股东只代表部分欧洲银行或支付机构，所以具体落实会遇到困难。另外，当涉及战略决策时，股东过多会产生反作用。但反过来说，让所有欧洲参与者加入进来至关重要。这方面最可行的解决方案是建立一个会员体系，通过许可的方式来调和利益冲突，这样所有会员都会受益。不管如何，如果 EPI 要实现其雄心壮志，需要有明确的战略、强有力的管理和灵活的协调组织。

目前还不清楚非欧盟国家是否也纳入该方案。来自欧洲非欧盟国家的银行和银行业协会以及支付机构，甚至来自海外的此类组织机构，能否成为发行者和收单者？此外，如果要将非欧洲国家纳入该方案，如何实现也是一个问题。

（二）欧洲支付业的竞争形势

EPI 的启动背景并不理想。在欧洲的银行故步自封的时候，支付行业迅速发展壮大，在此过程中涌现出了一批能力出众、财力雄厚的竞争对手。尽管如此，由于有约 50% 的支付交易仍以现金进行，所以 EPI 未来仍有发展机会。

EPI 的主要竞争对手可能是总部位于美国的万事达和维萨这两个国际卡组织。它们在 POS 机和电子商务支付方面都已经确立了全球地位，从目前情况看，它们的地位在未来几年内不太可能被动摇，除非有未知的“黑天鹅”事件出现。这两家公司在市值、收益和利润方面都有稳定的经济基础，并借此进行商业扩张和业务创新。

此外，贝宝（PayPal，也是美国公司）也不应被忽视。贝宝是欧洲市场广泛使用的网络支付系统，并且在 POS 机端也非常活跃。钱包和非接触式技术在 POS 机上的成功应用进一步推动网络支付到 POS 机的发展。贝宝在用户体验方面做得很好，其他支付机构难以与之竞争。贝宝的支付产品嵌入用户设备后，用户只需点击贝宝并输入自选的贝宝代码即可完成支付。除此之外，贝宝还提供“买家保护”服务。要与之争夺市场地位，欧洲的解决方案必须能够与之媲美甚至更有竞争力。

除了这些参与者之外，大型科技公司（谷歌、亚马逊、脸书和苹果）现在也提供综合的解决方案，包括它们自己的支付解决方案和来自美国两大卡组织的嵌入式方案。这些大型科技公司也可能成为欧洲的竞争对手。它们受益于其现有的客户网络，并据此直接提供支付选项。

欧洲本土支付产品的出现无疑将促进欧洲的竞争，为客户提供更多的选择。但欧洲支付产品的功能设计能否满足市场需求，为支付市场提供更多附加值，赋予其切实的竞争优势（如即时支付），还有待观察。

欧洲本土支付产品要想成功，需要实现：（1）整个欧洲的收款人能接受；（2）迅速在收款人中推广，并获得它们的积极回应。如果产品转变阶段过慢，如持续数年，将有损产品形象，特别是在价值、规模和相关性等方面。

就付款人和收款人愿意为欧洲产品支付的价格而言，“欧洲的”并不意味应当更昂贵。相反，由于竞争的加剧，市场中的所有利益相关者的心理价位会下降。

（三）产品范围

EPI 最初进行了一系列的产品规划。

- 最重要的规划可能是在 POS 机上以及在移动支付和电子商务的支付交易中的应用，因此需要明确在欧盟、欧洲或其他地区使用的可能性。这种规划将以传统的方式在实体卡/数字卡，或通过即时支付应用程序实现。

• 通过即时支付应用程序进行点对点支付交易无疑是 EPI 的优先事项，考虑到银行的弱势地位和欧盟委员会对 SEPA 内即时支付工作的推动，这是可以理解的。

• 至于取现业务，目前尚不清楚这里是否只包括 ATM 交易，还是也包括零售点或服务公司的返现交易。这种交易可以说是必需的，因为如果没有取现业务，很难获得欧洲用户的支持。

即时支付方案不仅应用于移动支付和电子商务业务中，而且应用于 POS 机和点对点支付的交易中，而目前欧洲没有其他的支付方案能提供这些服务，方案建设需要从头开始。这些支付方式可以在交易过程中通过 App 启动，目前还有待开发。通过 App，付款人立即被扣款，收款人则立即入账。这样一来，之前依赖转账和直接扣款程序的商户可以安全地使用即时支付程序。然而对于付款人来说，这意味着交易不能取消，因此对买家来说缺乏吸引力，因为如果商户的产品/服务出现问题，支付款项就难以撤回。

然而，如果在支付方案中嵌入即时融资功能，如在 POS 机、移动支付、电子商务场景中提供消费信贷，可以提高方案吸引力，将客户从其他的支付方式吸引过来。

根据欧洲支付咨询协会（European Payments Consulting Association）的建议，总的来说，所设想的产品范围是广泛的，但起步可以从普通目标开始，如从欧盟内部跨境卡支付产品，逐步开发出其他功能和其他支付交易。然而，考虑到必要的规模经济效应，这种方法不一定能吸引客户，或是带来积极的经营效果。

EPI 将设计特有的名称和标识，使得付款人和收款人都能知道支付款项的支付背景。标有该标识的产品，则默认相关支付活动将在整个欧洲按照该支付方案的流程进行处理，而不会通过其他支付方式处理。

如何适应新兴的竞争形势，尤其是与万事达和维萨开展竞争，以将欧洲支付产品覆盖全球，这一点尚不确定，但并非不能实现，只是会非常困难、代价也会很大。然而，为了确保支付方案最终被消费者接受，必须扩大其在世界范围内的认可度，尤其是经常远行的客户群体的认可度。要达到这个目的，可以与其他机构联合，但万事达和维萨不一定愿意帮助竞争对手。

（四）巨额投资

上述目标的实现需要巨额投资。EPI 项目要求极高并且需要数十亿欧元的投资。投资资本将以股权或债权的形式由股东筹集。这就引出了一个问题，即股东/欧洲的银行和支付机构是否愿意去投资并在一段时间内承担亏损风险。举个例子，德国的互联网支付系统 Giropay 推出六年后，Giropay 有限公司的资产总额只有约 130 万欧元，其权益甚至为负数，仅能靠其所有者提供的次级债务维持运营。

投资的第一步也是最重要的一步是建立基础设施，该基础设施平台能够进行清算、结算、异常处理，以及风险管理。原则上，欧元实时支付系统（SCT Inst）是很理想的基础设施。然而，为了能够与两个国际卡组织和即时解决方案竞争，应提供功能多样的实体卡/数字卡产品解决方案，并应用于 POS 机、电子商务和 ATM 等场景，而 SCT Inst 目前并不具备这些功能。因此，基础设施方面还需要投入相当大的预算。

综合受理网络和技术组件也将产生巨大的成本。事实上，这部分成本与 SCT Inst 的运营成本相当。此外，标识安置、品牌开发和产品推广的成本也会很高。

（五）业务规划

除了初始投资外，运营成本也很高。因此，做好业务规划非常重要。启动成本可以在一定误差内计算出来，但收益却很难预测。按初创企业一般经验，早期成本要比预测的高一倍，而收益则是预测的一半。因此，在业务启动后，给予股东足够的分红来弥补这一缺口，是一项具有挑战性的任务。

EPI 的收益主要来源于向欧洲会员或客户收取的管理费和交易费，这些会员或客户指：

- 向客户分发卡片、克隆卡/数字卡或提供应用程序的发行机构；
- 提供结算服务的收单机构。

为了能够预测这些收益，早期的收益体系设计工作非常必要。该收益体系需明确作为发卡机构和收单机构（银行和支付机构，均通过许可的方式成为会员）的欧洲会员工作职责。这种定价设计和会员的接受度对业务规划的预测工作非常重要。现有的（卡）支付方案的定价可作为参考。

EPI 唯一的新产品——点对点支付交易、POS 机、移动支付、电子商务交易等场景中的即时支付，有望在市场上获得成功。然而，目前尚不清楚在即时支付方案中，收单机构和支付机构的收益分配，因为这种支付交易与其他非现金支付方式（即从账户到账户即可实现，不需要第三方）不同。

为激励发行机构积极作为、支持收单机构和支付机构形成广泛的受理网络，以及通过深度品牌营销快速推广产品，还必须推出令人信服的业务模式。

（六）EPI 面临的挑战

1. 发行机构面临的挑战

发行机构面临的初步挑战是让欧洲银行/支付机构（包括 EPI 的股东和非股东）认识到其支付产品从国际支付方案迁移到 ECPS 的益处。这种迁移并不容易，因为其现行的业务关系是行之有效的、利益相关的。

除了国际支付方案的迁移，现有国内支付方案的迁移也非易事，因为支付方案通常在 POS 机或移动支付和电子商务中具有认证功能（如年龄验证），而国内解决方案在各种情况下往往是首选。假设欧盟各国愿意放弃其国家计划而支持 EPI，这将代表 EPI 向前迈进了一大步，因为大约 50% 的欧盟信用卡交易额将被一次性迁移。

实现上述目标的第一步是跨境联合标识，这将为协调国内现有解决方案的规则与 EPI 的规则提供时间，之后再将国内品牌并入 EPI。

对于点对点支付交易来说，设计起来容易，推向市场难，因为到目前为止，点对点支付交易量相对较低，而且难以预计相关银行/支付机构能获得多少收益。目前，银行/支付机构可根据其条款和条件来调整交易费，但 EPI 即时支付的交易费设计工作还在研究中。

就 POS 机、移动支付、电子商务场景中使用实体卡/数字卡而言，交易费是发行机构的主要收益来源。交易费收益如果低于目前活跃的支付方案，发行机构就不太可能迁移方案。与当前主要的支付方案降费相比，推广新方案的难度要大得多。

如果在 POS 机、移动支付、电子商务场景中实体卡/数字卡交易被即时支付所取代，那么发行机构从收款人那里分得的收益将减少。而如果向付款人收取这笔费用，支付方案推广可能会遇到很大阻力。目前，此类交易的银行手续费差别很大。

取现业务应该不会构成挑战。发行机构承担的费用可能与当前相同。

除了明确产品范围，银行/支付机构还必须支持 EPI 的营销，包括有吸引力的定价和大规模、多渠道的营销等。

2. 收单机构面临的挑战

相比之下，收单机构将更容易接受新方案。欧洲最大的两家收单/支付机构Worldline 和 Nexi 是 EPI 的股东，可以充分发挥推动作用。然而，也要向许多其他地区、国家或跨地区的收单机构/支付机构提供令人信服的报价，以迅速获得全欧洲的认可。

鉴于商户数量超过 4000 万家，要将实体卡/数字卡产品扩展到包含 ECPS 的相应新产品是一项艰巨的任务，不仅执行起来有难度，而且还需要收单机构/支付机构投入相当大的成本。

然而，收单机构/支付机构的真正挑战是确保即时支付的市场接受度。只有当付款银行和收款银行同时具备相应的技术条件时，才能实现即时支付。同时，还有必要对商户的 POS 系统、相关的或单独运作的卡支付终端进行即时支付的功能补充。

对商户而言，可以在不承担支付风险的情况下降低支付交易的成本，因为：（1）通过这些交易可以获得比实体卡/数字卡交易更有利的条件；（2）支付成本因竞争加剧而下降。

3. 盈利能力面临的挑战

为了快速提高盈利能力，EPI 必须迅速触达受众，以实现规模经济。而如果想追求平稳过渡，逐步增加支付产品数量并相应提升接受度，则不会在短时间内触达足够的受众，这将延缓盈亏平衡点的到来。

尽管 EPI 项目规模巨大，涉及问题众多，主要的问题无疑是双边市场的客户是否会接受新产品，这也是最重要的问题。EPI 将要推出的所有产品都面临这个问题，尤其是那些基于即时支付的产品。然而，只有在向市场双方的客户清楚地说明为什么要提供国际支付系统的替代方案，以及它将为付款人和收款人带来什么附加值之后，这个问题才会有答案。

产品和服务的质量及方案的条款也会影响方案的竞争力。产品和服务的质量越高，就意味着成本越高；而条款的吸引力越大，就意味着收益越低。如果产品在上述条件中都具备优势，使市场双方都信服，那么就有可能达到盈利所需的受众量。然而，竞争越激烈，为实现盈利所需触达的受众量就越大。

快速掌握市场逻辑并达到利润门槛是成功的第一步。之后，就要从市场获得利润，以保证产品和服务运转顺畅。目前行业创新势头不减，发展态势迅猛，

EPI 必须拥有适当的资源，才能在未来竞争中处于领先位置。

四、总结

鉴于欧洲银行业多年来忽视了 ECPS 的问题，同时也忽视了支付业的发展，EPI 的启动具有一定的挑战性。尽管欧盟、欧洲央行和一些欧洲银行、支付机构翘首以盼，希望在一定程度上取得欧洲对自身支付业务的自主权，但市场是否会接受欧洲本土的支付产品，支付产品能否快速实现足量交易并达到盈亏平衡，这些都是未知的。

EPI 能否最终成为欧洲最主要的支付方案，或者是否会像米哈伊尔·戈尔巴乔夫（Mikhail Gorbachev）所说“生活会惩罚那些迟到的人”，我们将拭目以待。

金融工具

多用途预付卡机构现状及转型建议

文/宁　昊　牛　耘*

摘要：随着金融科技在支付领域的快速推进，账基支付以其方便、快捷、多场景应用的体验优势逐渐替代卡基支付，预付卡市场需求逐渐萎缩，进入低迷期，多用途预付卡机构面临较大转型压力。本文在调查多用途预付卡发展现状的基础上，结合监管实践，分析了当前多用途预付卡机构遇到的转型困境，试图找到助力多用途预付卡机构可持续发展的对策。

关键词：预付卡　多用途预付卡　行业现状　困境　建议

一、预付卡概述

预付卡，是指发卡机构以盈利为目的，通过特定载体和形式发行的，可在特定机构购买商品或服务的预付凭证。预付卡按介质不同分为以磁条卡、芯片卡、代金券、提货券等为载体的实体卡和以二维码、短信兑换码、电子卡等为载体的虚拟卡；按使用范围不同可分为单用途预付卡和多用途预付卡。

（一）单用途商业预付卡

发卡主体为从事零售业、住宿和餐饮业、居民服务业的企业法人。商务部公布的《单用途多用途预付卡管理办法》定义的单用途商业预付卡，是由规定行业范围内的企业发行的，仅限于在本企业、本企业自有经营场所、本企业所属集团，或同一品牌特许经营体系内兑付货物或服务的预付凭证。单用途预付卡由商务部门监管，发卡主体向各级商务部门备案。

* 作者单位：均供职于中国人民银行阳泉市中心支行。

（二）多用途预付卡

发卡主体为取得“支付业务许可证”、获准办理“预付卡发行与受理”业务的支付机构。《支付机构预付卡业务管理办法》定义的预付卡，是指发卡机构以特定载体和形式发行的、可在发卡机构之外购买商品或服务的预付价值。近年来，人民银行通过颁布《非金融机构支付服务管理办法》《支付机构预付卡业务管理办法》《非银行支付机构客户备付金存管办法》《中国人民银行办公厅关于支付机构客户备付金全部集中交存有关事宜的通知》等制度，对支付机构预付卡的发行与受理进行了规范。多用途预付卡与单用途预付卡的区别如表1所示。

表1　　单用途预付卡与多用途预付卡对比

预付卡种类	发卡机构	使用范围	主要特点	监管机构
多用途预付卡	获得支付业务许可证的第三方机构	跨地区、跨行业、跨法人	属于发卡机构的主营业务；双边市场，即一方面是商业拓展，另一方面是卡片销售；规模为王：发卡量及合作商户的规模决定企业的盈利能力	人民银行
单用途商业预付卡	商业流通企业	发卡企业内部	属于发卡机构的辅助业务，其主要作用在于提前收回成本、防范财务风险，稳定客户群体，辅助销售渠道，提升品牌价值	商务部

二、多用途预付卡市场发展情况

（一）市场主体情况

随着安徽皖垦商务投资服务有限公司支付牌照于2021年4月28日被注销，该牌照成为第40张被注销的支付牌照，至此全国共有34家预付卡机构被注销。在被注销的34家预付卡机构中，除上海畅购企业服务有限公司和江苏省电子商务服务中心有限责任公司外，其余32家均为持有区域性单预付卡牌照的支付机构。至此全国获准从事预付卡发行与受理业务的支付机构数量达143家，占支付机构总量（合计231家）的61.90%。其中，商业预付卡类机构116家，公交一卡通类机构14家，仅限线上实名支付账户充值的预付卡（以下简称线下预付卡）机构7家，仅从事预付卡受理的机构有5家，特许从事预付卡发行与受理的机构1家。

（二）市场发展概况

1. 发行规模。2012—2019 年[①]，预付卡发行数量和金额整体呈现先升后降的趋势（见图 1），其中发卡数量在 2013 年达到峰值 6.4 亿张，同比上升 63.27%，是 2019 年发卡数量的 2.87 倍。2018 年以来发卡金额持续下降，2018 年发卡和充值金额合计 785.12 亿元，同比下降 12.26%，2019 年发卡和充值金额合计 726.89 亿元，同比下降 7.42%。

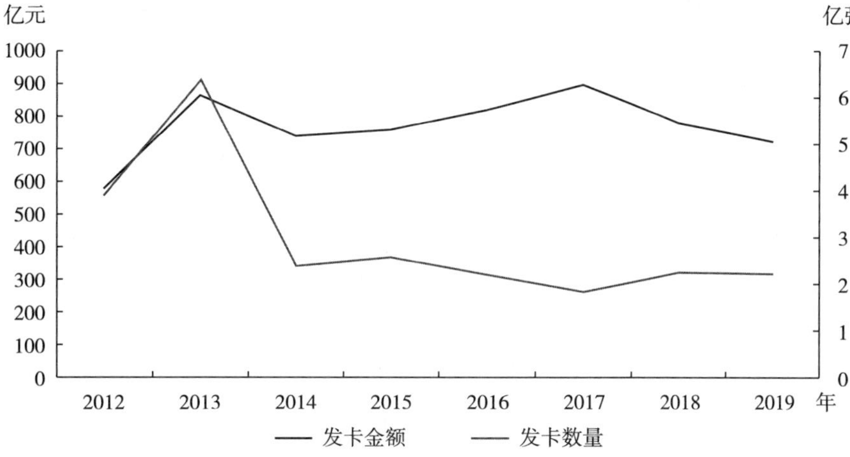

图 1　2012—2019 年预付卡发卡张数及金额变化

分机构类别来看（见图 2），2017—2019 年，商业预付卡、公交一卡通、线上预付卡 3 种类型机构[②]的发卡金额均呈现下降趋势，2019 年 3 种类别发卡金额分别较 2017 年下降 16.36%、19.07% 和 18.76%。而线上预付卡的发卡数量大幅增长，2018 年和 2019 年分别同比上涨 4.28%、34.20%。

2. 受理规模。如图 3[③] 所示，2017 年两类[④]预付卡机构共发生预付卡受理业

---

① 中国支付清算协会. 中国支付产业年报 [M]. 北京：中国金融出版社，2020.

② 数据来源：2018 年《中国支付清算协会行业运行报告》、2019—2020 年《中国支付产业年报》。其中，2017 年共采集 153 家预付卡机构发卡数据，包括 129 家商业预付卡类机构，17 家公交一卡通类机构，7 家仅限于线上实名支付账户充值类机构；2018 年共采集 149 家预付卡机构发卡数据，其中商业预付卡 123 家，公交一卡通类机构 14 家，仅限线上实名账户充值的预付卡机构 7 家；2019 年共采集 131 家预付卡机构发卡数据，其中商业预付卡 110 家，公交一卡通类机构 14 家，仅限线上实名账户充值的预付卡机构 7 家。

③ 数据来源：2018 年《中国支付清算协会行业运行报告》、2019—2020 年《中国支付产业年报》。其中，2017—2019 年的预付卡受理情况的样本量分别为 108 家、137 家、124 家，因各年度样本量有所差别，本文对各年的受理规模及受理市场的分析均是在建立在按样本量进行平均的基础上。

④ 两类机构包括商业预付卡类机构和公交一卡通类机构，其中，2017—2019 年商业预付卡类机构的样本量分别为 91 家、123 家、110 家，公交一卡通类机构的样本量分别为 17 家、14 家、14 家。

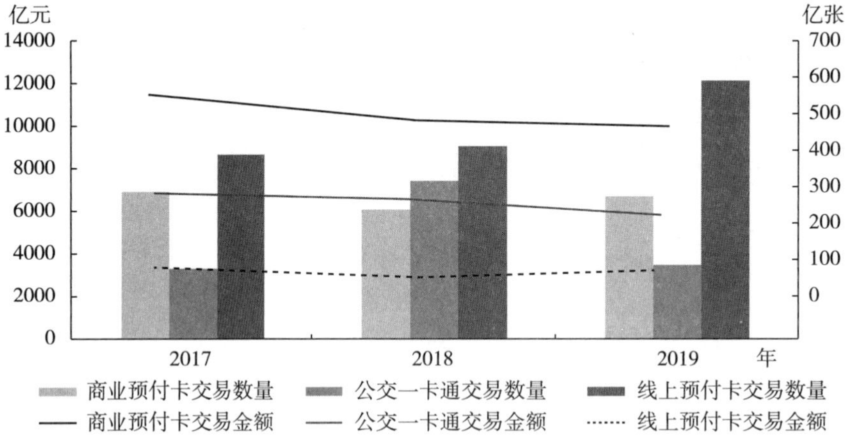

图 2　2017—2019 年不同类型预付卡机构发卡数量及金额变化

务 115. 19 亿笔，受理金额 739. 85 亿元，平均每家机构受理笔数 1. 07 亿笔、受理金额 6. 85 亿元；2018 年两类预付卡机构共发生预付卡受理业务 133. 79 亿笔，受理金额 763. 06 亿元，平均每家机构受理笔数 0. 98 亿笔、受理金额 5. 57 亿元，同比分别下降 8. 44%、18. 69%，其中商业预付卡类机构交易规模显著下降，平均每家机构受理笔数和金额分别同比下降 23. 49% 和 18. 49%；2019 年，预付卡交易情况有所反弹，平均每家机构发生预付卡交易 1. 04 亿笔，交易金额 5. 54 亿元，其中受条码支付和移动支付等新型支付方式广泛应用并向公共交通领域快速渗透的影响，公交一卡通类预付卡交易笔数降幅较大，交易笔数和金额同比分别下降 5. 12% 和 12. 22%。

3. 受理市场情况。2017—2019 年，预付卡市场的特约商户、受理终端数量、受理网点数①同步下降（见图 4）。其中截至 2018 年底，平均每家机构累计发展特约商户（法人）1147 家，同比下降 66. 27%；特约商户网点总计 2963 个，同比下降 44. 42%；累计布放受理终端 9191 台，同比下降 3%。2019 年，下降趋势有所减缓，平均每家机构累计发展特约商户（法人）、网点数、受理终端数量分别同比减少 6. 44%、10. 12% 和 16. 18%。

① 数据来源：2018 年《中国支付清算协会行业运行报告》、2019—2020 年《中国支付产业年报》。2017—2019 年采集的特约商户、特约商户网点的预付卡机构样本量分别为 114 家、131 家、124 家，采集的受理终端的预付卡机构样本量分别为 110 家、131 家、124 家。

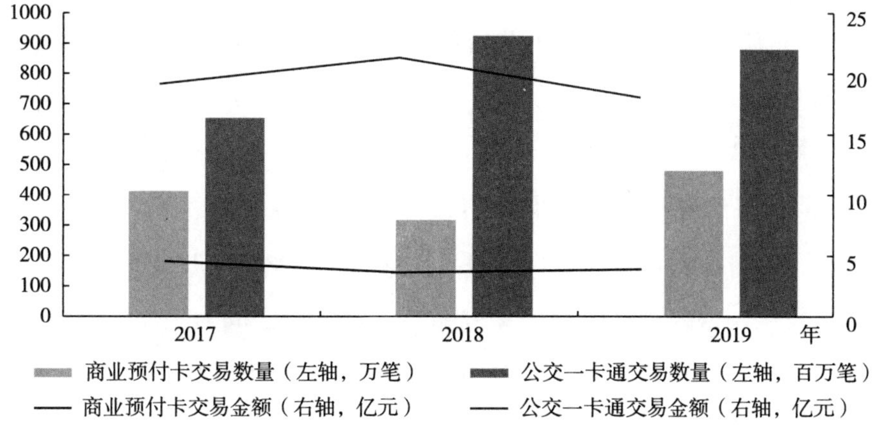

图 3　2017—2019 年平均每家机构预付卡交易笔数及金额变化

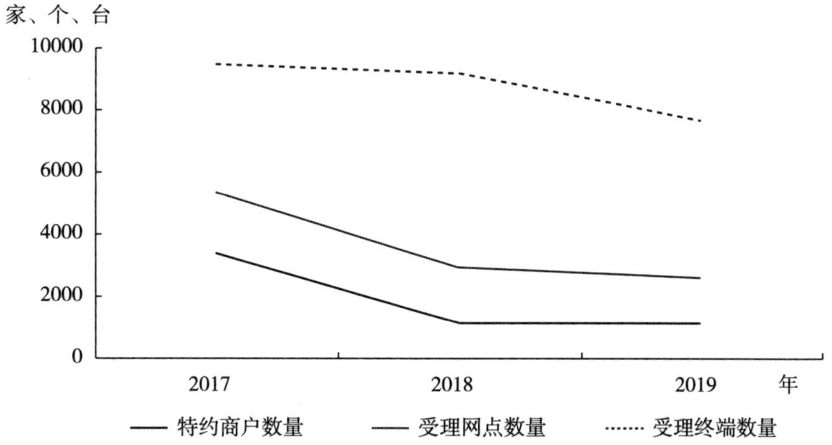

图 4　2017—2019 年平均每家预付卡机构受理市场变化

三、预付卡行业发展分析

（一）虚拟预付卡成为行业营销的重要工具

发卡方面，京东、苏宁等电商平台纷纷推出以电子券码、卡号卡密、电子账户为载体的单用途虚拟预付卡；各大传统零售行业也尝试通过发行电子卡券、通过微信公众号或下载 App 充值返现、互联网平台营销等方式拓宽发卡充值渠道。受理方面，条码技术的普及使得账基支付逐渐取代卡基支付，虚拟预付卡依托账基支付，融合各类智慧零售场景，实现基于场景和大数据的线下线上一卡畅购，如沃尔玛的扫码购、永辉超市自助收银都将虚拟预付卡纳入其中；各本土大型超市也都开发了自有电商平台，将预付卡传统的线下优势通过互联网从线上得到放大，获得规模经济。

（二）受网络支付替代，多用途预付卡需求日渐萎缩

近年来，随着金融科技与支付的进一步融合，网络支付以更加贴近用户需求的优势迅猛发展，云闪付、微信、支付宝等支付方式已成为主流，网络支付①在应用场景及功能方面已涵盖并优于多用途预付卡，多用途预付卡正在被快速替代。应用场景方面，网络支付已经从线上电商领域，向线下各类支付场景快速扩展。支付场景从超市、餐饮、药店等传统行业，逐步延伸到医院、交通等场景，涵盖人们生活中各种支付需求。而我国现行监管制度规定，多用途预付卡只能用于实体特约商户以及限定情形下的网络支付渠道，受客户范围束缚，拓展空间受到限制。在功能方面，支付账户可以消费、转账、购买理财产品、提现，涵盖多用途预付卡，多用途预付卡市场需求萎缩。

表2　　支付业务量统计②

单位：亿笔、万亿元、亿张、亿元

年份	互联网支付		移动支付		预付卡发卡	
	笔数	金额	笔数	金额	张数	金额
2015	339.99	24.19	398.61	21.96	2.59	761.43
2016	663.60	54.25	970.51	51.01	2.21	820.27
2017	483.28	38.73	2392.62	105.11	1.89	894.83
2018	700.51	50.15	4722.83	167.89	2.25	785.11
2019	682.54	51.87	7066.07	254.53	2.23	726.89

从表2可以看出，近年来网络支付业务整体发展态势良好，其中互联网支付趋于平稳，移动支付呈井喷式上升，2019年移动支付业务笔数达7066.07亿笔，是2016年交易量的17.73倍，是同期预付卡交易量的55倍。2017年移动支付占网络支付总业务金额的比重73.1%，与2016年的48.4%相比，移动支付业务的

① 网络支付含互联网支付、移动电话支付，数字电话支付、固定电话支付。目前，数字电话支付、固定电话支付发展空间小，本文网络支付仅包含互联网支付、移动电话支付。

② 互联网支付、移动支付、预付卡发行业务量数据来自2016—2019年《中国支付清算协会行业运行报告》、2019—2020年《中国支付产业年报》。

比重大幅提升，移动支付业务对互联网支付业务替代效应显著；2018—2019 年，网络支付尤其是移动支付对预付卡业务的替代效应进一步加大，预付卡发行业务量在 2017 年达到最高点后，便开始持续下跌。

（三）多用途预付卡满足小额、快捷、便民支付需求的优势弱化

2019 年，全国第三方支付四类业务①笔均交易②金额连续三年下降，其中，互联网支付业务笔均金额为 759. 96 元，较 2017 年下降 41. 44 元；移动支付业务笔均金额为 360. 21 元，较 2017 年下降 79. 1 元；银行卡收单业务笔均金额为 525. 92 元，较 2017 年下降 255. 95 元；预付卡受理业务笔均为 84. 56 元，较 2017 年下降 30. 01 元。互联网支付、移动支付、银行卡收单、预付卡笔均受理金额年均下降率分别为 4. 51%、17. 75%、35. 62% 和 24. 17%。随着移动支付便民工程的全线推进，"云闪付" 等条码支付因方便快捷受到青睐，覆盖的场景也越来越多，银行卡收单向小额支付领域渗透，预付卡小额便民的优势弱化。

表 3　　2017—2019 年第三方支付四类业务交易情况统计

业务	交易	2017 年	2018 年	2019 年
预付卡受理	笔数（亿笔）	3. 77	3. 9	5. 33
	金额（亿元）	432. 1	476. 2	450. 7
	笔均（元）	114. 6	122. 1	84. 56
银行卡收单	笔数（亿笔）	709. 1	1061	1715
	金额（万亿元）	55. 44	63. 72	90. 17
	笔均（元）	781. 9	600. 7	525. 9
互联网支付	笔数（亿笔）	483. 3	700. 5	682. 5
	金额（万亿元）	38. 73	50. 15	51. 87
	笔均（元）	801. 4	715. 9	760
移动支付	笔数（亿笔）	2393	4723	7066
	金额（万亿元）	105. 1	167. 9	254. 5
	笔均（元）	439. 3	355. 5	360. 2

① 第三方支付四类业务包括互联网支付、移动支付、预付卡受理、银行卡收单。数字电话支付、固定电话支付发展空间小，未纳入统计。

② 数据来源：2018 年《中国支付清算协会行业运行报告》、2019—2020 年《中国支付产业年报》。2017 年银行卡收单业务（含线上线下）笔均以向协会报送银行卡收单业务数据的 120 家支付机构为基础进行计算；2018 年银行卡收单业务笔均以向协会报送银行卡收单业务数据的 82 家支付机构为基础进行计算；2019 年银行卡收单业务笔均以向协会报送银行卡收单业务数据的 84 家支付机构为基础进行计算。

四、多用途预付卡机构发展存在的困境

（一）税收政策监管加强导致多用途预付卡销售锐减

2016 年 8 月，国家税务总局下发《关于营改增试点若干征管问题的公告》，规定支付机构销售多用途卡取得等值人民币资金，或者接受多用途卡持卡人充值取得充值资金的，应向购卡人、充值人开具内容为“预付卡销售和充值”的增值税普通发票，不得开具增值税专用发票。持卡人使用多用途卡，向与支付机构签署合作协议的特约商户购买货物或服务，特约商户不得向持卡人开具增值税发票。“营改增”前，业内多数支付机构在销售多用途预付卡开具发票时，根据购卡方需求虚开发票，购卡方可以据此计入相关成本费用，并在所得税前扣除。“营改增”后，无论是购卡环节还是消费环节，购卡方都无法利用政策漏洞避税漏税，这就增加了其税收成本，由此导致预付卡的需求减少，多用途预付卡发卡规模大幅缩减。

（二）单用途预付卡线上发卡业务迅猛发展，对多用途预付卡产生显著替代效应

随着电子商务和移动支付的普及，线上购买预付卡的需求增加，各电商平台、商家积极创新支付方式，搭乘移动支付顺风车，通过充值即赠、消费返现、赠送会员卡等各种促销手段扩大市场占有份额。如苏宁易购在其平台上推出实体卡、电子卡以及苏宁联名卡，绑卡后支持平台自营产品网上购物和苏宁实体门店购物；肯德基等商家纷纷推出线上购券线下核券的卡券类产品。单用途预付卡的灵活性促使单用途预付卡线上发卡业务迅猛发展，间接抢占了部分多用途预付卡的市场。

（三）市场集中度稳中有升，单牌照预付卡机构生存困难

2017 年，121 家被调研预付卡机构[①]中，72 家盈利、49 家亏损，亏损机构数占比 40.50%。其中仅获预付卡业务许可的单牌照机构中盈利 48 家，亏损 42 家，亏损机构数占比 40.71%。2018 年，143 家被调研预付卡机构中，83 家盈利、57 家亏损，亏损机构数占比 46.67%，其中仅获预付卡业务许可的单牌照机构中盈利 44 家，亏损 50 家，亏损机构数占比 53.19%。预付卡机构亏损数占比呈上升

① 数据来源：2018 年《中国支付清算协会行业运行报告》、2019—2020 年《中国支付产业年报》。

趋势，尤其是受备付金集中存管政策和互联网支付业务发展影响，单牌照预付卡机构经营压力明显增大，2018 年亏损数量多于盈利数量。

2019 年，124 家获得预付卡发行与受理牌照的机构中，预付卡发卡张数排名前十的预付卡机构发卡量合计为 7451. 84 万张，占全国预付卡发卡量的 73. 15%，同比下降 7. 68%；发卡金额合计为 425. 33 亿元，占全国预付卡发卡金额的 62. 29%，同比上升 7. 28%。预付卡交易金额排名前十的预付卡机构交易金额合计为 416. 76 亿元，占全国预付卡交易金额的 60. 69%，同比上升 3. 21%。作为典型的双边市场，大型支付机构在这一领域将继续保持寡头地位，中小支付机构难以生存。面对复杂多变的市场环境，尤其是单牌照预付卡机构有线上发卡、受理的需求，但出于政策合规性的考虑，创新动力不强，公司业务情况及盈利能力均欠佳。可以预计，未来还会有一些预付卡机构合并业务甚至放弃牌照。因此，预付卡机构需要在复杂多变的移动支付市场寻求合规与转型的创新之路。

（四）现行监管制度对多用途预付卡机构发展形成很大制约

《支付机构预付卡业务管理办法》规定，发卡机构通过实体网点销售发行预付卡；预付卡只能通过现金、银行转账及持卡人在本发卡机构开立的实名网络支付账户三种方式进行充值；预付卡不得用于除公共事业缴费、本发卡机构拓展的实体特约商户的网络商店以及本发卡机构开立的实名网络支付账户充值之外的网络支付业务。现行监管制度对多用途预付卡实体发卡网点、充值方式及受理场景的限制使得多用途预付卡机构无法采取灵活的经营方式，不能适应市场的发展。相反，一些无证机构却利用政策漏洞大打“擦边球”。实践中，发现一些未取得支付业务牌照的电商平台为客户开立虚拟账户，该虚拟账户不仅支持银行转账方式充值，而且支持账户充值，客户充值后可以在电商平台入驻商户进行消费，其业务实质为线上发行与受理多用途预付卡。但是，现行监管制度未将线上发行与受理多用途预付卡纳入监管，部分无证电商平台无视规则，其不记名预付卡单张大多金额上限设为 5000 元，甚至支持电商平台股东的单用途预付卡充值，间接地将单用途预付卡转化为多用途预付卡，严重扰乱支付市场有序发展。

五、转型建议

（一）完善监管法规，做好顶层制度设计

一是放开预付卡业务实体网点发卡及充值渠道的限制，鼓励预付卡机构创新

支付方式，搭乘移动支付的快车，拓宽发卡充值渠道。随着网联清算有限公司的成立和备付金集中存管政策的落地，支付机构备付金互转不再受限；同时，生物识别技术的发展使得远程发卡成为可能。建议取消通过实体网点发行销售预付卡和通过现金、银行转账及持卡人本发卡机构实名网络支付账户进行充值的限制；引入“预付账户”的概念，将其定位为实体卡、券或功能弱于支付账户的电子账户；鼓励预付卡机构借助人脸识别等技术远程识别客户身份并利用远程传输技术留存客户身份信息，完成非面对面空中发卡，降低通过网点发卡投入大量的人力、物力成本，拓宽预付卡机构发卡充值渠道。

二是保持与现行监管政策的一致性、连贯性，取消预付卡受理方面的差别性政策，拓宽预付卡线上受理的范围。随着物流业、供应链的发展，线下实体商户的功能日渐弱化，线上线下边界趋于模糊；同时预付卡资金属于封闭系统的资金循环，风险相对可控。建议修订《支付机构预付卡业务管理办法》第三十条，取消部分预付卡机构可以“向支付账户充值”的差别政策；同时，取消预付卡只能缴纳公共事业费及在本机构实体特约商户的网络商店中使用的限制，将预付卡受理范围扩大为网络特约商户。预付卡受理参照《银行卡收单业务管理办法》《非银行支付机构网络支付业务管理办法》的相关规定。

三是按照实质重于形式的原则，对支付业务进行重新定义和分类。现行《支付机构预付卡业务管理办法》只对预付卡受理作地域限制，未对预付卡发行作地域限制，建议将“预付卡发行与受理”牌照分为“预付卡发行”“预付卡受理”牌照。根据同质监管的原则，将同时持有“预付卡受理”“银行卡收单”的支付机构进行牌照整合。将“预付卡受理（限定区域）”与“银行卡收单（限定区域）”合并，存量实体商户的预付卡受理业务由本机构承接，参照《银行卡收单业务管理办法》相关规定开展业务。

（二）整合优化支付牌照，加快市场优胜劣汰，提高监管效能

由于政策限制，部分单牌照预付卡机构出于合规考虑创新力不强，建议在新一轮的续展中，对合规经营意识强、发展态势良好、资金实力雄厚的预付卡机构予以增加地域范围或业务范围的政策支持，助力其创新业务模式，实现转型。根据穿透性监管的原则，要求同一控股股东或实际控制人的支付机构合并。对发展态势欠佳的预付卡机构，鼓励其平稳退出并采取灵活的方式解决退出过程中遇到的困难。如《支付机构预付卡业务管理办法》规定“预付卡赎回应当使用银行转账方式，由发卡机构将赎回资金退至原购卡银行账户。用现金购买或原购卡银行账户已撤销的，赎回资金应当退至持卡人提供的与购卡人同名的单位或个人银行账户”。在实际执行过程中，部分机构由于历史原因未留存购卡人信息或者持卡人无法提供购卡人信息，建议政策方面允许机构在完成持卡人身份识别的条件下，将赎回资金退入持卡人银行账户，或参照《支付机构预付卡业务管理办法》第三十条（三），允许存量预付卡余额转入持卡人在本机构开立的实名支付账户，加快机构退出进度。

（三）鼓励多用途预付卡机构创新营销理念，整合线上线下资源，积极适应新形势，应对冷市场

鼓励多用途预付卡机构拓展电子商务，延伸电商领域服务。多用途预付卡机构可以建立移动端微网站、微信公众平台或 App，引导实体商户入驻网站或平台，通过互联网和移动端应用提供的基础服务来引导客户，培养客户使用习惯，促进预付卡的广泛应用；同时，帮助商户导入客流，增加收入。

（四）开发后台管理系统，以专业化精细化服务推动商户拓展

多用途预付卡机构可以根据商户个性化需求，开发后台管理系统、智能终端等，为其提供存货管理、成本管理、会员管理等一系列增值业务，实现商户端服务的专业化和精细化，从而争取更高的手续费或更大的商业折扣，获得更好的收益。实践中，辖内某多用途预付卡机构开发商户收银系统，并将受理集成到商户收银系统中，通过减免商户结算手续费、免收商户 POS 机押金、免费提供 POS 机数据卡等措施积极推动县域传统销售商户与商户收银系统的对接工作，为特约商户提供配货、仓储、物流、结算等综合服务，解决日用品下乡的“最后一公里”问题。依托商户收银系统的渠道监控、便捷服务、自助收银等功能，一方面可以使村级网点的经营者低成本通过线上与更多的供货商进行对接，拓宽进货渠道，全程把控货物品质；另一方面可以为持卡人提供更好的客户体验和更高的服务价值，满足了客户日益多样化的需求，带动了农村消费升级，同时也提高了商户的交易量及收益。

参考文献

[1] 吴洁．多用途预付卡企业发展困境 [J]．合作经济与科技，2018

(19).

[2] 赵文瑞，卜花琴，张博. 加强预付卡网络支付监管 [N]. 金融时报，2018-06-25.

[3] 孙方江. 我国多用途预付卡支付风险及监管思考 [J]. 信息化论坛，2016 (2).

[4] 季向华. 论多用途预付卡行业发展趋势及应对策略 [J]. 新经济，2013 (8).

[5] 关于规范商业预付卡管理的意见 [J]. 工商行政管理，2011 (12).

[6] 胡梦玲. 多用途商业预付卡的涉税处理 [J]. 中国国际财经（中英文），2018 (4).

[7] 薛松. 中国预付卡行业监督管理研究 [D]. 成都：西南财经大学，2012.

类票据的内生性分析与监管路径研究

文/赵慈拉*

摘要：类票据具有可支付、可拆分流转、开放式融资的创新功能，对改善应收账款的流动性、发展直接金融、解决小微企业融资难，具有一定的积极意义。因此，类票据的产生具有其内生性、必然性和广泛性。类票据的快速发展也体现为当前金融抑制环境下，市场主体为规避金融监管的一种异化现象。类票据基于供应链购销交易而产生，应受《合同法》约束，不宜纳入《票据法》，但必须纳入金融监管。建议创建电子商业本票，在票据工具统一的基础上，适度开放多层次的票据市场，以发展直接金融，推进金融深化。

关键词：类票据　应收账款电子凭证　金融抑制　电子商业本票　监管路径

一、问题的提出

2015年中企云链①——供应链应收账款电子凭证诞生后，上百个应收账款电子凭证应运而生，形成一个有别于电子商业汇票的类票据现象，类票据在各供应链中呈现快速发展之势，并向银行业延伸。对此现象，业界和学界都在进行深入研究，监管部门也在进行调研。有观点认为，“‘类票据’业务源自供应链等合理场景，从支持实体经济的角度，宜疏不宜堵；应规范‘类票据’业务，留出创新空间，建议修订《票据法》时增加一类创新票据，由人民银行制定创新票据

* 作者单位：中信银行上海分行。

① 中企云链，https：//www. yljr. com/。

的定义和范围”。也有观点认为，尽管应收账款电子凭证在一定程度上提高了应收账款的流动性，但无法克服其天然缺陷，存在较大风险；应收账款电子凭证的业务本质与票据完全相同，产品要素和业务流转均与票据相似，在对票据业务严格监管而对应收账款缺乏规范的情况下，必然导致“劣币驱逐良币”，产生监管套利，形成非正规金融对正规金融的挤出效应，影响正常的金融管理秩序。笔者认为，评价一项新金融工具的产生和金融交易创新的价值，首先需要探索其产生的基础原因和分析其对经济活动的意义。

二、类票据的产生具有内生性

（一）实体经济应收账款高企

应收账款是指企业因销售商品、提供劳务等经营活动所形成的债权，包括应向客户收取的货款、增值税款和为客户代垫的运杂费等。近年来，因现金交易资金成本高企等原因，赊销已成为企业销售的主流交易方式。与此同时，中小微企业在多元化市场主体的发展过程中处于弱势地位，一些大型企业利用其产业链或销售渠道优势，长期拖欠供应链后端中小微企业供应商货款，实体经济应收账款逐年高企。国家统计局数据显示，2020 年末，规模以上工业企业应收账款 16.41 万亿元，同比增长 15.1%，连续 8 个月保持两位数增长。① 应收账款的持续走高，推动企业债务率上升，2020 年，企业部门债务增长 9.1%，比上年高 1.8 个百分点②，也加剧了小微企业融资难、融资贵问题。

国家统计局仅对全国规模以上工业企业应收账款进行统计，缺乏全国企业的应收账款数据。笔者参照以下两个口径对全国实体经济应收账款作一估算。一是商务部国际贸易经济合作研究院发布的《中国商业保理行业研究报告 2012》，该报告估计 2012 年全国企业应收账款规模在 20 万亿元以上，③ 当年，国家统计局公布的全国规模以上工业企业应收账款为 84043.14 亿元；④ 若以上述两个数据为

---

① 中新社北京 2 月 5 日报道：GDP 突破百万亿元后，中国经济如何应对“成长的烦恼”？——专访中国国家统计局副局长盛来运。

② 中国人民银行，中国金融稳定报告 2021，央行官网。

③ 商务部国际贸易经济合作研究院官网，https：//www. caitec. org. cn/n5/sy _ gzdt _ zytz/json/4239. html。

④ 国家统计局官网，https：//data. stats. gov. cn/easyquery. htm？ cn = C01&zb = A0E040B&sj = 2012。

基数，2020 年全国规模以上工业企业应收账款 164128.60 亿元，[①] 2020 年为 2012 年增幅 1.95 倍，以此推算 2020 年全国企业应收账款规模约为 39.0 万亿元。二是国家统计局 2020 年全年 GDP 初步核算数据 1015986 亿元，[②] 若剔除基本没有应收账款的住宿和餐饮业、金融业、其他行业的 GDP 后，其余行业 GDP 合计数为 667435 亿元（见表 1），其中工业 GDP 为 313071 亿元，若以工业 GDP 的占比和 2020 年全国规模以上工业企业应收账款 164128.60 亿元，[③] 推算 2020 年全国企业应收账款 164128.60 × 667435/313071 ≈ 34.99 万亿元。根据以上两项测算，2020 年全国企业应收账款为 35 万亿 ~ 39 万亿元规模。

表 1　2020 年其余行业 GDP（不含住宿和餐饮业、金融业、其他行业）

单位：亿元

工业	313071
建筑业	72996
批发和零售业	95686
交通运输、仓储和邮政业	41562
房地产业	74553
信息传输、软件和信息技术服务业	37951
租赁和商务服务业	31616
合计	667435

数据来源：国家统计局，2020 年全年 GDP 初步核算数据。

与 20 世纪 90 年代初国企"三角债"不同的是，当年的市场主体均为国资企业，市场体系正处于计划经济向市场经济转型阶段，国企进入市场快速发展期，但当时尚不具有国企借助资本市场募集资本金的机制，央行货币供应也是根据国家计委指标所投放，国企资本金的短缺和市场货币供应量的不足，导致国企之间普遍以拖欠货款的"三角债"方式进行商品交易，拖累了经济发展。对此，中央采取行政干预措施，由央行组织所有国企申报应收应付款账项，进行全盘性轧抵清理，差额以商业汇票进行支付，国有银行对最终差额票据给予贴现融资。现在实体经济应收账款与 90 年代不同，工业和信息化部调查显示，2020 年 5 月末规模以上中小工业企业应收账款同比增长 17.5%，比同期大型企业的增速高 10.8

① 国家统计局官网，https：//data. stats. gov. cn/easyquery. htm？ cn = C01&zb = A0E010J&sj = 2020。

② 国家统计局官网，https：//data. stats. gov. cn/search. htm？ s = GDP。

③ 国家统计局官网，https：//data. stats. gov. cn/adv. htm？ m = advquery&cn = C01。

个百分点；[①] 中小工业企业逾期应收账款占全部应收账款的29.5%，比上年同期提高3.3个百分点，[②] 在一定程度上反映出在市场供应链或产业链中，处于优势地位的央企、国企、上市公司等大企业拖欠弱势中小微企业供应商的特征性。"数据宝"发布的2020年《A股应收账款榜》数据显示，2020年A股4151家上市公司周转天数中位数超75天，同比增加1天以上，平均回款速度处于近10年最低水平。非金融上市公司应收账款连续10年增加，全年A股应收账款当年增加1753.07亿元至新高点55278.5亿元，同比增长3.28%，高于同期总营业收入增幅2.98%，[③] 说明实体经济应收账款高企现象已由中小微企业向大企业传染，此类市场系统性问题无法以行政手段干预方式解决。

（二）类票据是金融抑制环境下的异化现象

各类供应链、产业链应收账款占比增大、账期拉长、流动性资产呈现"渐冻症"现状，严重地影响处于资金链后端小微企业的资金周转，而小微企业由于自身缺乏有效的抵押物或信用保证，使其在银行较难实现融资。央企、国企、上市公司凭借其资信度较高的优势，通过增发股票、发行债券、银行借款获取低成本资金，或利用产业链采购地位优势，通过将正常赊销账期延宕至三个月以上产生的现金盈余用于进行借贷套利。央行提出以应收账款票据化方式来纾解当前实体经济应收账款困局，但受现行金融监管政策规定，票据融资仅限银行特许经营，央企、国企、上市公司无法介入票据融资业务。因此，央企、国企、上市公司改以签发具有可支付、可拆分转让、可融资、到期可兑付的各式冠以"X信""X链""X单"的应收账款电子凭证——类票据，以此替代电子商业汇票在应收账款票据化的作用。

金融科技公司通过搭建多样化的类票据服务平台为供应链各交易主体提供应收账款流转服务，该类平台通过对接核心企业和多级供应商，由核心企业签发类票据向供应商支付，以替代原挂账形式的应付账款。类票据依托区块链、电子签章等技术，记载应收账款债权人、债务人（包括应付款方或增信方）、债权金额、债权到期日等，并将交易信息（包括基础交易资料、线上化交易数据等）形成债权数据包，以区块链分布式记账方式进行交易数据存储，形成安全、连续、不

---

① 工信部：上半年清偿拖欠民营和中小企业款项956亿元［DL］. 光明网，2020-07-18.

② 根除拖欠中小企业账款的症结［N］. 人民日报，2020-07-18.

③ A股上市公司平均回款速度创十年新低［OL］. 搜狐网，2021-05-12.

变的链式数据结构，具有分布式、多节点共识、公开透明、可追溯、不可篡改等显著特征。持票人凭借核心企业的信用传递，将类票据以货币支付方式进行拆分流转，或向类金融机构申请融资，或到期向签发人提示兑付。不可否认，类票据的可支付、可拆分流转、可融资的功能，对促进供应链应收账款的流动性，发展直接金融，解决小微企业融资难，具有一定的积极意义。可以预见，未来将出现供应链中类票据来替代挂账的应收账款欠条的趋势，因此，类票据的产生具有其内生性、必然性和广泛性。

（三）类票据的监管路径

类票据具有信用创造和支付的货币化属性，突破了票据融资限于银行的监管政策，其快速发展正在成为影子银行中活跃度渐升的一项融资交易，商业银行也相继推出“壹账链”“应收账款链”“e 信通”“工银 e 信”“上行 e 链”“阳光融 e 链”等类票据平台，对电子商业汇票形成脱媒化趋势。所以，类票据的快速发展也体现为当前金融抑制环境下，市场主体为规避金融监管的一种异化现象。国务院金融稳定发展委员会提出，“既要提高直接融资比重，也要加强监管，依法将金融活动全面纳入监管，有效防范风险。”① 因此，建议从以下六个方面将类票据纳入金融监管：一是类票据的功能定位于企业供应链支付工具，但许多类票据平台为发展成为社会化支付工具，都在主动对接各家银行接口，使其用户由原来供应链客户向银行客户扩展。对此，应严格限定类票据只能用于企业供应链的各相关主体间交易，不可形成跨平台交易的社会化支付工具。二是类票据的用途为核心企业对供应商的应付款，为保障中小供应商的基本利益，应该规定所有类票据的最长期限为六个月。三是金融管理部门人士在对 2008 年至 2018 年中国金融资产结构演变进行分析后得出“直接融资发展水平依然偏低，直接融资占比不升反降”的结论，并提出“发展直接融资要依靠改革开放”的政策建议。类票据具有开放式融资的创新机制，具有直接融资的功能。因此，可考虑允许类票据平台内各相关主体之间，或与金融机构、类金融机构之间开展融资交易，以推进金融深化。四是现行类票据的资金清算是通过平台设置的电子虚拟账户或通过非银行支付机构进行。《非银行支付机构网络支付业务管理办法》规定“支付机构

---

① 金融委．依法将金融活动全面纳入监管，有效防范风险［OL］．证券时报网，2020－10－31．

不得为金融机构和从事金融业务的其他机构开立支付账户”。[①] 电子虚拟账户因不具有识别洗钱交易的风控机制，只可用于同一法人集团内成员单位间的资金清算，而不可用于不同法人机构间的资金清算。因此，对类票据的资金清算应实行统一由清算银行清算的强制性规定。五是类票据平台属于类金融机构，应纳入中国支付清算协会的行业管理，并核定各平台类票据的最高存量限额，如200亿元、500亿元、1000亿元等不同规模等级。六是鉴于各个类票据的规则不同，可由各类票据依据自定章程进行交易，受《合同法》约束，章程须报送行业自律组织备案，并定期向行业自律组织报送类票据平台交易数据。

三、创建电子商业本票

《日内瓦统一汇票本票法》规定，任何书面记载“汇票字样、无条件支付一定金额的委托、付款人、付款日期、付款地、受款人、发票日及发票地、发票人签名的委托”等八项要式，该汇票（本票）即成立。与《日内瓦统一汇票本票法》规则不同，我国《票据法》确立“票据法定”原则，“本法所称票据，是指汇票、本票和支票。汇票、本票、支票的格式应当统一。票据凭证的格式，由中国人民银行规定。票据管理的具体实施办法，由中国人民银行依照本法制定，报国务院批准后施行。”[②] 类票据由不同供应链购销交易而产生，其交易规则和章程也因链而异；其法律关系侧重于基础交易关系，普遍约定受《合同法》约束，因此类票据不宜纳入《票据法》调整对象。

但综观各式类票据具有一个共同点，即都为出票人以其自身信用对收款人的远期付款承诺，而无第三人的承诺兑付，这也是基于赊销交易中应收款方对应付款方信用认可的前提条件，而这个特点正是商业本票的最基本属性。鉴于此，有必要在《票据法》中增加商业本票的立法。

根据《日内瓦统一汇票本票法》和国际惯例，本票是出票人无条件支付的承诺，汇票是出票人无条件支付的委托。本票出票人凭借自身较高资信度签发票据，通常适用于融资交易或贸易交易；汇票出票人因其资信度较低，须请高资信

① 人民银行有关负责人就《非银行支付机构网络支付业务管理办法》答记者问，央行官网［OL］. 2015－12－28.

② 《票据法》第二条，第一百零八条，第一百零九条。

度的承兑人为其承兑增信，故汇票通常适用于贸易交易。商业本票因具有短期融资功能，在国外存在无息本票和附息本票（有息本票）两种法定类型，附息本票系由出票人在票面上标注利率，持票人在票据到期日有权获取票据本金及约定的利息收益（票据孳息），以体现风险溢价。根据国内《票据法》，“本法所称本票，是指银行本票。”[①] 虽未允许商业本票的存在，但《支付结算办法》《电子商业汇票业务管理办法》规定的商业汇票四种出票方式中第一种，“债务人签发并承兑后交付收款人”，[②③] 此项票面上仅有出票人与收款人两个票据行为人，出票人完全凭借自身资信度签发票据，其实质同为商业本票。

随着直接融资的发展和融资渠道的多元化，实体经济已对融资性票据产生市场客观性需求，国内也已开放短期融资券模式的融资性票据。应结合我国《票据法》修订，增加融资性票据——电子商业本票、银行远期本票，并参照国际惯例增加票据附息功能，将商业汇票专用于贸易项下的债权凭证，电子商业本票用于贸易项下或融资项下的债权凭证，银行远期本票专用于商业银行向央行寻求最后贷款人救助的债权凭证。

电子商业本票以出票人自身资信为付款保证向债权人发票，收款人及后手可背书转让，同时前手对持票人承担票据不获付款时被追索的清偿责任。出票人可签发以授信银行为收款人的电子商业本票申请贴现融资，或出票人向对其资信度认可的收款人进行贸易项下远期支付或直接融资。电子商业本票可采用数字票据形式，应用自身搭载的数字化信用评分系统，定期对所有票据行为人自动评分，构建票据市场征信环境，也为履约率良好的中小微企业签发电子商业本票支付提供了信用环境条件。

银行远期本票仅限于银行机构发生流动性风险，已无任何可质押再融资的资产时，签发银行远期本票凭以向中央银行寻求最后贷款人救助，中央银行对其实施再贴现救助。当该银行流动性缓解后，中央银行可将该银行远期票据在公开市场上转让卖出，收回再贴现资金。

《票据法》增加电子商业本票的意义在于：一是票据具有严格的法律要式性，本身就是一份标准合约，资信度高的出票人在银行授信额度内，签发电子商

① 《票据法》第七十三条。

② 《支付结算办法》第七十九条。

③ 《电子商业汇票业务管理办法》第三十四条。

业本票向银行申请贴现，贴现利率可以票面附息方式记载，省却借贷双方签署贷款协议的烦琐流程。二是借款人以票据融资较短期贷款可降低筹资成本，利息改以递延方式在票据期限内计提，都有助于降低“融资贵”困局。三是借助票据的标准化，实现信贷资产证券化，银行贴现电子商业本票后，通过票据转贴现市场或转化标准化票据实现流动性，这将大大改善现行33万亿元银行业对企业短期贷款的流动性和提升票据市场的活跃度，降低央行货币供应量M2增发压力。四是电子商业本票贴现取代银行贷款后，贴现规模仍限制在银行对出票人的授信范围内，只是贷款工具形式的改变，并不会扩大信用和增加银行体系风险。五是对资信度高的电子商业本票贴现后，银行可以无追索权方式在转贴现市场或标准化票据市场卖出，实现信贷资产洁净转让，提升直接融资在金融资产结构中的占比。六是以电子商业本票的统一性和融资开放性覆盖类票据功能，以电子商业本票功能满足供应链赊销交易需求，引导供应链应收账款使用电子商业本票，统一的票据工具更便于监管。

四、票据市场需要适度开放

国务院副总理刘鹤于2019年6月在第十一届陆家嘴论坛上提出，“需要加快金融供给侧结构性改革，大力发展直接金融”。① 通过推广应收账款票据化，充分发挥电子商业汇票的流通支付功能，纾解中小微企业的应收账款困局。实体经济中存在一些持票企业因发工资、还贷、购汇、纳税等需要将贸易中受让的电子商业汇票变现。同时，不少小微企业为节省采购成本，采取以折价买入电子商业汇票后用于支付贸易货款的需求，此类企业间票据交易的意义完全不同于银行与企业间的贴现业务，银行一旦贴现后该票据就终止了支付功能，同时贴现贷款形成货币供应量M2新增投放；但若持票企业将贸易中受让的票据在企业间票据市场实现有偿转让后，转让方实现融资，用货币资金在生产经营中进行支付，而转入方以买入的票据支付贸易货款，让票据在后续流通中继续发挥支付功能，由此减少货币供应量M2新增投放。因此，票据在企业间交易市场上的有偿转让较银行贴现将更具有减少货币投放、加速货币资金周转的积极意义（赵慈拉，2020）。

票据工具必须统一，票据市场需要适度开放。现存有央行与商业银行的再贴

① 刘鹤. 释放金融监管新思路：“八字方针”处置金融风险［N］. 21世纪经济报道，2019-06-14.

现市场，商业银行与商业银行的转贴现市场，商业银行与企业的直贴市场等银行间票据市场。现行实体经济中全部应付票据余额为 14.46 万亿元，其中银行体系对实体经济提供的票据融资总额为 13.08 万亿元（银行承兑与商票贴现之和），若现行全国 35 万亿～39 万亿元规模的应收账款未来全部转化为应收票据后，整个银行体系是很难承接如此巨额票据融资需求的。因此，有必要建立区域性企业间电子商业汇票交易中心，以直接融资机制来满足应收票据的多元化需求。同城票据网[①]、深度票据网[②]、企票通平台[③]等企业间电票有偿转让交易平台应用集电子票据、互联网、大数据于一体的金融科技（FinTech）技术，为企业间电子商业汇票有偿转让交易提供信息撮合服务；交易平台和众多贴现银行系统对接，应用比价功能为持票人寻找更低利率的贴现银行；交易平台还为一些机构以自有资金买入电子商业承兑汇票进行投资提供了便利，未来还可为持票中小微企业和标准化票据存托机构提供撮合信息服务，这些交易在客观上推动了电子商业承兑汇票的流通，真正实现支付—融资—投资的“直接金融”模式（赵慈拉，2021）。但目前此类有偿转让交易平台尚处于金融监管盲区。因此，监管部门可对企业间有偿转让交易平台采取“监管沙盒”[④] 模式进行金融创新尝试，以适度开放企业间电子商业汇票交易市场，引导和替代多元化的类票据交易，发展统一监管环境下的直接金融。

① 同城票据网，https：//www. tcpjw. com/。

② 深度票据网，https：//sdpjw. cn/#/。

③ 企票通平台，https：//www. crhc. cn/xwzx/gsxw/gsxw2019/201909/t20190918 _ 2345. html。

④ 中国版“监管沙箱”来了 10 省市开展试点［OL］. 央广网，2019－12－20.

数字金融

数字人民币与支付体系：现状、影响及政策建议

文/刘　松*

摘要： 随着信息技术的飞速发展，科技与金融深度融合，金融科技迅速兴起，金融行业数字化、科技化浪潮不断，也引起了货币形态的演变。数字人民币在我国已经进行了发行试点，其发行和推广将对我国支付体系产生深远的影响。本文首先对数字货币的相关研究成果进行了梳理和总结，然后从支付体系的现状出发，就数字人民币对支付体系中支付市场供需双方及相互之间的竞合关系进行了深入研究，分析了数字人民币在发行和推广中可能存在的问题，并提出有针对性的政策建议。研究结果表明，数字人民币发行后，将对人民银行、商业银行和非银行支付机构等支付体系参与方产生一定的影响，并且，数字人民币发行和推广可能在法律规制、场景建设、数据保护和数字鸿沟等方面产生一定的影响。最后本文从完善法律法规、加强场景建设、增强数据治理能力和加强对弱势群体关注四个方面提出了政策建议。

关键词： 数字人民币　支付体系　影响分析　政策建议

一、引言及文献综述

数字人民币是由人民银行发行的数字形式的法定货币，是人民币形态从电子化向数字化方向发展的又一次跨越。数字人民币是具有价值特性的数字支付工具，定位于替代流通中的人民币现金，即数字人民币的 M0 定位，并支持银行账

* 作者单位：中国人民银行武汉分行。

户松耦合和可控匿名，其发行将沿用目前的中央银行—商业银行双层运营体系，在央行进行中心化管理的基础上，由指定运营机构参与运营并向公众免费兑换，它的出现将改变我国的基础货币结构，会对货币政策、金融稳定、支付体系等产生不同程度的影响。

数字人民币的发行有利于抵御私人数字货币的侵蚀，防止数字经济背景下国家货币发行权的旁落，对于维护我国独立的货币主权具有重要意义，事关国家金融安全，与此同时，数字货币作为数字经济的基石，在我国数字经济的发展过程中也将发挥重要作用。《中共中央关于制定国民经济和社会发展第十四个五年规划和二〇三五年远景目标的建议》中指出，要“稳妥推进数字货币研发”，数字人民币的研发和推广已经取得了共识，但是作为一种新生事物，目前对数字人民币发行后对金融体系特别是对我国支付体系相关影响的研究还不够深入，支付体系作为数字经济发展的核心金融基础设施，在我国经济社会发展中发挥着重要作用，是货币流通的主渠道，因此，有必要就数字人民币对我国支付体系的影响进行更为深入的研究。

目前，众多学者和专家从数字货币的概念、理论基础、运行机制以及对经济金融效应等方面进行了论述并形成了一系列有价值的研究成果。一是关于数字货币的内涵和外延方面，姚前（2018）认为，数字货币应该是电子货币和实物现金的一体化；吴桐等（2020）从技术和经济金融两个维度对数字货币进行了定义；姚前（2017）认为，理想的数字货币包含发行方、发行金额、流通要求、时间约束、智能合约等信息，并且具备不可“双花”、匿名性、不可伪造等十个特性；吴桐等（2020）认为，DC/EP 本质是央行担保、签名发行的加密字符串，其作用是替代 M0。二是关于法定数字货币的特点和发行机制方面，姚前和汤莹玮（2017）指出，法定数字货币的内在价值不应有任何变化，变化仅在于货币形态的数字化，同时指出法定数字货币核心要素是“一币、两库、三中心”；CPMI（2018）提出“货币之花”，对央行数字货币四个关键属性，即发行人、货币形态、可获取性、实现技术进行了定义；何德旭和姚博（2019）对人民币法定数字货币的投放、转移和回笼三个过程进行了研究。三是关于数字人民币对支付体系的影响方面，吴婷婷和王俊鹏（2020）认为，央行数字货币的发行将对第三方支付机构支付业务形成挑战；朱太辉和张皓星（2020）认为，央行数字货币在降低交易成本、简化跨境支付流程方面有着显著的优势，能够提高支付效率和支付边界；何德旭和姚博（2019）通过分析认为，人民币法定数字货币将优化现有传统货币的支付功能，为银行间支付清算创造了一种新的模式，有助于整个金融体系大幅降低成本和提高效率。

综上所述，数字人民币属于法定数字货币的一种，其尚属新鲜事物，在我国也仅有部分城市进行试点，目前国内外学者对数字人民币的研究还不够丰富，现有研究多围绕对其发行机制、特点及可能的经济金融效应进行。随着我国数字经济的不断发展，数字人民币作为一种全新的支付工具，其发行和推广将对我国支付体系产生重要影响，而相关研究较少，特别是将我国支付体系作为一个整体，系统研究数字人民币发行后对支付市场服务供需双方及监管方可能的影响及市场可能的调整研究还不够。为加强前瞻性，亟须对支付体系可能面临的影响及建议进行深入研究。

二、数字人民币对我国支付体系的影响分析

数字人民币的发行并不是为了取代目前的支付系统，而是在现有支付体系的基础上提供了更加丰富的支付工具，能够进一步加快资金周转速度，提高支付体系效率，改善货币政策传导，也有利于打破目前零售支付市场的分割现状，避免市场扭曲，保护金融消费者权益并促进普惠金融的发展，其发行和推广将对我国支付体系带来深远影响。

（一）数字人民币对我国支付服务供需双方影响分析

目前，我国支付市场的服务供给方主要为中央银行、商业银行和非银行支付机构等供给主体，它们在支付清算结算的整体交易链条中向支付服务的需求方提供支付服务产品。数字人民币发行后，主要定位于M0的替代，其发行模式沿袭现有的货币发行机制，复用现有“人民银行—商业银行”的双层投放体系。在人民银行端，数字人民币与实物现金并行发行，是一种全新的数字化支付工具，由人民银行负责向指定商业银行批发数字人民币并进行全生命周期管理，统筹管理数字人民币额度、信息和钱包，基于可控匿名的特性，人民银行能够更好地掌握数字人民币的流向和用途，及时跟踪资金交易的全流程，利用大数据、人工智能等技术分析，提高监管效率，有效打击洗钱、恐怖融资和逃税等违法犯罪行为。在商业银行端，由指定商业银行负责承接中央银行数字人民币的兑换，非指

定商业银行和其他机构可以参与数字人民币的流通环节，商业银行的货币发行模式将从调运实物现金进入公众货币流转体系转换到同时调运实物现金和接收数字人民币来进入流通领域，货币的调运成本更低，同时，由于掌握了数字人民币的公众进入渠道，使得商业银行能够基于这一优势扩大金融服务的影响力，更好地掌握数字化支付场景的建设和运营，提高运营效率。在非银行支付机构端，不涉及数字人民币的兑换环节，数字人民币的法偿性及支持银行账户松耦合功能的特性使得其构建的基于银行账户体系的封闭支付账户体系优势可能受到数字人民币一定程度的冲击，产生替代效应，机构间资金的互联互通水平进一步提高，改变支付市场格局过度集中的现状，零售支付市场的壁垒可能逐渐打破，进而影响到其基于电子货币构建的支付场景，但与此同时，非银行支付机构基于电子支付工具构建的消费应用场景也可能由于数字人民币的发行进一步提高支付效率，其应用场景也将有更多的冗余性，有效避免市场分割。另外，支付市场上还有大量为持牌支付服务机构提供聚合支付服务的技术企业，它们通过技术手段整合了支付企业的相关二维码账户，数字人民币的发行提高了不同机构间互联互通水平之后，从事聚合支付服务的相关企业也可能面临一定的转型压力。

支付服务市场的需求方主要是资金转移的直接发起者和接收者，个人、商户、企业、政府等参与经济活动的主体。数字人民币发行后，将进一步丰富支付工具，提高资金周转效率，具体而言，对于个人使用者，支付工具的选择性进一步增强，同时数字人民币的双离线支付功能能够覆盖更大范围的支付场景，有利于实现支付即结算，进一步优化了支付流程，特别是对于网络覆盖有限的边远地区数字弱势群体，能够降低数字支付工具的使用门槛，有效打破数据孤岛，提高金融普惠水平，减轻金融排斥现象。对于商户，原来基于电子支付的业务不受影响，通过对商户受理终端的简单升级，就能够受理数字人民币相关收单业务，同时，受理终端也不必局限于传统的条码、POS 机等机具，支持数字人民币离线支付的受理终端也将得以运用且设备及交易成本更低、安全性更高。对于政府、企业等其他机构，数字人民币相对于现金具有可控匿名的特性，中央银行掌握了数字人民币的属主和流通信息，每一笔交易都有迹可循，有利于执法机构全面了解资金交易的流量和流向，进而对违法违规行为进行预警、追踪、打击。同时，数字人民币支付可以附加支付合约，可以通过设定特定条件触发支付功能，在经济活动中可以实现条件支付的功能，支付的智能化、自动化水平进一步提高。

（二）数字人民币对我国支付市场主体竞合关系影响分析

1. 市场主体关系可能面临重构

央行发行数字人民币并不是要颠覆现有的支付体系，而是要能够有效融入现有支付体系并有效复用，从而提高各方参与者的积极性、降低资金流通成本、提高支付效率。根据公开信息，数字人民币将由央行进行中心化管理，负责向指定商业银行批发数字人民币，指定商业银行负责向社会公众提供数字人民币兑换服务，其他商业银行和机构负责流通领域的服务，形成“人民银行—指定商业银行—其他商业银行和机构”的数字人民币兑换流通体系，并可以基于这一体系以共建、共享的方式共同开发应用场景生态。因此，在数字人民币流通时代，部分技术实力和风控能力较强的大型商业银行将成为数字人民币流通的入口，大型银行在金融体系内的核心地位和作用将更加突出，在数字化时代市场竞争更具优势。其他商业银行和机构将同指定商业银行以合作的方式共享发展成果，能够充分调动各方参与积极性，促进相关标准互联互通，防止市场人为分割产生支付壁垒，有效保护金融消费者权益，更加公平的支付清算基础设施将更好地助力市场发挥在资源配置中的决定性作用。

2. 支付市场监管方式可能面临变化

目前，人民银行对于支付体系的监管主要是以机构监管为主，对于市场参与主体的业务合规性进行监管，通过现场和非现场检查手段，督促各市场主体合规经营。在以往的监管中，资金在支付体系内遵循支付市场的监管规则，而资金在支付体系外，如以现金方式流通时，遵循人民币现金管理的规则，不同规则之间可能存在一定的监管套利空间，特别是对于洗钱等违法犯罪活动而言，资金如不能及时追踪将影响监测的效果。在数字人民币的新业态下，现金被部分替代，基于数字人民币的中心化发行和可控匿名的特性，结合监管科技的运用，对于央行而言，货币的流量流向变得更加透明，监管方式更加突出前瞻性，科技含量更高，可以根据合规要求更好地控制数字人民币的用途，并对支付过程实施监测，对于业务的开展进行前置合规审查，及时发现可能的风险隐患，从而有针对性地开展监管，降低监管成本，提高监管效率。

3. 国际国内市场合作关系的变化

从全球情况来看，货币数字化趋势明显，不同国家纷纷推出自己的数字货币计划，数字人民币作为数字经济时代我国的主权货币，可以有效维护我国的货币主权地位，保持我国货币主权独立，确保在新一轮货币竞争浪潮中取得先发优势，从而更好地推动人民币国际化进程，维护币值稳定。国际贸易的深化需要支付结算方式的变革，在跨境贸易中，跨境支付方式一直相伴相生，传统跨境支付业务一直面临支付链条长、支付费用高等问题，数字人民币在跨境支付中的应用将极大降低跨境贸易的手续费和时间成本，便利国际贸易业务的开展，也可能改变国际国内贸易市场的合作关系，取得贸易合作优势，助力我国新发展格局的加快构建。此外，在国际合作中，部分经济体量较小、无力开展数字货币研发的国家可能会借助我国的力量进行数字化基础设施建设，进而同我国建立更加牢固的国际合作关系，扩大数字人民币的国际使用领域和人群，推动我国更高水平对外开放的进程。

三、存在的问题及政策建议

（一）存在的问题

1. 数字人民币的法律依据还不完善

涉及人民币管理的法律法规主要是《中国人民银行法》和《人民币管理条例》，相关法律法规均已授权人民银行发行和管理人民币流通。但是，发行数字人民币后，在数字人民币时代管理实物现金相关法律法规体系并不能完全适应数字人民币的监管流通规则。此外，数字人民币进入支付体系后，由于其法偿性的特点，任何个人或组织不能拒收，而目前支付市场形成的市场分割和支付壁垒均给数字人民币的法偿性提出了挑战，数字人民币支付需要支付体系更加体现互联互通的特点，要尽快修订支付体系相应的运行规则。

2. 数字人民币的发行流通对支付市场格局存在一定程度的冲击

传统金融科技企业依靠数据垄断和支付场景的建设已经形成了事实上的市场优势地位，在与传统商业银行的合作中处于强势地位。数字人民币发行后，由于其二元发行模式的确定，大型商业银行掌握了数字人民币支付的入口，可能对目前的支付市场格局产生一定的影响，金融科技企业的流量入口优势可能减弱，支付市场将更加公平、开放。具有市场份额优势的大型金融科技企业对支付市场的掌控力将会受到冲击，但由于这些企业自身较强的技术、人才和客户优势，仍然能够在未来的支付市场格局中占据一席之地，部分小型支付企业由于产品单一、研发和市场拓展能力不足将在数字人民币时代被支付市场出清。支付市场供给主体将进一步减少，行业集中度上升，不利于多层次支付服务体系的构建，针对特定人群或特定行业的支付服务供给面临减少。

3. 市场化的共建共享支付应用场景还不明确

目前，国家层面的顶层设计明确指出在数字人民币流通领域，由市场主体以共建、共享的方式共同进行产品开发、场景建设和市场推广，但共建的成本如何分担、收益如何分享、市场主体各自的业务边界如何划定、相关监管制度如何完善等问题还没有解决，相关的政策还不明确。

4. 支付数据的保护机制还不够健全

数字人民币的兑换、流通信息交互通过“三中心”的形式进行，由中心化的管理机构异步更新相关信息。在流通领域，数字人民币支付也会产生大量的交易数据，而相关数据的公域和私域还不明确，支付数据的使用、管理和保护机制还不健全，可能存在一定的数据安全风险。此外，数据的集中管理相对于分散存放而言技术安全风险更高，这对中心化管理的技术可靠性提出了更高的要求。

5. “数字鸿沟”现象仍在一定范围内存在

数字人民币的双离线支付特性大大降低了对支付设备、网络环境的依存度，有助于金融普惠的深化，减轻“金融排斥”，但与此同时，对基础设施建设不足或支付场景拓展困难的偏远山区或数字弱势群体聚集区域可能仍然存在一定的“数字鸿沟”，具体表现为支付习惯固化、对新技术和新应用接受度不高等，进而影响到基本公共服务均等化的推进，这些现象都需要认真研究解决。

（二）政策建议

1. 完善相关法律法规体系

目前，《中国人民银行法》修订稿已经面向社会公众征求意见，其中第十九条明确规定人民币包括实物形式和数字形式，将在正式出台后赋予数字人民币相应的法律地位，因此，在修订的《中国人民银行法》正式颁布实施后，要尽快启动《人民币管理条例》的修订工作，及时完善相应的法律法规体系，做好数字人民币流通环境建设，明确数字人民币的使用和监督管理细则，并保持一定的灵活性和开放性。此外，在明确数字人民币法律地位的基础上，要针对其对支付体系的影响尽快修订完善支付市场的运行和监督管理规则，明确使用主体的权利、义务和相关标准，确保数字人民币能够正常支付使用。

2. 推进市场导向的数字人民币支付应用场景建设

要充分发挥支付市场主体在数字人民币体系中的积极作用，积极探索人民银行、商业银行和非银行支付机构的合作模式，充分发挥市场主体的技术和市场优势，构建新的应用场景，更好地服务消费者，在擅长领域深耕细作。央行、商业银行和非银行支付机构三者共同在支付产品设计、场景构建、市场推广、运维管理等方面真正做到共建共享，做好顶层设计，制定负面清单，明确权利义务，让市场在支付服务生态体系构建中发挥应有的作用，保持金融体系开放、稳定，在数字人民币支付的供给侧不断创新，让更加安全高效的支付产品服务于人民群众需要。

3. 充分发挥央行在数据治理过程中的主导地位

在移动支付时代，支付数据的沉淀具有较高的应用价值，数据资产已经成为相关金融科技企业的核心资产，但同时也带来数据采集过度、数据滥用、数据孤岛等问题，相关数据供给主体的隐私权得不到有效保护。因此，在数字人民币发行后，基于其可控匿名的特点，要充分发挥央行在数据治理中的主导地位，成立专门的机构牵头抓总来采集、汇总、分析数字人民币支付过程中产生的大量数据，对于其中可以开放共享的数据应作为政府公共产品向全社会无条件开放，对于涉及隐私或金融安全的相关数据要严格保护，防止信息泄露，结合《网络安全法》《数据安全法》《个人信息保护法》等相关法律，细化相关数据保护规则，从技术和法律两个层面做好数据安全保护，同时联合市场力量充分挖掘支付数据的价值，发挥数据要素价值市场化评价、按贡献取酬的机制，更好地服务国家经济社会建设，助力数字经济发展。

4. 坚持数字人民币与实物现金长期共存原则

针对部分弱势群体的现金支付习惯固化的现状，要充分保护弱势群体的支付权利，坚持数字人民币和实物人民币现金同步发行，避免在数字人民币时代产生新的“数字鸿沟”。同时，加大宣传力度，让数字人民币安全、便捷的特性深入人心，不断进行技术创新，降低使用门槛，让数字化支付工具惠及更多人群，推进支付便民进一步发展。

参考文献

[1] 范一飞．关于数字人民币 M0 定位的政策含义分析 [N]．金融时报，

2020（9）.

［2］刘向民. 央行发行数字货币的法律问题［J］. 中国金融，2016（17）：17－19.

［3］姚前. 数字货币的前世与今生［J］. 中国法律评论，2018（6）：169－176.

［4］李文红，蒋则沈. 分布式账户、区块链和数字货币的发展与监管研究［J］. 金融监管研究，2018（6）：1－12.

［5］肖远企. 货币的本质与未来［J］. 金融监管研究，2020（1）：1－15.

［6］焦瑾璞，孙天琦，黄亭亭，等. 数字货币与普惠金融发展——理论框架、国际实践与监管体系［J］. 金融监管研究，2015（7）：19－35.

［7］吴桐，李家骐，陈梦愉. 法定数字货币的理论基础与运行机制［J］. 贵州社会科学，2020（3）：139－146.

［8］姚前，汤莹玮. 关于央行法定数字货币的若干思考［J］. 金融研究，2017（7）：78－85.

［9］封思贤，丁佳. 数字加密货币交易活动中的洗钱风险：来源、证据与启示［J］. 国际金融研究，2019（7）：25－35.

［10］CPMI. Central Bank Digital Currencies［R］. March，2018.

［11］海勒，丹尼尔. 数字货币会威胁主权货币和央行吗？［J］. 中国经济报告，2018（3）.

［12］周永林. 从货币本质看数字货币未来［J］. 清华金融评论，2018（12）：73－78.

［13］吴婷婷，王俊鹏. 我国央行发行数字货币：影响、问题及对策［J/OL］. 西南金融：1－13［2020－06－21］. http：//kns. cnki. net/kcms/detail/51. 1587. F. 20200518. 1019. 020. html.

［14］朱太辉，张皓星. 中国央行数字货币的设计机制及潜在影响研究——基于央行数字货币专利申请的分析［J］. 金融发展研究，2020（5）：3－9.

［15］何德旭，姚博. 人民币数字货币法定化的实践、影响及对策建议［J］. 金融评论，2019，11（5）：38－50＋116－117.

［16］范一飞. 中国法定数字货币的理论依据和架构选择［J］. 中国金融，2016（17）：10－12.

［17］范一飞．我国支付体系发展与展望［J］．中国金融，2017（12）：11－14.

［18］Stiglitz J. E. Macro－Economic Management in an Electronic Credit/Financial System［R］．NBER Working Paper 2017，No. 23032，3.

［19］姚前．法定数字货币对现行货币体制的优化及其发行设计［J］．国际金融研究，2018（4）：3－11.

［20］Broadbent B. Central Banks and Digital Currency. Bank of England，2016.

［21］姚前．区块链与央行数字货币［J］．清华金融评论，2020（3）：65－69.

［22］姚前．法定数字货币的经济效应分析：理论与实证［J］．国际金融研究，2019（1）：16－27.

［23］姚前．共识规则下的货币演化逻辑与法定数字货币的人工智能发行［J］．金融研究，2018（9）：37－55.

［24］姚前．数字货币与银行账户［J］．清华金融评论，2017（7）：63－67.

［25］吕江林，郭珺莹，张斓弘．央行数字货币的宏观经济与金融效应研究［J］．金融经济学研究，2020，35（1）：3－19.

［26］尹志超，公雪，潘北啸．移动支付对家庭货币需求的影响——来自中国家庭金融调查的微观证据［J］．金融研究，2019（10）：40－58.

［27］贾丽平，张晶，贺之瑶．电子货币影响货币政策有效性的内在机理——基于第三方支付视角［J］．国际金融研究，2019（9）：20－31.

［28］周光友，张逸佳．持币动机、电子货币替代与货币供给［J］．金融研究，2018（11）：172－187.

［29］刘生福．数字化支付时代的货币政策传导：理论推演与经验证据［J］．当代经济科学，2019，41（2）：1－12.

金融普惠

数字普惠视角下移动支付抗疫的价值评估及实践

文/陈　文[*]

摘要： 基于世界普惠金融联盟提出的金融科技赋能普惠金融发展的评估模型，本文从金融服务的可及性、金融服务的使用以及金融服务的质量三个维度全方位探讨了移动支付的普惠金融社会价值实现；以移动支付服务帮扶小微商家抗疫的市场实践，检验了移动支付在新冠肺炎疫情"压力测试"下发挥普惠价值的实际成效。基于上述研究，本文就如何进一步发挥推动移动支付创新服务普惠金融价值实现提出了政策建议。

关键词： 新冠肺炎疫情　移动支付　普惠金融　价值评估

随着经济社会和金融市场全面迈入数字科技全面赋能的崭新时代，移动支付作为全球范围内令人瞩目的金融科技创新，正从方方面面改变着人们的生活，重塑社会经济发展的模式。当前，我国正在大力发展数字经济，面临着前所未有的机遇和挑战，而移动支付在构建数字普惠金融体系、完善金融新型基础设施建设过程中有着重要作用。在新冠肺炎疫情的背景下，我国移动支付创新在帮扶小微商家应对外部冲击中的社会价值不断凸显，也为我国政府持续推动市场主体有序高效开展移动支付创新提供了有力依据。

一、普惠金融视角下移动支付的价值评估模型

这些年来，"数字普惠金融引领"被视为普惠金融可持续发展的"重要出

* 作者单位：西南财经大学金融学院。

路”①。在传统依靠线下拓展客户和开展服务的技术约束条件下，同时追求商业价值和社会价值双重目标的普惠金融，容易陷入发展悖论，即在满足按照市场化原则下金融服务提供商的盈利可持续要求，以及实现让更多的弱势群体获得成本可负担的金融服务的社会价值两个目标之间很容易出现顾此失彼的问题。随着信息技术的不断发展，在移动支付等金融科技创新应用的助推下，通过金融科技推动普惠金融发展，为“鱼”和“熊掌”兼得提供了可能。

世界普惠金融联盟2018年9月的报告中提出了一个以金融科技赋能普惠金融发展的评估模型。② 该模型指出检验普惠金融发展的成效，应首先关注金融服务的可及性，使金融服务的覆盖面涵盖到那些需要服务，但却被传统金融所排斥的群体。其次是让这些群体开始使用金融服务，并逐渐扩大使用规模。当金融服务真正惠及那些被传统金融所排斥的群体时，就需要针对金融产品和金融服务来提高质量并增加产品和服务种类。根据上述发展模型，普惠金融的成效可以通过三个维度进行考量：金融服务的可及性、金融服务的使用、金融服务的质量。这也构成移动支付推动普惠金融的三个主要方向。

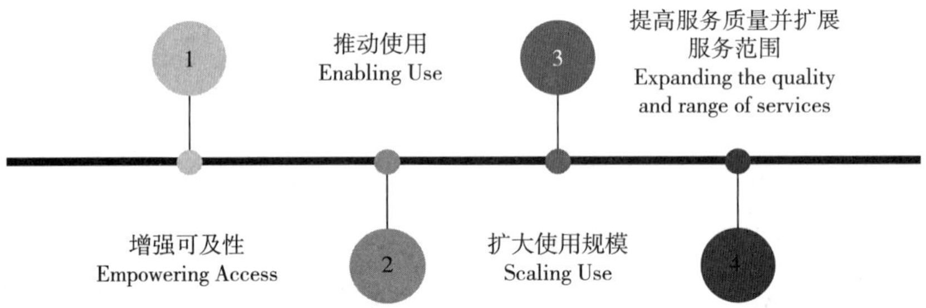

图1　以金融科技赋能普惠金融发展的评估模型

提高金融服务的可及性，降低低收入人群和小微企业获得金融服务的门槛尤其重要。世界银行2018年全球数据库数据显示，缺乏身份认证是阻断金融服务的重要阻碍之一，使得全球范围内近3.5亿成年人无法正常使用金融服务，尤其是在农村地区，大量农户属于离网人群。在利用金融科技推动离网人群金融服务可及性方面，肯尼亚移动运营商Safaricom推出的支付工具M－Pesa作了表率，其移动支付既不需要智能手机也不需要上网，用基于独立的手机号进行身份识

① 出自2018年9月银保监会发布的《中国普惠金融发展情况报告》。

② Arner D W, Buckley R P, Zetzsche D A. Fintech for financial inclusion: A framework for digital financial transformation [J]. UNSW Law Research Paper, 2018 (18－87).

别，通过短信系统进行资金划拨，从而解决了离网情形下的身份认证问题，并在此基础上构建了存取款、转账、支付、信贷、理财的综合金融服务平台。

当金融服务基础设施得到完善，使得各类人群，尤其是被传统金融服务所排斥的群体得到覆盖时，需要考虑如何推动金融服务的使用。金融服务的使用频率和使用规模的提升，需要通过金融服务的持续降本增效。中国银联于 2021 年 2 月发布的《2020 移动支付安全大调查研究报告》披露，2020 年我国平均每人每天使用移动支付的频率是 3 次，每天使用 5 次的人群占比也达到了总调查人数的四分之一。移动支付的高频使用是由于其便捷性以及使用的低成本，背后的支撑则在于移动支付运营机构的高效、持续的创新经营，以及金融基础设施的强力支持。

在金融可及性和服务覆盖面提升的同时，由于服务门槛和服务成本的降低，容易出现金融服务质量下降的问题。为了实现普惠金融的可持续发展，在提高金融服务覆盖面的基础上，也需要不断改进并提高服务质量，确保服务安全性。根据 CPMI 和世界银行的研究①，在适度监管的条件下，移动支付账户和工具的普及，为借贷、保险、理财等其他金融服务提供了入口渠道，这在我国移动支付市场上已经得到实践检验，各类金融服务主体依托移动支付的基础性功能，将线上服务扩展至理财、信贷、保险等细分领域，即便在疫情期间，大部分金融消费者仍可以足不出户，用电脑或者手机办理业务，显著优化了金融服务质量和业务体验。与此同时，人工智能、云计算、大数据等前沿科技在移动支付领域深度应用，为支付及金融领域的风险防控提供了更加扎实的前沿技术支撑，进一步增强了对洗钱、欺诈等违法犯罪活动的技防能力，更好地保障了人民群众资金安全，为高质量金融服务的供给筑牢安全防护网。

二、疫情“压力测试”下移动支付服务的普惠金融创新实践

新冠肺炎疫情的暴发使得经济和金融的新型基础设施建设提速，这给移动支付创新的普惠金融价值发挥带来了全新契机。疫情发生后，在“无接触式”服务理念的普及渗透下，移动支付对于现代金融服务、数字经济体系的价值贡献凸显，商业银行和非银行支付机构的合作程度不断提升，在抗击疫情助力经济复苏

① CPMI, World Bank Group: Payment aspects of financial inclusion, April 2016.

方面共同发挥了积极作用。在新冠肺炎疫情防控及应对中财付通积极赋能疫情下的中小微商家，助力其走出疫情困境，在疫情“压力测试”下检验了移动支付的普惠金融价值。

（一）减费让利，缓解小微商家经营成本和现金流压力

自2020年新冠肺炎疫情暴发以来，支付行业各金融基础设施机构、商业银行、非银行支付机构等主动调降收费标准，减免支付结算业务手续费，为支持市场主体纾困贡献力量。2021年《政府工作报告》明确提出了“适当降低小微企业支付手续费”。同年6月，人民银行、银保监会、发展改革委、市场监管总局联合推出12项降费措施，进一步帮助小微企业纾困，鼓励行业向实体经济让利。支付清算协会、银行业协会积极响应，联合面向各自会员单位发出倡议，共同呼吁支付行业主体降低小微企业和个体工商户支付的手续费。在银行卡刷卡领域，中国银联联合发卡银行依据政策实施银行卡刷卡手续费优惠，对小微企业卡、单位结算卡跨行转账汇款交易实行银联手续费减免，该优惠措施执行期限为3年。

在非银行支付机构服务方面，以财付通为例，其对于小微企业、个体工商户以及有经营行为的个人提供微信支付服务费九折优惠，同时最终减免支付账户提现手续费。2021年全年微信支付降费让利数十亿元，降费惠及数百万小微商家，大幅度缓解了其经营成本压力，也刺激了小微商家对于微信支付的使用，高频使用的广泛客户基础为其进一步提升金融服务质量和效率提供了有力保障。

此外，2020年疫情期间，财付通通过发挥平台支撑能力，通过减免小微企业技术服务费用、一级提供免费培训等方式，形成了对于提升小微企业应对疫情负向冲击能力的全方位支持。特别是，对受新冠肺炎疫情影响较为严重的微信生态圈服务商，在基础服务奖励之上增加抗疫专项补贴等扶持政策。同时，联合商业银行共同为服务商提供限时免息贷款，缓解服务商现金流压力。在线上培训与健康保障方面，为服务商伙伴制作了完善的线上培训体系；携手微保为服务商企业运营多一份保障，减轻企业员工住院期间的经济压力，推出“新冠肺炎服务商保障”的健康关怀。

（二）助力小微商家线下数字化转型

新冠肺炎疫情暴发初期，线下实体小微商家成为受到影响最大的商业群体之一。腾讯研究院与财付通联合发布的调研数据显示，易线上化的、线上营收高的

行业企业，抗疫情冲击的能力相对更强。因此，实体企业线上交易模式成为线下交易损失的有力补充，成为恢复经营和挽回损失的重要经营工具。

为助力后疫情时代的小微商家走出困境，2020 年 6 月，财付通发布“全国小店烟火计划”，针对使用面对面收款服务的小微商家，输出四大全新数字化转型支持政策。一是发布“小程序店铺模板”，帮助其低门槛打造数字化经营模式，结合下单助手、朋友会员，推动小微商家快速构建线上线下联营模式。二是提供多元化的经营福利补贴，持续优化小微商户智慧经营资源体系，升级其在特殊危机时期的经营保障水平。三是对于小微商户经营主进行经营能力培训教育，通过“经营指南”和“任务中心”等，为商家进行经营管理优质经验输出。四是强化小微商家线下营销能力，提供可供免费下载的门店经营海报、智能播报音箱等物料营销支持，提升商家线下门店整体形象和营销推广能力。2021 年 4 月，财付通进一步升级该计划，发布“全国小店烟火计划 2. 0”，进一步加大对于小微商家的资金支持和资源投入。

在微信支付的助推下，主要行业的线上交易占比在疫情最严重期间均有所上升，尤其是零售业线上化在疫情之后出现明显上扬的态势，线上线下融合的发展模式日趋成熟，各类数字化工具助推小微商户拓展客户流量、加速资金周转、提高客户留存度及利润率。中国连锁经营协会在疫情期间对 71 家头部的连锁餐饮集团企业的调研数据显示，由于50%的连锁餐饮企业在疫情期间拥有自己的外卖微信小程序，在疫情冲击下，尽管餐饮业线下交易额2020 年1 月比2019 年12 月下降 17. 15%，而由于线上支付服务的支持，线上交易额反而增加了 66. 67%，线上的交易增长有力补充线下的交易萎缩。[①] 后疫情时代，大量小微商家通过微信社群、微信小程序、到家业务等数字化运营工具和解决方案，构建线下线上联营模式，加大线上营销，提高了危机下经营的韧性。

（三）消费券投放助力小微商家需求端回暖

从便利性上看，移动支付大大降低了支付的门槛，依托移动支付工具，目前各类与居民衣食住行有关的商业场景、公共服务场景，都能很容易地完成支付，整个商业的运行效率因此得到很大提升。随着国内疫情防控步入常态化阶段，社

① 中国连锁经营协会于 2020 年 2 月 29 日至 3 月 3 日，面向 CCFA 连锁餐饮委员会成员企业开展在线调查，调查结果公开发布为《新冠肺炎疫情对中国连锁餐饮行业的影响调研报告》。

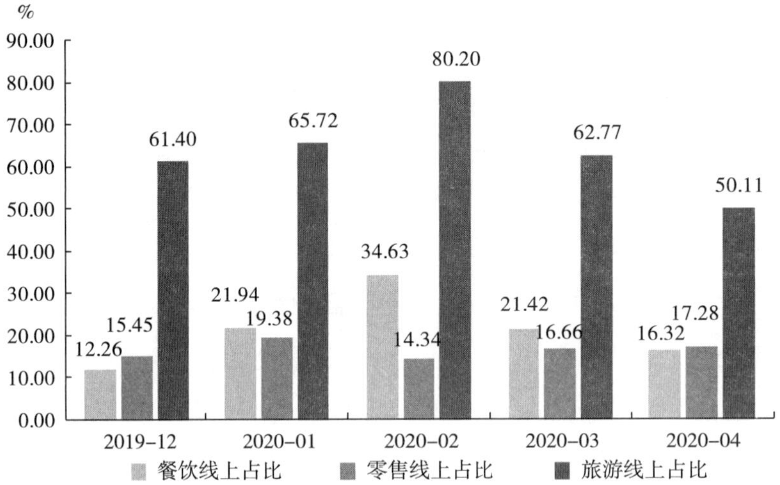

图 2　疫情期间不同行业线上交易占比趋势图①

会经济活动逐渐复苏，自 2020 年 3 月《关于促进消费扩容提质加快形成强大国内市场的实施意见》发布后，以消费券为代表的扩大消费政策措施不断推出。而国内部分地方政府将消费券等促消费、扩内需政策与移动支付工具的有机结合，也为激发居民消费潜力、助力实体经济复苏提供了可借鉴的思路。

为响应政策号召，助力小微企业复工复产工作，腾讯微信在青岛城阳区率先上线基于微信卡包管理的消费券服务，并不断将服务推广至其他地区。依托微信公众号、微信小程序、微信支付等工具，微信生态为消费券领取到消费提供了一条龙服务，保障了消费券政策的顺利落地和消费券实际投放的精准化管理。

基于微信生态对消费券核销的全流程支撑，消费券发放以后，对各地消费需求有了显著的拉动效果。以青岛市城阳区为例，对比 2020 年 2 月，其消费券上线后的 4 月消费增长 14 倍。在巩固前期消费券发放的实际成效基础上，进一步强化消费券支持小微商户复苏的力度，一方面，需要进一步创新移动支付作为消费券投放渠道的有效性。在 2022 年 1 月，经前期多阶段可控试点后，腾讯为生态圈用户提供的数字人民币服务已经正式上线，微信支付通过与数字人民币的高效结合，或将为未来消费券精准化投放和管理提供全新的方案。另一方面，则需要拓展场景的使用范围。在服务新发展格局、助力共同富裕的整体导向之下，需要思考如何更好地借助移动支付工具，服务包括农村居民、残障人士等相对弱势

① 数据来自腾讯研究院。

群体，为这部分群体提供高质量消费服务保障，并通过服务包括消费券在内的政策工具有效实施，促进乡村消费以及促进农村小微商户的成长，让更多群体共享数字经济红利，构成移动支付行业新的发展机遇。

三、提升移动支付普惠价值的政策建议

疫情带来非面对面、非接触式服务的快速普及，移动支付等新兴支付方式渗透至经济生活各个方面，受限于先前的产业互联网发展程度不足，小微企业部门整体未能充分实现数字化转型，客观上可能会导致小微企业“数字鸿沟”问题加剧。新冠肺炎疫情背景下移动支付创新对于小微企业和商家的赋能，正在同时从过去侧重对于居民端消费刺激支持为主，转向综合普惠金融服务导向下对于小微企业和商家的全方面赋能。

第一，从顶层设计上强化移动支付助力普惠金融的能力。从强化现代支付体系中多元化主体效能的角度看，需要进一步建立健全移动支付创新发展的法律环境和制度环境，在强化移动支付从业机构监管效率的同时，鼓励引导移动支付市场参与者，在支付创新研发和应用上持续投入和探索，通过强化创新能力赋能数字普惠金融发展，创造更多社会价值。当前移动支付汇集的数据对于普惠金融服务的精准化具有重要价值，诸如数字人民币等新型电子支付创新工具有望实现普惠金融的跨越式发展。① 在完善移动支付领域的数据治理的同时，为推动相关数据的市场化使用，相关部门需尽快启动数据行业标准制定工作，解决市场机构数据获取合规性、多元化主体的数据共享、数据交易和定价等多方面问题，通过持续的金融服务和产品创新，在提高移动支付服务覆盖面的同时多方面提高服务质量。

第二，持续优化支付清算领域对小微企业的减费让利措施。2021 年中央经济工作会议指出，“市场主体承载着数亿人的就业创业。要继续面向市场主体实施新的减税降费，帮助他们特别是中小微企业、个体工商户减负纾困、恢复发展”，同时“引导金融机构加大对实体经济特别是小微企业、科技创新、绿色发展的支持”。小微企业纾困和发展仍将是未来一段时期内的政策重点，对于支付清算行业主体，应进一步提高对小微企业纾困重要性的认识，结合机构特点和商

① 陈文，张磊，杨涛．数据治理视角下央行数字货币的发行设计创新［J］．改革，2020（9）：68－79.

户实际情况，统筹做好各项减费让利工作，持续优化减免手续费的便利程度，切实提升小微商户体验。同时，在支付清算产业的整体链条中，除了直接面向小微商户等最终用户的直接降费措施之外，降低产业链上游和中间环节成本也将进一步优化成本结构，有助于整体交易费用持续下行。建议有关部门从全产业链角度出发，持续加大减费让利力度，并覆盖至产业链上游和中间等环节，引导不同环节产业主体压降费率，为小微商户降低最终成本负担。

第三，协同推动小微商家和企业的数字化转型，着力弥合“数字鸿沟”。对于微观企业而言，金融服务的线上化意味着企业获取金融服务也必须具备一定的数字化水平，达到金融服务线上化的基本要求。如果企业的数字化水平不足，也会带来金融服务的“数字鸿沟”问题。由于小微商家和企业自身的数字化水平较低，相关数据积累也较少，可能会因为金融机构过度强调基于线上开展服务，以及场景闭环的生态圈打造而加剧金融服务可获得性难题。因此，为适应经济和金融数字化发展的趋势，移动支付创新需要协同推动微观企业的数字化建设。一方面，需要移动支付及数字化服务企业积极主动作为；另一方面，则需要政府给予相应的政策支持。疫情以来，部分地方政府在助力小微商家和企业抗疫过程中，依托微信支付等工具发放消费券，为推动小微商家和企业的数字化转型提供了有力支撑；而大量小微商家通过数字化解决方案，低成本地实现了自身的数字化改造，快速实现线下线上一体化经营，这也为基于移动支付的数字服务的供给与升级提供了广泛的可能性。与此同时，考虑到移动支付等金融基础设施建设水平的提升，将从根本上改善数字普惠金融发展环境，引导各类市场主体延伸普惠金融服务的广度和深度。建议持续改善农村、偏远地区、小微企业支付服务受理环境，并积极出台配套政策，支持涉农、涉小微领域支付服务市场主体多元化发展。

数字普惠金融视角下农村移动支付发展研究

文/江苏银行课题组*

摘要： 党的十九大报告提出实施“乡村振兴”战略，发展数字普惠金融成为推动乡村振兴的重要内容。移动支付以其方便快捷、成本低、覆盖面广、包容性强等诸多优势，极大程度地扩大了金融服务覆盖面及渗透率，成为数字普惠金融的重要组成部分。本文分析了农村移动支付的现状和存在的问题，立足普惠金融视角提出农村移动支付发展的对策。

关键词： 数字普惠金融　农村移动支付　对策

一、问题的提出

2005年，联合国在“国际小额信贷年”宣传中正式提出“普惠金融”的概念，其内涵就是：立足机会平等要求和商业可持续原则，通过加大政策引导扶持、加强金融体系建设、健全金融基础设施，以可负担的成本为有金融服务需求的农民、小微企业、城镇低收入人群和残疾人、老年人等社会各阶层和群体提供适当的、有效的金融服务。一直以来，我国农村经济具有明显的小农经济特征，金融需求表现为交易金额小、交易频率低，加上农村区域广阔、农村人口的分布比较分散，银行金融机构通过在农村设立物理网点来发展普惠金融，大多数不能实现自身的可持续性良性发展，更谈不上助农、惠农。所以，很长时间以来，农村的普惠金融发展相对缓慢。

---

* 课题组成员：杨天德、刘凌云、刘惠芸、胡志涛。

随着互联网、大数据、云计算、区块链等新兴技术与金融产业的深度融合，作为新型金融业态的数字金融应运而生。2016 年的 G20 普惠金融全球合作伙伴（GPFI）报告，对数字普惠金融进行了定义：通过使用数字金融服务以促进普惠金融的正规金融服务行动，关键点在于负责任、成本可负担、商业可持续。2016 年 9 月，G20 杭州峰会发布《G20 数字普惠金融高级原则》，“利用数字技术推动普惠金融发展”是第一原则。与传统金融相比，数字普惠金融具有共享、便捷、低成本、低门槛等特点，涵盖了支付、转账、储蓄、信贷等各类金融产品与服务。其中，移动支付以其方便快捷、成本低、覆盖面广、包容性强等诸多优势，极大程度地扩大了金融服务覆盖面及渗透率，特别是在金融服务相对缺失、基础服务设施相对较少、人口分布较为分散的农村地区，对于推动农村支付方式创新提供了新的方向。

移动支付是指移动客户端利用手机等电子产品来进行电子货币支付，将互联网、终端设备、金融机构有效地联合起来，形成了一个新型的支付服务，并且移动支付不仅仅能够进行货币支付，还可以缴纳话费、燃气、水电、物业等生活费用，减少了现金支付的使用频率，缩短了支付时间，减少了支付成本，极大地提高了金融服务效率。作为一种新型的便利金融服务方式，移动支付在我国当前的金融服务领域扮演着重要的角色。

虽然借力数字普惠金融发展移动支付的时代已经到来，但是当前城乡移动支付的发展现状呈现出较大差异，我国农村地区特别是欠发达的农村地区仍然存在不同程度的金融基础设施薄弱、金融服务供给不足等问题，这对农村移动支付的发展带来不利影响。因此，梳理当前农村移动支付的现状与问题、提供有效对策，对推动农村数字金融发展、促进乡村振兴具有重要的现实意义。

二、农村移动支付的发展现状

当前，我国农村地区数字化水平迅速提升，数字化基础设施日益完善，数字金融向农村地区渗透，数字化运用场景日益丰富。在数字普惠金融推动下，农村支付环境发生了重要变化，随着一系列优惠政策和改革措施的落地，农村地区的普惠金融和绿色金融得到了大力发展，移动支付已经逐步走入农户的视野。

（一）现金交易市场份额持续下滑

长期以来，农民对传统现金支付十分依赖，但现金丢失难以弥补，交易结算效率较低、交易成本较高，而且现金的交易频率太高，对于银行现金的日常管理也是一项不可忽视的重要工作。近年来，在金融科技的推动下，我国农村非现金支付工具的运用越来越普遍，为农村各类产业持续发展注入了新动力，在农村支付基础设施不断完善的背景下，农村居民对非现金支付工具尤其是对新型支付方式的接受程度逐渐提升。

（二）手机银行支付逐渐成为发展新方向

近年来，手机银行支付越来越受到农村支付市场的喜爱，有利于农村普惠金融实现。手机银行支付能够迎合农村资金供需双方，还可以与移动运营商、邮政、商户等结合，通过服务点优势，创新系列金融服务模式，非常符合农村实际需求。各商业银行正逐步把拓展手机银行支付作为重要发展方向，手机银行支付业务规模快速增长。手机银行支付借助大数据、人工智能等金融科技技术，丰富了获客、营销、数据获取等多种金融功能，为存储、信贷等业务提供了有力支持。

（三）非银行支付业务成为小额支付主力

随着微信、支付宝等支付方式在农村地区越来越流行，非银行支付机构在农村支付领域的地位越来越突出。非银行支付服务的特点主要是小额、快捷、方便，旨在为广大农村客户提供普惠金融服务。近年来，非银行支付业务快速发展，已成为农村小额支付主力，是我国农村支付服务体系的有效补充。非银行支付机构自进入农村市场以来，体现了极强的竞争力，围绕农村居民向各行各业深度延展，全方位布局生态圈，为其支付业务拓展奠定了重要基础。

三、农村移动支付存在的问题

（一）农村居民对移动支付的认可度有待提高

当前，在农村使用移动支付的人群主要集中在受教育程度较高、涉农企业管理人员、专业技术人员、乡镇干部、个体经营者、外出务工者以及学生等群体，而一般农村居民对于移动支付的使用频率较低。从整体上看，农村居民的受教育程度普遍不高、对金融知识的掌握薄弱、金融素养较低、对新兴事物的接受度较低，再加上农村常住居民年龄较大，对智能化电子产品的了解不深，因此对其接受程度不高。有时从网上道听途说一些小道消息后，对使用移动支付产生畏惧心理，还有部分村民对现金情有独钟，信奉现金为“王”，钱拿到手算钱，“看不见”卡上的钱不放心，导致移动支付推广普及的难度较大。此外，商业银行和非银行支付机构对农村居民的移动支付业务宣传严重不足，导致农村居民对于移动支付的认识水平和操作能力较差。

（二）农村相关基础设施建设相对落后

经过多年的发展，大多数行政村都通了移动电话，也有了宽带等现代通信设施。但是仍有相当部分的农村地区电信网络建设相对落后，大多数农村地区仅有2G、3G、4G 信号，网速慢、信号差、流量贵以及有 WiFi 信号覆盖的区域也比城市要少很多，使得农村地区用户移动上网体验差，移动支付的便捷优势难以得到体现。农村地区金融网点的覆盖率较低，远远不能满足移动支付在农村地区推广使用所需的“硬件支持”。农民整体收入偏低，网络费用高，农民宽带的开通率不高，智能电话、平板电脑等高科技信息产品的普及率还不高，使得农民接受和使用信息化产品时总是存在心理障碍和使用障碍。农村地区人口众多，却存在居住分散、经济活动分散等现实，导致电信运营商和金融机构的服务成本高，所以众多金融机构、非银行支付机构在农村移动支付环境建设时推广难度更大、风险更多、单位服务成本更高，盈利可能性较小，大多趋于保守，不愿意投入较多的人力、财力进行推广。

（三）农村消费场景受限与支付功能设计单一

在农村，居民日常生活中的缴纳水电费、商店购物以及公共事务缴费等日常业务开展得并不是很多，相关使用场景少导致移动支付不能满足多元化的需求，难以给农村居民的生活带来便利。对于在手机等移动设备上完成交易的移动支付，由于交易完成以后没有任何凭证，农村居民心理上存在很大顾虑。另外，目前农村地区的小超市、小商铺、小批发等微型经济体规范化程度不高，无证件、无执照、无审批的现象不是个例存在，也使得金融机构在选择与商户合作时面临规范与发展的两难境地。正是由于农村地区消费场景的单调，使得农村地区移动支付的发展缺乏有效的动力与引擎，发展受到掣肘。

（四）移动支付安全保障体系尚待完善

使用移动支付涉及账户安全等资金敏感问题，关系农户切身利益，因此，发展移动支付必须建立在使用安全的基础之上。目前，网络上的各类诈骗短信、形色各异的手机病毒、钓鱼网站的存在，使得移动支付安全防范变得非常困难。不法分子能够利用不同形式的欺诈短信及软件，侵入消费者的手机，窃取消费者资金现象时常发生，严重影响着用户对移动支付安全的信心。一般来说，农村用户更容易受到网络诈骗的侵害，因此农村地区居民对移动支付手段接受程度和利用程度更加降低，逐渐失去对移动支付的信心，人们更倾向于使用现金支付。所以，完善移动支付的风险保障体系将会成为移动支付走入农村地区的关键环节。

四、数字普惠金融助力农村移动支付

第一，扩大宣传推广，提升农村居民对移动支付的认可度。由于移动支付在农村地区的认知度不高，政府、电信运营商、银行等金融机构以及各商户可以充分利用广播、电视、手机短信的广告宣传；可以是支付送电影下乡、支付送戏下乡、支付有奖等下乡宣传活动；还可以通过拉横幅、写标语等在农村较为容易被接受且通俗易懂的方式进行渗透性宣传，全面开展移动金融、支付安全、反电信网络诈骗等宣传活动，提高农村居民对移动支付的认可度与风险防范意识，使农村居民敢支付、会支付、用支付。此外，针对接受新兴事物较强的农村年轻群体，可以通过各类移动支付的优惠方式来提升该群体对移动支付业务的认可度，达到在农村引领的作用，优惠方式可以是提供现金红包、支付金额满减、支付金额随机立减、推荐新用户得红包等具有直观激励的优惠手段。

第二，加大资源投入，完善农村移动支付的基础设施建设。加强农村信息基础设施建设，提高农村移动互联网发展程度，消除农村的“数字鸿沟”。要鼓励各商业银行增加农村地区的营业网点分布数量，充分发挥其与客户面对面交流的独特优势，积极提升农村地区金融服务水平。要支持电信运营商加大在农村地区的通信、网络基础设施建设力度，降低农村居民宽带成本，提供硬件设备的支持从而促进移动支付业务在农村地区更好地发展。要积极推动非银行支付机构在农村地区的资源投入，积极为农村提供 WiFi 设备、智能终端设备，推动数字终端在农村地区的普及率，实现多方合作，形成共赢，共同为农村创建良好的移动支付环境。

第三，增强产品创新，丰富农村移动支付的场景与产品。立足于农村居民的实际需求，开发与农村居民紧密相关的移动支付板块和应用场景，拓展移动支付在与农村居民日常生产生活密切相关领域内的应用，比如日常各类费用的缴纳、小额转账、医疗保险、农业保险、农机具、农资等生产资料采购，农村交通费支出，各项补贴发放等项目。特别是针对一些大额且操作比较复杂的支付业务，移动支付业务的设计应遵循简单易学，体现出移动支付便民惠民的特点，让普惠金融在农村地区真正落到实处。

第四，加强技术创新，提高农村移动支付的安全性。在数字普惠金融背景下，移动支付安全要重点关注技术风险、信用风险、操作风险。一方面，各支付服务提供者要高度重视农村移动支付的安全性，通过加大科技创新的投入，加强移动支付安全技术研究，通过技术改进减少移动支付过程中可能产生的安全隐患，提高支付技术水平，对消费者个人信息进行有效防护，加强事前、事中、事后全方位的支付风险管理，建立紧急补救方案，应对大规模移动支付安全事件的发生。另一方面，也要通过各种途径增强农民的移动支付安全意识，不可轻易泄露自己的个人信息，养成良好的移动支付安全习惯。

第五，完善法律法规，加强农村移动支付法律支撑。首先，农村地区移动支付涉及金融机构、第三方支付机构以及农民，要明确各方的权利与义务，厘清政府和市场的有效边界，建立健全移动支付法律体系。其次，伴随着各支付平台产品的丰富和移动支付业务范围的不断扩大，需要制定有效的制度防范可能出现的资金风险，确保普惠金融战略和移动支付业务的协同发展。最后，加强多方面联合监管，建立涵盖人民银行、银保监会、公安、工信等管理部门的跨部门协作机制，加强多部门联合监管，严厉打击电信网络诈骗等新型违法犯罪行为，加强现场检查，为移动支付行业在农村地区发展创造良好环境。

中小机构

基于推广视角对中小银行跨行对公移动支付业务的探索与思考

文/王海滨*

摘要：随着5G、人工智能等金融科技的不断发展，移动支付已渗透生活的各个领域，并在很大程度上影响了人们的消费行为。“十三五”期间，浙江省大力发展数字经济，提出“移动支付之省”、移动支付便民工程建设工作，为推动跨行对公移动支付试点工作奠定了较好基础。对于移动支付，受移动智能终端普及和社交网络应用渗透的影响，目前个人移动支付领域已经比较成熟，然而对公业务的跨行移动支付应用场景建设进展较慢，对公移动支付留给商业银行巨大的市场空间，这将是未来银行业移动支付的新蓝海。本文结合中小银行跨行对公移动支付的现状、存在的实际问题，从扫码支付、订单支付两个业务场景进行相关探索与思考，并就风险防控、业务推广等方面提出了相关建议。

关键词：移动支付　供应链　应用场景

一、跨行对公移动支付业务发展的概况

（一）现状分析

1. 商业银行对跨行对公移动支付发展趋势不敏感，创新性不足。当前，提供跨行对公移动支付相关服务和应用场景的商业银行较少，基于中小银行科技力量普遍较为薄弱的现状，截至目前只有个别银行开展了对公移动支付及场景产品开发。2018年9月28日，广发银行联合中国银联开发的“捷算通对公移动支

* 作者单位：嘉兴银行股份有限公司。

付”功能正式发布。该功能基于银联二维码标准信息交互技术，在国内首次实现了企业客户在采购、商旅等场景的移动终端的全方位支付，让企业支付享受到与个人支付相同的便捷性。

2. 金融风险管控趋严和业务推广受到较大束缚。在当前严监管形势下，监管机构更加侧重于控制金融风险，要求商业银行在安全基础上开展业务创新。受制于传统发展思路，商业银行跨行对公移动支付业务存在开发周期长、灵活性差、应用场景单一等一系列问题，在市场营销等方面开拓性不足和自由度较低，导致跟不上市场发展步伐。

3. 跨行对公移动支付安全性问题未能有效解决。当前，网络电信诈骗、个人信息泄露、账户或密码被盗等违法违规案件层出不穷，商业银行基于安全性考虑，跨行对公移动支付普遍决心不够，前瞻性不足，观望心态较重。

（二）未来规划

对于中小法人银行机构来说，有较大的灵活性开展跨行对公移动支付相关工作。随着各中小银行新一代核心系统建设投产，可逐步实现对老核心系统的替换，从而提高交易处理性能，提供更多系统功能，提升系统安全性和易用性，更加快速灵活地支撑业务发展，为客户提供更加便捷优质的服务。以浙江某城商行为例，2021 年 5 月新核心系统上线后，单笔业务处理时长缩短至 0.3 秒以下，效率提升 2 倍以上；每秒处理交易笔数由 50 笔提升至 4000 笔，效率提高了 80 倍，技术支撑水平得到质的飞跃。

随着中小法人银行机构新核心系统建设、电子渠道建设的迭代升级，不断加大科技投入，不断加快业务产品创新，可以积极参与央行发起的跨行对公移动支付功能试点工作，共同推动新业务场景的落地。

二、跨行对公移动支付思路的探索

（一）关注要点

对于传统中小商业银行，由于科技力量处于弱势，对企事业单位服务能力有限，只有提高银行服务意识、提高中小微企业整体服务体验才能把客户吸引过来。开发设计应关注两个要素：一是给中小微企业提供良好服务体验，提高工作效率；二是能降低商业银行的运行成本。

1. 解决提升中小微企业服务体验，比如实现企业采购人员采购、商旅、报销等场景的支付结算全面移动化，让企业移动支付享受到与个人支付相同的便捷性。具体流程是：在用款申请环节，企业员工用款前通过手机下载对公移动支付 App，预先申请好采购、差旅、接待或备用金等相应用款申请凭证。在用款审批环节，用款申请经有权人员移动审批后，即可获得指定金额、指定期限的用款权限。在支付扫码环节，在限额范围内随时随地多次扫码和被扫码支付，交易明细、支付记录一目了然，企业的资金运作效率大幅提升，财务管理模式也更加明晰便捷。

2. 降低银行运行成本，比如鼓励银行为供应链金融授信对象提供远程开户、结算融资、贷款发放、额度调整等环节全线上操作，提高金融服务的整体性和协同性。将供应链金融和跨行对公移动支付很好地结合起来，小微企业、个体企业主就可以在手机上很方便地实现贷款申请、贷款发放、货款支付、资金回收、贷款归还等一系列操作，实现资金流转的全闭环管理。

（二）应用场景

初步可分为扫码支付和订单支付两种。

1. 扫码支付。扫码支付分为付款申请审批和扫码支付两个阶段，如图 1 和图

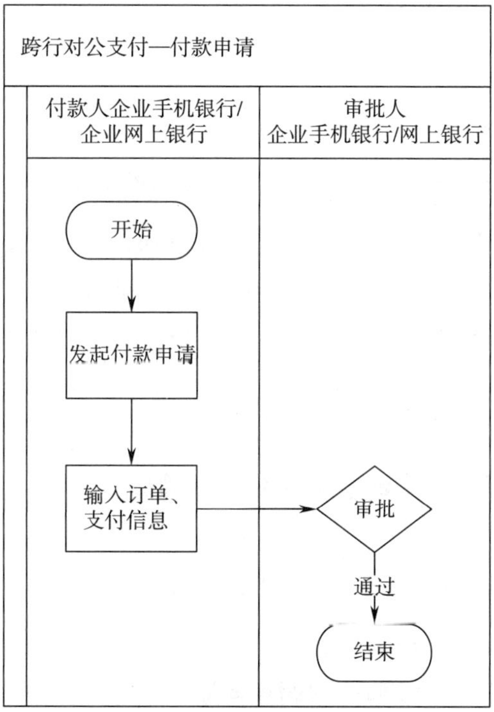

图 1　付款申请审批阶段

2 所示。付款申请审批阶段，由付款人提交用款申请，通过企业内部财务审批后，在支付平台进行登记；扫码支付阶段，收款人从支付平台获取收款二维码，付款人扫码后选择已审批款项进行支付。

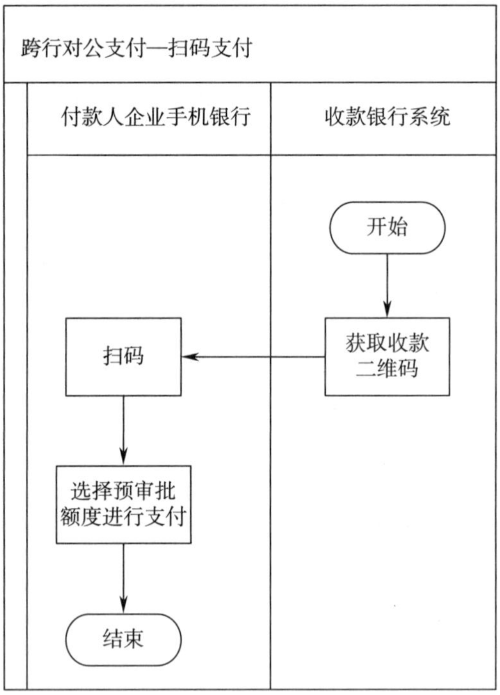

图 2　扫码支付阶段

2. 订单支付。考虑到中小商业银行信息科技力量薄弱，以及满足企业多种支付场景的需求，支付平台可以提供订单支付功能，大致流程如图 3 所示。订单支付流程中，由收款人录入订单和支付信息后，通过支付平台向付款人进行推送，付款人在收到订单和支付信息，并完成企业内部支付审批后通过平台进行支付。

三、推广跨行对公移动支付遇到的挑战

据调查，目前商业银行未大力开展跨行对公移动支付相关业务，主要原因如下。

（一）银行账户开立审核和尽职调查问题

数字时代背景下需要深入推进银行账户管理改革。针对供应链金融业务，核

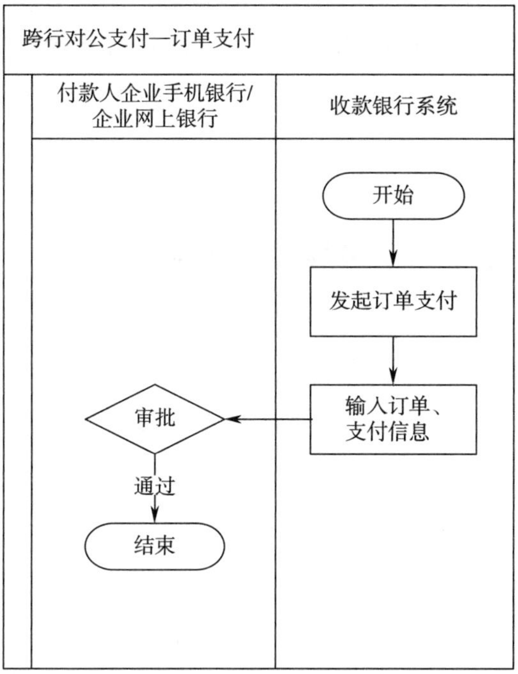

图3 订单支付流程

心企业的下游客户作为采购方，位于全国各地；作为中小城商行，因受限于经营区域，对下游客户开立对公/个人账户、手机银行/网上银行等存在非常大的困难，开户成本太高，效率太低。在开展尽职调查需要上门核实情形下，针对低风险的中小微企业和个人客户，是否可以在风险可控的前提下，在完成开户真实意愿远程核实并保存视频音频、通过人脸识别技术认证且有法人或本人签署的授权书证明之后，适当简化开户手续。

（二）支付创新带来监管挑战问题

目前，监管部门对企业开户和个人开户监管要求逐年提高，既要做好服务又要严格遵守监管要求。商业银行在业务创新发展中，容易出现突破业务边界或监管空白。例如生物识别、人脸识别等技术在开户环节、资金交易环节等新领域的应用缺乏统一的国家或行业标准，生物特征信息的识别精度、防伪能力等都缺少明确的监管指标，存在一定的监管风险和操作风险。

（三）中小微企业财务管理问题

近年来全国范围内电信诈骗案件高发，形势非常严峻，大都集中于账户开立与支付结算方面，部分中小企业财务制度不健全、管理不够规范等问题，也屡屡导致企业财务人员被骗，造成巨额资金损失。跨行对公移动支付服务在开发设计与应用推广环节，如何提高扫码支付的安全性也是各银行建设过程中需要高度重视的一个问题。

四、对跨行对公移动支付服务的建议

（一）业务真实性管理问题

跨行对公移动支付服务除了提供移动支付的便捷性以外，也要充分考虑支付信息的真实性。因此，建议支付平台一方面能够制定广泛兼容的订单数据标准，为银行与收款人（卖方）的订单系统、销售系统，与付款人（买方）的采购系统等进行对接提供标准和便利。另一方面能够通过电子合约、第三方存证或区块链等手段，为订单信息的真实性提供增信，帮助银行在防范洗钱、欺诈风险的同时，能够基于订单信息开展后续的订单融资、应收账款融资等业务。

（二）区分不同的支付场景

跨行对公移动支付平台拟支持对公消费场景（如差旅消费）和贸易场景（如供应链金融）两个应用场景，但上述两个场景在支付金额、风险控制、流程审批、订单信息等方面，存在较大的差异，建议加以区分并适用不同的流程和标准。

（三）为融资业务提供便利

跨行对公移动支付适用于开展供应链金融业务，如在扫码支付的付款审批阶段后，基于付款信息为卖方企业提供融资；或者在订单支付流程中，完成订单和支付信息确认后，为买方企业提供采购融资。因此，建议在支持跨行对公支付服务的基础上，适当为融资业务开展提供必要的便利性支持。例如前述的订单真实性保证，以及供应链上企业账户线上开户，交易资金三方监管服务等，为支撑小微实体经济和供应链金融发展提供更有力的支持。

（四）强化风险防控与管理

借助金融科技力量，加快交易监测系统项目建设工作，将虚假开户（连续开立多个Ⅱ、Ⅲ类账户）、手机号码异常（使用虚拟手机号）、批量开户、开户行为异常（Ⅱ、Ⅲ类户频繁开销户、频繁升降级；开户时间、年龄段、IP 地址或地理位置、身份证号码等集中）、交易行为异常等账户可疑特征纳入交易监测系统。通过对各渠道交易特征、关联交易、客户行为习惯等综合评估计量交易风险，建立对交易的事前风险侦测，事中实时监控与事后分析处理的机制，针对不同特征的交易采取恰当的安全策略，进一步加强跨行对公移动支付资金安全的防控。

（五）供应链应用场景延伸探索

1. 针对供应链金融场景，需要对核心企业的上下游客户新增信贷融资的诉求，从而构建一套集融资结算为一体的综合服务方案。针对核心企业的上游客户，核心企业作为采购方，按业务流程要求，把贷款额度给予核心企业，将造成业务很难推广，因核心企业整体实力较强，对上游客户采购货物时，一般采用赊账模式，存在一定的账期，银行很难改变核心企业的结算模式，所以在此种模式下，银行真正想做的是将贷款额度直接给予核心企业的上游客户，而非采购方核心企业，还款来源为上游客户对核心企业的应收账款到期后的收款来归还贷款。假设能够实现贷款额度直接给予上游客户，但上游客户位于全国各地，对公账户及企业网银/手机银行的开立问题又遇到与下游客户同样的问题。

2. 在特定的场景下，如供应链金融场景，是否能够通过创新账户业务及管理模式，实现供应链金融授信对象的远程开户（可以参照个人Ⅱ类账户）、贷款发放、额度调整等环节全线上操作，这样供应链金融就能够和跨行对公移动支付很好地结合起来。具体流程如下：

第一步：由企业法人代表利用付款行 App 线上申请开立企业账户，并向付款行申请专项授信额度，银行授信额度审批通过后，由企业法人代表利用付款行 App 完成信贷合同的线上签约。

第二步：由企业采购人员提前在付款行 App 申请本次支付额度（可以自由选择企业自有资金或银行授信额度用于支付），通过付款行行内系统与平台交互，实时在线分层审核与签发。当审核通过后，付款行锁定本次支付额度，并将结果通知申请人员。同时，卖方企业（如为核心企业下游客户，此处卖方企业应锁定为核心企业，如为核心企业上游客户，卖方企业不锁定）在平台生成收款二维码。

第三步：采购人员完成采购后在提货现场，打开手机银行 App，扫描卖方企业（收款人）的收款二维码，选择预先审批生成的额度进行支付（如使用付款行授信额度的，贷款自动发放到企业开立的账户）。平台进行解析后，若本次支付在授信额度内，则发送给央行跨行支付清算系统进行资金划转，清算系统实时将结果反馈给收付款行。

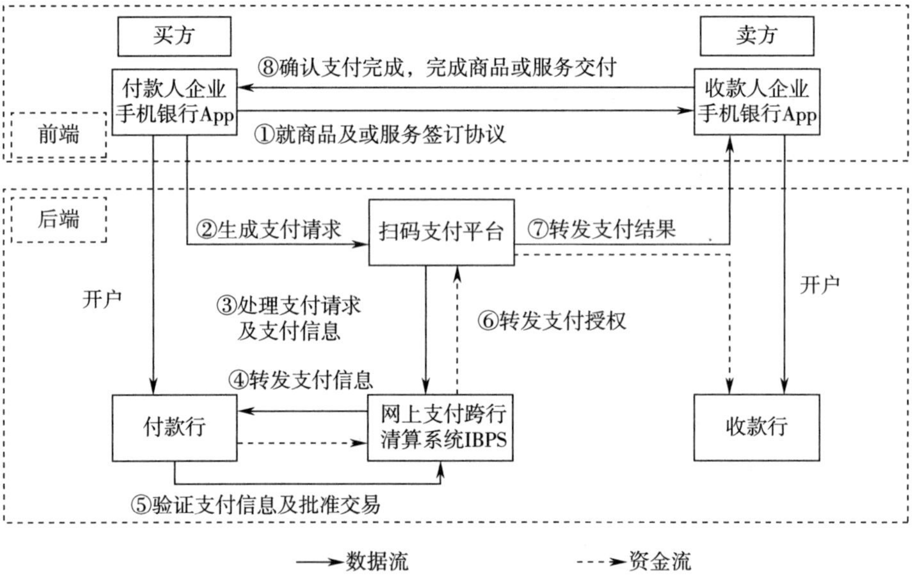

图4 数据信息和资金信息业务流程

五、结论

在上述应用场景探索的基础上，各家中小法人银行机构可以通过不断完善电子渠道功能开发建设，包括跨行对公移动支付相关基础功能模块的开发建设，积极配合参加央行跨行对公移动支付试点工作，逐步提高央行零售支付系统服务水平，共同推动预授权延期支付、电子发票归集、ERP集成等新业务新应用场景的落地，为企业客户提供更加高效便捷的移动支付服务，助力金融支持小微企业发展，不断巩固“央行支付 中流砥柱”的权威地位。

中小银行优化账户服务与风险防控统筹推进的实践与思考

文/张　庆*

摘要：优化银行账户服务与强化账户风险防控是当前账户管理工作的两个重点，既要彻底解决小微企业开户难问题，又要将涉电诈账户数量降下来。本文从中小银行角度出发，通过剖析当下银行在实践中存在的难点问题，提出中小银行优化账户服务与强化风险防控建议，以期为中小银行提供借鉴。

关键词：中小银行　优化账户服务　风险防控

一、优化账户服务与风险防控统筹推进的工作成效

前期，中小银行积极探索平衡优化账户服务与风险防控关系，牢牢把握住“放得开、管得住、服务好”这个根本原则，坚持服务小微企业、民营企业、流动性就业群体、大学生和老年人等特殊群体，坚持防范化解金融风险，持续开展防范账户风险和电信网络诈骗工作取得一定成效。

（一）多措并举，账户服务满意度显著提升

一是按照《优化营商环境条例》第二十六条规定，主动向社会公开开设企业账户的服务标准、资费标准和办理时限的渠道、方式和内容，尤其关注在为小微企业提供服务的过程中，扎实履行“三公开”服务承诺。二是履行账户管理主体责任，对银行账户实施全生命周期管理，严密防控增量银行账户风险，地毯式排查存量银行账户风险，清理长期不动户，对公安机关认定的涉案账户采取管

---

* 作者单位：天津农村商业银行。

控措施，排查处置关联账户，切实防范不法分子利用银行卡从事违法犯罪活动。三是增设银行开户满意度调查表及调查问卷，在开户流程结束后，由客户对整个开户时长、开户费用、开户服务做整体评价。

（二）重拳出击，账户风险管控能力持续加强

一是围绕源头治理，强化账户排查。以“清存量、防增量”为工作目标，加强对企业账户的风险管控。中小银行依托天津市银行结算账户监控系统，主动挖掘风险账户线索，对认定为风险账户的，及时采取了管控措施。二是打造全方位无死角、横向到边的联防联控体系。加强与公安机关、市场监管委、税务、海关等相关政府部门的合作配合，发挥各自优势、加强信息共享、联合打击形成共识，对涉赌涉诈账户优先处置、快速打击，提升综合治理效能。三是结合天津地方特色制作防范电诈和跨境赌博公益宣传短片，同时联合第三方机构开展大规模宣传活动，营造全社会防赌防诈氛围，特别加强针对老年人、学生、农民工等群体的宣传教育，切实提高了社会公众反诈意识；加强对买卖银行卡、账户行为的惩戒宣传，全面增强社会公众依法使用银行卡、账户的合规意识，阻断不法分子资金转移通道。

二、优化账户服务与打防电诈统筹推进中的重点和难点

（一）当前账户管理工作的形势依然严峻

保障小微企业生存发展是“六稳”“六保”的主要任务，开立银行账户是小微企业开展生产经营活动的前提条件，如果不能开立账户，将严重影响小微企业生存发展。同时，商业银行为小微企业开立银行账户也是金融服务实体经济的基本要求，为高校毕业生、农民工等个人开户是就业入职的前提条件。前期，中小银行已经开展了大量的工作，取得了阶段性工作成效，但小微企业开户难的局面没有从根本上得到扭转，个人开户难问题表面上解决，但账户问题依然存在、改进服务依然有提升空间。究其原因，既有小微企业盈利贡献小、中小银行服务动力不足的顽疾，又有新业态小微企业注册成本低、与传统企业差别大、身份难以识别，易被不法分子用于转移涉赌涉诈资金的原因。“老问题叠加新因素”使得开户服务薄弱环节矛盾仍在加剧，极易集中爆发。特别是中小银行事中事后风险防控能力薄弱，只能简单地将相关责任和任务集中于开户环节，导致一线柜员存在“去风险化”倾向。

（二）优化账户服务意识仍需进一步提高

由于小微企业利润贡献度低、风险高，中小银行重风险、轻服务的观念没有从根本上得到改变，对小微企业“嫌贫爱富”的倾向在叠加账户风险防控要求之后愈加严重。银行网点及员工为避免涉诈涉赌追责，宁可不开户，“一拒了之”或者“一拖了之”。一是部分中小银行风险责任分担机制不科学，将所有账户风险责任压在开户环节，导致一线柜员“不敢开户”。但实际上一个涉案账户的产生，既有一线柜员开户审核不严的责任，也有后台存量账户排查不彻底、涉案账户及关联账户未排查、可疑交易未监测或者未及时管控的责任。账户风险的责任链未在行内按照事前、事中、事后进行划分，而是一味推责给一线网点。二是部分中小银行内部各部门未形成合力。目前，要提升账户服务质效，解决办法主要是实施简易开户、账户分类分级管理，即在适当放宽开户条件同时，合理控制账户功能，让账户功能与客户身份识别程度、风险相匹配。这就需要开户时对手机银行和网上银行的出金额度采取分级控制。但据了解，一些中小银行的网络金融部门对手机银行、网上银行分级管理不积极，不主动，还在以开通网银、手机银行及签约额度大小对分支机构进行考核。

（三）个人异地开户“一刀切”顽疾仍未痊愈

经调研，一些中小银行以风险防控为由，提高开户门槛，要求企业提供各种证明文件或满足要求，拖延开户或“一刀切”地拒绝开户，导致小微企业开户难、开户慢问题依然存在。一是客户身份识别“一刀切”。个别中小银行不区分互联网+、居家办公等新业态，提出与传统企业相同的要求。例如，要求有固定经营场所、企业门牌（LOGO）、员工、办公物料等。二是开户证明文件种类繁多。例如，要求提供经营场地租赁合同等地址类材料，购销合同、增值税发票等经营类材料、法定代表人社保等个人信息。三是上门核实等待排期。中小银行过度依赖上门核实拦截风险，但却没有配置充足人力物力，让小微企业长时间等待排期。四是开户透明度不高，一些中小银行对客户开户所需资料公示宣传不到位，导致客户多次往返营业网点。五是投诉处理机制不完善，商业银行账户服务投诉渠道不畅、处置不及时。六是政策解释宣传不到位，个别中小银行柜台人员对企业开户疑问解释不准确，政策宣传不充分，推脱搪塞。

（四）简易账户与非简易账户管理有待进一步加强

简易账户推行初期，主要作用定位于满足小微企业开业初期需要，如办理纳税申报等。通过精简开户资料要求、精简尽职调查程序、精简账户功能配置等“三精简”，开设简易账户满足开业需求。简易账户开立后，补充开展上门核实等尽职调查手续，并增加账户功能，破除“三精简”，满足企业经营展业需求的，简易账户即可转为正常账户。因简易账户独立标识，单独监测涉及银行系统改造，且牵涉银行总行的支持和人财物投入，短期具有较大难度，故中小银行普遍不具备系统支持条件。个别中小银行手工建立系统外简易账户登记台账的方式，甚至部分银行根本未作区分，造成简易账户与非简易账户二者在对立关系上无清晰的作用边界、二者在统一关系上未确立转换条件的工作局面。

（五）个人银行账户涉电诈隐患亟须予以关注

当前，个人银行账户涉电诈情况日益突出。一是银行柜台可疑开户得到有效管控的同时，利用自助机具开立账户并涉嫌电信网络违法犯罪活动不断增多，其涉案账户占比高、涉及网点数量多，已成为当前电诈分子非法获取银行账户的主要方式。中小银行受人员不足等因素影响，部分银行网点无法在自助机具旁配备专人负责办理自助机具开户审核业务，这就造成不法分子利用自助机具开立账户、频繁办理账户挂失重开或者办理原已涉诈Ⅰ类账户降级进而开立新的Ⅰ类账户等实施电诈。二是银行通过电诈模型设计的技防措施往往滞后。在实际操作中，无论是银行的反洗钱监测还是针对电诈涉案账户资金流水特征设计的风控模型监测，都是在发生账户资金交易后的监测措施，而对于无交易的账户无法做到案前预判。而根据电诈行为特点，电诈账户多有开户后短时间的静默，之后采用小金额试探，一旦成功后短期内资金频繁快进快出，然后账户便不再使用，中小银行风控系统预警时间相对滞后，待触发银行风控系统时往往电诈账户已被电诈分子废弃。

三、优化账户服务与打防电诈统筹推进建议

（一）提高政治站位，将思想和行动统一到党中央、国务院统一部署上来

一是中小银行要认真学习领会党中央、国务院严厉打击电信网络诈骗等违法犯罪活动的指示精神，充分认识到金融的核心是风险管控，防范化解金融风险特别是防止发生系统性金融风险是金融工作的根本性任务。二是要切实树立以账户质量和风险防范为导向的管理理念和管理体系，切实加强行内相关部门间的联动

合作。思想上不松劲、不懈怠、不动摇，坚持不懈，严格按照“谁的客户谁负责”原则，完善账户质量和风险防范考核体系，纠正片面追求客户数量、账户规模等问题。三是要坚持“金融为民”“支付为民”，将打击治理电信网络诈骗工作和提升行业风险防控水平深度结合，进一步提升行业风控能力。

（二）严格落实风险为本原则，合理兼顾账户风险防控与优质服务的平衡

一是坚持以客户为中心的服务理念，将强化风控管理建立在提升客户风险识别能力之上，做到善于识别风险、善于区分客户，避免“一刀切”的账户管理模式。二是严格履行反洗钱、反恐怖融资、反逃税义务，落实银行账户实名制，按照客户身份审核及风险程度合理匹配账户功能，建立事前尽调、事中监测和事后管控机制，有效识别、评估、监测和控制账户风险。三是强化账户全生命周期管理，在账户存续期间通过持续身份识别、账户行为和交易行为监测，加强动态复核，及时准确评估账户风险，并根据评估结果对账户风险等级和风控措施进行动态调整。四是严格落实账户分类分级管理主体责任，合理兼顾账户风险防控与优质服务的平衡，有效保障消费者账户开立和使用的合法权益。

（三）完善账户风险分类管理，严格落实责任追究机制

一是要科学评估、精准识别账户风险情况，提升风险防控水平，全面梳理并重点排查账户开立、使用的异常情形，明确责任划分。划清涉案账户事前、事中、事后风险责任链。中小银行内部运营管理、个人金融、公司金融、网络金融、反洗钱、合规、安保等部门要对风险共同承担，防止将所有压力全部传导至网点一线开户环节，导致基层网点和一线柜面人员不敢开户。二是将风控水平的提升体现在对客户的风险识别能力上，做到善于识别风险、善于区分客户。对正常客户，要按照“放管服”要求，进一步优化营商环境更好服务市场主体；对可疑账户和风险账户采取差异化风控措施，确保本行不开立涉案账户，构建电诈分子无立足之地的安全营商环境。三是中小银行应持续强化内部责任追究，加大对本行内营业网点的督促和指导力度，对未充分履职尽责的营业网点及相关人员严肃追责。

（四）严把开户风险入口，强化账户“全生命周期”管理

一是严把尽职调查关口、做好开户前柜面审核以及客户风险提示，严格落实反洗钱和账户实名制要求，开展客户身份识别和尽职调查工作。核实客户开户意愿、客户经营地址、严重违法失信企业信息、客户风险等级识别、加强型尽职调查、识别拒绝开户情形等。二是落实实名制符合性动态复核，合理设置对账频次。中小银行可运用科技手段比对行内存量企业账户信息与最新市场监管数据，对工商状态异常、信息不一致等情形实施异常账户功能控制。对企业超过对账时间未反馈对账结果或者核对结果不一致的，应查明原因，并及时对账户采取适当控制措施。三是强化企业银行结算账户培训和考核管理，建立企业银行结算账户“全生命周期”的风险管理机制，加强从企业账户准入（开户）、存续（变更、使用）到撤销的全过程管控力度。

（五）严格已管控账户解控审查，防止风险账户死灰复燃

一是按照“了解你的客户”原则，采用科学、合理的方法，包括但不限于根据单位行业、资质、规模、经营情况、结算交易，个人职业、年龄、征信情况、账户用途等特征，对单位和个人银行结算账户进行风险评级，审慎确定银行账户功能、支付渠道和支付限额，有效进行账户分级和动态管理，对正常账户提供便捷优质服务，对可疑账户和风险账户采取差异化风控措施并动态调整。二是及时做好账户管控，加大对涉赌涉诈可疑交易监控力度，加强对存量账户排查清理和涉诈涉赌账户责任倒查。对筛选出的涉诈涉赌可疑账户，经核查无法排除可疑的，区分情形采取适当后续控制措施，及时阻断涉诈涉赌资金转移。三是密切关注交易情况，严格解控审查。做好开户时间、开户费用、开户增长率、涉案率、开户投诉和满意度等监测分析工作。对企业账户非柜面业务交易金额和特征等进行动态评估，将开户理由不明或存在异常的企业账户纳入重点监测范围，对于小微企业开户后一定时间无交易的，可暂停账户功能，再次启用时需重新核验使用人身份，持续跟踪账户服务和风险防控质效。

参考文献

[1] 佟欣娉．完善商业银行支付结算监管体系研究［J］．华北金融，2019（8）：75－78.

[2]《中国人民银行关于加强支付结算管理防范电信网络新型违法犯罪有关事项的通知》（银发〔2016〕261 号）.

[3]《中国人民银行关于取消企业银行账户许可的通知》（银发〔2019〕41 号）.

[4] 李卓．我国银行结算账户管理制度改革研究［J］．金融会计，2011（5）.

‖ 统计分析 ‖

2021 年第四季度非银行支付机构业务发展情况分析

文/高阳宗　罗建华　崔元悦*

摘要：2021 年第四季度，中国支付清算协会非银行支付机构类（以下简称支付机构）会员单位共完成支付业务 3442.32 亿笔，金额 129.37 万亿元，同比分别增长 19.83%、7.12%，笔数增长幅度较金额增长幅度更大。从交易金额上看，网络支付业务同比增速最快，银行卡收单业务与上年同期基本持平，预付卡交易同比降幅显著。从机构维度看，头部机构发展差异化持续，103 家预付卡机构中，有 24 家机构交易额超过 1 亿元。

关键词：非银行支付机构　业务发展　统计分析

一、支付业务总体情况

（一）支付业务总体规模持续增长。2021 年第四季度，支付机构共完成支付业务（含网络支付、银行卡收单、预付卡交易，以下简称交易总量）3442.32 亿笔，金额 129.37 万亿元，同比分别增长 19.83%、7.12%。

网络支付交易金额增长最为显著，银行卡收单业务金额同比略有下降，预付卡业务交易金额同比保持稳定。网络支付业务金额同比增长 8.38% 至 109.58 万亿元，增长最为明显；银行卡收单金额同比增长 0.64% 至 19.78 万亿元；预付卡交易同比下降 6.79% 至 129.37 亿元，降幅显著。各类支付业务份额相对稳定。从交易金额在交易总金额的占比来看，网络支付业务占比 84.70%，银行卡收单

---

* 作者单位：中国支付清算协会统计与资讯部。

业务份额为15.29%，预付卡交易份额仅为万分之一。

表1　2021年第四季度支付机构支付业务整体情况

业务种类	笔数			金额		
	亿笔	同比增长	占比	亿元	同比增长	占比
网络支付	3126.39	19.17%	90.82%	1095800.99	8.38%	84.70%
银行卡收单	297.46	31.60%	8.64%	197751.64	0.64%	15.29%
预付卡交易	18.47	-20.25%	0.54%	142.55	-6.79%	0.01%
合计	3442.32	19.83%	100.00%	1293695.18	7.12%	100.00%

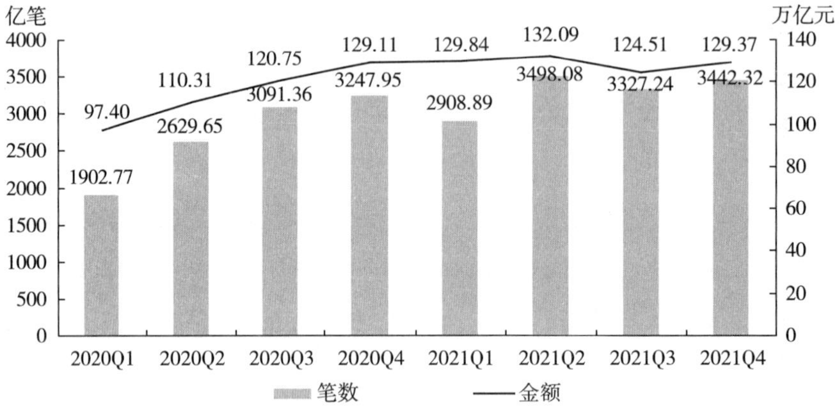

图1　2020年Q1－2021年Q4支付机构交易总量

（二）2021年第四季度支付业务笔均交易金额为375.82元，同比下降10.60%。其中，网络支付笔均交易金额同比下降9.05%至350.50元。银行卡收单交易笔均金额为664.80元，同比下降23.52%，预付卡交易笔均金额为7.72元，同比上升6.60%。

表2　2021年第四季度支付机构各业务笔均交易额

业务种类	2021年第四季度		2020年第四季度
	元	同比	元
网络支付	350.50	-9.05%	385.38
银行卡收单	664.80	-23.52%	869.29
预付卡交易	7.72	16.87%	6.60
合计	375.82	-10.60%	420.40

（三）市场集中度高位稳定，前十机构业务笔数和金额总量占比超过九成。2021年第四季度，支付业务金额排名前十位的机构共完成支付业务3222.78亿

笔，金额 117. 98 万亿元，同比分别增长 4. 19% 和 0. 61%；排名前十的机构业务笔数和金额分别占交易总量的 94. 29%、92. 66%。

二、网络支付业务

2021 年第四季度，支付机构共完成网络支付业务 3126. 39 亿笔，金额 109. 58 万亿元，同比分别增长 19. 17%、8. 38%；分别占交易总量的 90. 82%、84. 70%。移动电话支付作为网络支付的主要部分，在网络支付中的金额占比为 86. 52%，固定电话支付市场的主要参与者仅剩 2 家机构，开展数字电视支付业务的仅剩 1 家机构。

表 3　　2021 年第四季度网络支付业务情况

网络支付业务	笔数			金额		
	亿笔	同比增长	占比	亿元	同比增长	占比
互联网支付	466. 65	50. 15%	14. 93%	147680. 84	2. 11%	13. 48%
移动电话支付	2659. 74	15. 00%	85. 07%	948120. 08	9. 42%	86. 52%
固定电话支付	0. 00	—	0. 00	0. 00	—	0. 00
数字电视支付	0. 00	—	0. 00	0. 00	—	0. 00
合计	3126. 39	19. 17%	100. 00%	1095800. 92	8. 38%	100. 00%

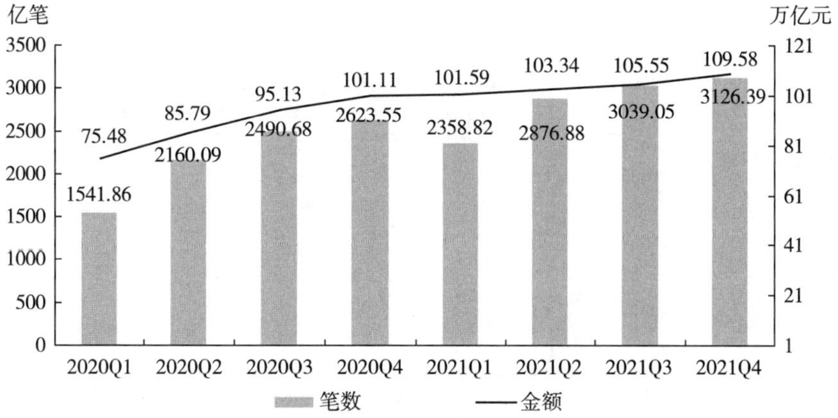

图 2　2020 年 Q1 –2021 年 Q4 网络支付业务量

（一）互联网支付业务量同比增长。2021 年第四季度，支付机构共处理互联网支付业务 466. 65 亿笔，金额 14. 77 万亿元，同比分别增长 50. 15%、2. 11%。互联网支付笔数和金额占网络支付业务比重分别为 14. 93%、13. 48%。

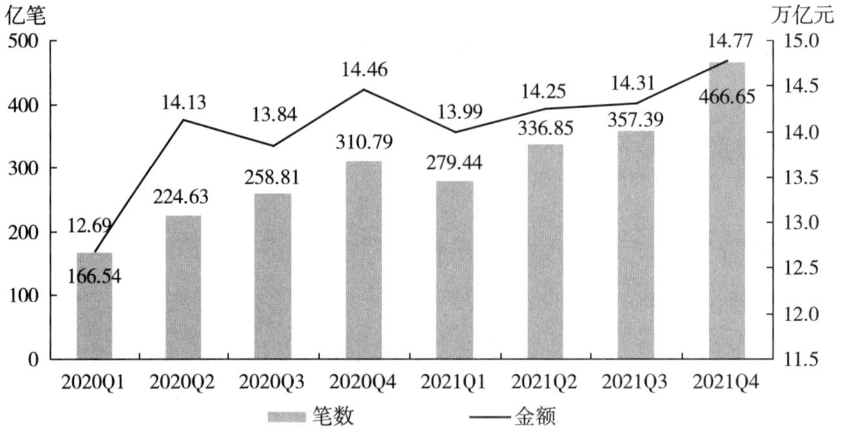

图3　2020 年 Q1 –2021 年 Q4 互联网支付业务量

互联网支付业务金额排名前十位的支付机构第四季度共完成互联网支付业务 412. 35 亿笔，金额 11. 26 万亿元，同比分别增长 49. 68%、5. 90%。排名前十的机构业务笔数、金额占比分别为 88. 36%、80. 72%。

（二）移动电话支付继续领涨网络支付，业务量同比保持增长，在网络支付市场份额占比超过八成。2021 年第四季度，支付机构共处理移动电话支付业务 2659. 74 亿笔，金额 94. 81 万亿元，同比分别增长 15. 00%、9. 42%。移动电话支付业务占网络支付总量的 85. 07%、86. 52%。

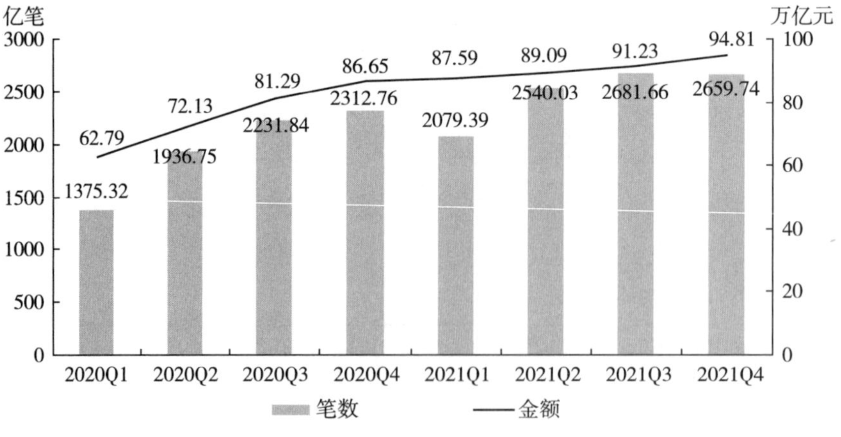

图4　2020 年 Q1 –2021 年 Q4 移动电话支付业务量

移动电话支付业务金额排名前十位的支付机构共完成移动电话支付业务 2617. 03 亿笔，金额 94. 55 万亿元，同比分别增长 14. 29%、9. 56%；笔数、金额占比分别为98.39%和99.72%，市场集中度在所有业务类型中最高。

（三）固定电话支付业务的主要市场参与机构仅剩2家，开展数字电视支付业务的仅有1家。固定电话支付业务和数字电视支付业务占网络支付业务总量的比重均不足1%。2021年第四季度，支付机构共处理固定电话支付业务0.58万笔，金额859.51万元，同比分别下降79.21%、增长2.65%。

（四）支付机构在用支付账户总量保持增长，新开立支付账户增速较快，继续保持第三季度发展态势。截至2021年第四季度末，支付机构在用支付账户（含非实名）数量共计56.90亿个，同比增长10.21%；2021年第四季度支付机构新开立支付账户2.75亿个，同比增长46.33%。

支付账户数量排名前十位的机构共拥有在用支付账户53.18亿个，同比增长11.04%，占比93.47%；2021年第四季度新开立支付账户2.59亿个，同比增长58.01%，占比94.24%。

三、银行卡收单业务

2021年第四季度银行卡收单业务增长平稳。2021年第四季度，支付机构共完成银行卡收单业务297.46亿笔，金额19.78万亿元，同比分别增长31.61%和0.64%。

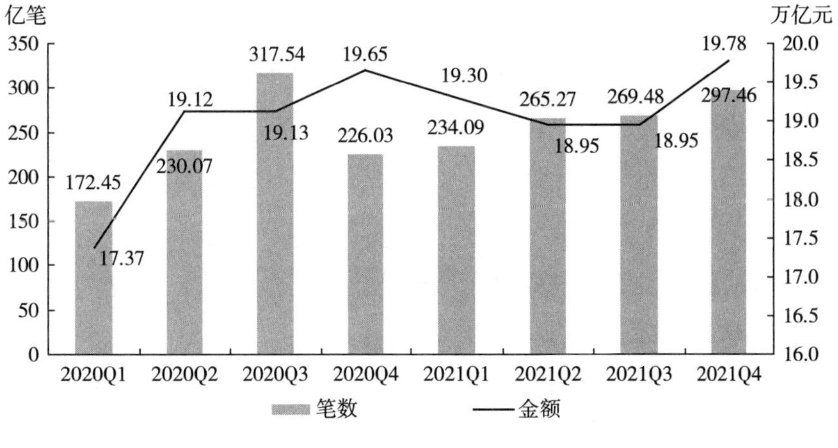

图5 2020年Q1－2021年Q4银行卡收单业务量

排名前十位的支付机构共完成银行卡收单业务268.05亿笔，金额14.61万亿元，同比分别增长40.03%、5.52%；分别占银行卡收单总量的

90.11%、73.86%。

四、预付卡业务

2021年第四季度，从事预付卡业务的机构数量为103家。其中，有12家经营公交一卡通的预付卡机构。预付卡业务总体规模较小，交易金额在支付机构交易总金额中仅占万分之一，第四季度交易量进一步萎缩。

预付卡发行（含充值）业务同比波动不大。2021年第四季度共发行预付卡0.22亿张，金额131.07亿元，同比分别下降2.44%、增长0.68%。发行金额排名前十位的机构，共发行预付卡1637.71万张，金额86.61亿元，同比分别下降62.62%、18.47%；分别占预付卡总量的74.07%、67.61%。

预付卡交易业务量同比下降。2021年第四季度，支付机构共发生预付卡交易18.47亿笔，金额142.55亿元，同比分别减少20.26%和6.80%。交易金额排名前十位的机构共发生预付卡交易11.52亿笔，金额96.66亿元，分别占预付卡交易总量的62.34%、67.81%。103家机构中，有24家机构交易额超过1亿元，另有19家机构交易额低于10万元，本季度预付卡市场交易进一步萎缩。

五、跨境支付业务

2021年第四季度，开展跨境业务的支付机构有43家，比第三季度增加2家，共处理跨境支付业务18.26亿笔，金额2659.88亿元。

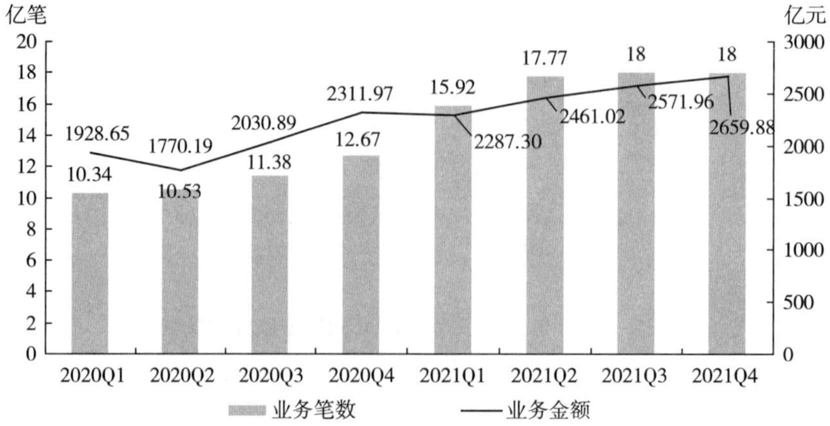

图6 2020年Q1-2021年Q4跨境支付业务量

跨境人民币支付业务的体量高于跨境外汇支付。2021 年第四季度，有 40 家机构开展跨境人民币业务，19 家开展跨境外汇业务，跨境人民币支付业务金额为跨境外汇支付业务金额的 3. 11 倍，占跨境支付交易总金额的 75. 68% 。

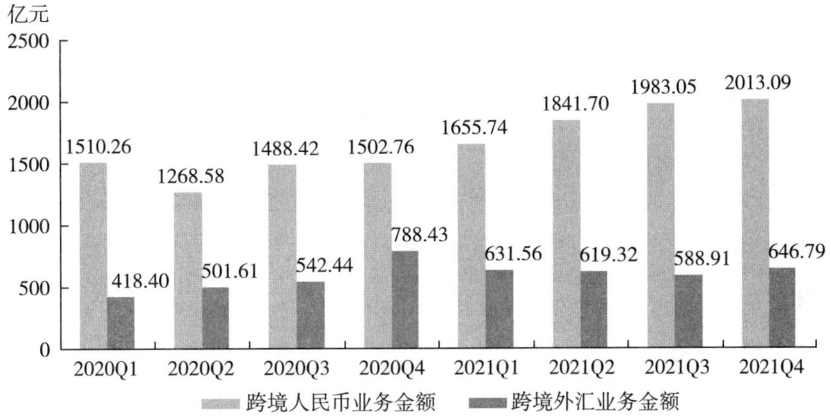

图 7　2020 年 Q1 – 2021 年 Q4 跨境支付业务量

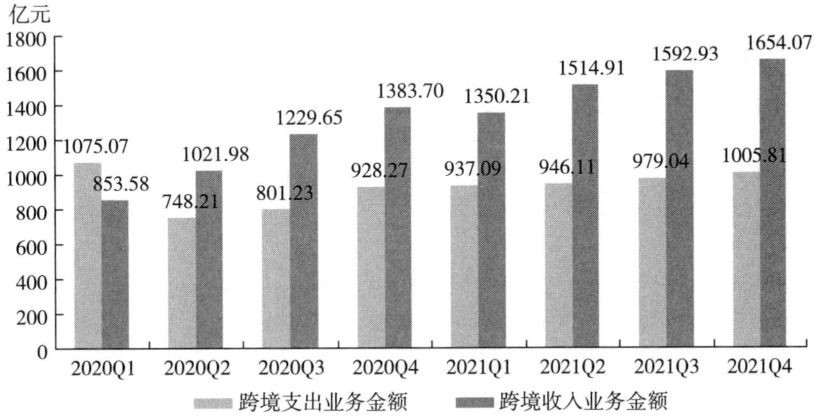

图 8　2020 年 Q1 – 2021 年 Q4 跨境支出和收入业务金额

跨境支付业务市场集中度高，头部机构的市场占有率阶梯化明显。跨境支付业务金额排名前十位的支付机构完成交易 17. 99 亿笔，金额 2451. 02 亿元，分别占跨境支付业务总量的 98. 48% 和 92. 15% 。

六、小结

（一）结合全年各季度分析情况来看，支付业务总体平稳向好发展，头部支付机构发展呈现差异化。不同业务类型的市场集中度和业务发展情况差异显著。

移动支付、互联网支付市场份额较大，市场集中度较高，且保持增长趋势；预付卡业务市场份额最小，市场集中度最低，业务量进一步萎缩；银行卡收单和跨境支付业务波动幅度不显著。

网络支付业务体量最大，占比近九成，且增长显著，拉动了支付业务总量的增长。具体来看，在网络支付业务中，移动电话支付业务占比近九成；在移动电话支付业务中，财付通移动电话业务金额占比近七成。预付卡业务体量较小，笔均交易金额小，交易金额不足支付业务总量的万分之一，第四季度预付卡交易金额首次同比下降，向会员业务统计系统报数的预付卡持牌机构数量由第一季度的112 家减少至第四季度的 103 家，其中 6 家被注销支付牌照①、3 家被取消协会会员资格②，市场规模进一步萎缩。银行卡收单业务和跨境支付业务市场占有率呈现阶梯化。

（二）持网络支付牌照的机构市场潜力较大，持预付卡业务单牌照机构市场竞争力弱。部分机构持有网络支付牌照，依托互联网头部企业或手机厂商发展，支付业务量迅速增长。部分机构仅持有预付卡支付业务牌照，由于经营不善等原因在 2021 年注销支付牌照，退出支付市场。

---

① 山东飞银、山西金虎、御嘉支付、福建银通、安徽华夏通、上海大千商务 6 家机构由于经营不善等原因于 2021 年被注销支付牌照。

② 福建瑞特、江苏旅通、安徽圣德天开 3 家机构被取消会员资格。

政策传递

中国人民银行　中国银行保险监督管理委员会　中国证券监督管理委员会

令〔2022〕第1号

《金融机构客户尽职调查和客户身份资料及交易记录保存管理办法》已经2021年10月29日中国人民银行2021年第10次行务会议审议通过和银保监会、证监会审签，现予发布，自2022年3月1日起施行。

中国人民银行行长　易　纲
银保监会主席　郭树清
证监会主席　易会满
2022年1月19日

金融机构客户尽职调查和客户身份资料及交易记录保存管理办法

第一章　总　则

第一条　为了预防和遏制洗钱和恐怖融资活动，规范金融机构客户尽职调查、客户身份资料及交易记录保存行为，维护国家安全和金融秩序，根据《中华人民共和国反洗钱法》《中华人民共和国反恐怖主义法》等法律、行政法规的规定，制定本办法。

第二条　本办法适用于在中华人民共和国境内依法设立的下列金融机构：

（一）开发性金融机构、政策性银行、商业银行、农村合作银行、农村信用合作社、村镇银行；

（二）证券公司、期货公司、证券投资基金管理公司；

（三）保险公司、保险资产管理公司；

（四）信托公司、金融资产管理公司、企业集团财务公司、金融租赁公司、汽车金融公司、消费金融公司、货币经纪公司、贷款公司、理财公司；

（五）中国人民银行确定并公布的从事金融业务的其他机构。

非银行支付机构、银行卡清算机构、资金清算中心以及从事汇兑业务、基金销售业务、保险专业代理和保险经纪业务的机构履行客户尽职调查、客户身份资料及交易记录保存义务适用本办法关于金融机构的规定。

第三条 金融机构应当勤勉尽责，遵循“了解你的客户”的原则，识别并核实客户及其受益所有人身份，针对具有不同洗钱或者恐怖融资风险特征的客户、业务关系或者交易，采取相应的尽职调查措施。

金融机构在与客户业务存续期间，应当采取持续的尽职调查措施。针对洗钱或者恐怖融资风险较高的情形，金融机构应当采取相应的强化尽职调查措施，必要时应当拒绝建立业务关系或者办理业务，或者终止已经建立的业务关系。

第四条 金融机构应当按照安全、准确、完整、保密的原则，妥善保存客户身份资料及交易记录，确保足以重现每笔交易，以提供客户尽职调查、监测分析交易、调查可疑交易活动以及查处洗钱和恐怖融资案件所需的信息。

第五条 金融机构应当根据本办法以及反洗钱和反恐怖融资相关法律规定，结合金融机构面临的洗钱和恐怖融资风险状况，建立健全客户尽职调查、客户身份资料及交易记录保存等方面的内部控制制度，定期审计、评估内部控制制度是否健全、有效，及时修改和完善相关制度。

金融机构应当合理设计业务流程和操作规范，以保证客户尽职调查、客户身份资料及交易记录保存制度有效执行。

第六条 金融机构应当在总部层面对客户尽职调查、客户身份资料及交易记录保存工作作出统一部署或者安排，制定反洗钱和反恐怖融资信息共享制度和程序，以保证客户尽职调查、洗钱和恐怖融资风险管理工作有效开展。

金融机构应当对其分支机构执行客户尽职调查制度、客户身份资料及交易记录保存制度的情况进行监督管理。

金融机构应当要求其境外分支机构和附属机构在驻在国家或地区法律规定允许的范围内，执行本办法的有关要求，驻在国家或地区有更严格要求的，遵守其规定。如果本办法的要求比驻在国家或地区的相关规定更为严格，但驻在国家或地区法律禁止或者限制境外分支机构和附属机构实施本办法的，金融机构应当采取适当措施应对洗钱和恐怖融资风险，并向中国人民银行报告。

第二章　客户尽职调查

第一节　一般规定

第七条　金融机构在与客户建立业务关系、办理规定金额以上一次性交易和业务关系存续期间，怀疑客户及其交易涉嫌洗钱或恐怖融资的，或者对先前获得的客户身份资料的真实性、有效性或完整性存疑的，应当开展客户尽职调查，采取以下尽职调查措施：

（一）识别客户身份，并通过来源可靠、独立的证明材料、数据或者信息核实客户身份；

（二）了解客户建立业务关系和交易的目的和性质，并根据风险状况获取相关信息；

（三）对于洗钱或者恐怖融资风险较高的情形，了解客户的资金来源和用途，并根据风险状况采取强化的尽职调查措施；

（四）在业务关系存续期间，对客户采取持续的尽职调查措施，审查客户状况及其交易情况，以确认为客户提供的各类服务和交易符合金融机构对客户身份背景、业务需求、风险状况以及对其资金来源和用途等方面的认识；

（五）对于客户为法人或者非法人组织的，识别并采取合理措施核实客户的受益所有人。

金融机构应当根据风险状况差异化确定客户尽职调查措施的程度和具体方式，不应采取与风险状况明显不符的尽职调查措施，把握好防范风险与优化服务的平衡。

第八条　金融机构不得为身份不明的客户提供服务或者与其进行交易，不得为客户开立匿名账户或者假名账户，不得为冒用他人身份的客户开立账户。

第九条　开发性金融机构、政策性银行、商业银行、农村合作银行、农村信用合作社、村镇银行等金融机构和从事汇兑业务的机构在办理以下业务时，应当开展客户尽职调查，并登记客户身份基本信息，留存客户有效身份证件或者其他身份证明文件的复印件或者影印件：

（一）以开立账户或者通过其他协议约定等方式与客户建立业务关系的；

（二）为不在本机构开立账户的客户提供现金汇款、现钞兑换、票据兑付、实物贵金属买卖、销售各类金融产品等一次性交易且交易金额单笔人民币5万元以上或者外币等值1万美元以上的。

第十条 商业银行、农村合作银行、农村信用合作社、村镇银行等金融机构为自然人客户办理人民币单笔5万元以上或者外币等值1万美元以上现金存取业务的，应当识别并核实客户身份，了解并登记资金的来源或者用途。

第十一条 金融机构提供保管箱服务时，应当了解保管箱的实际使用人，登记实际使用人的姓名、联系方式、有效身份证件或者其他身份证明文件的种类、号码和有效期限，并留存实际使用人有效身份证件或者其他身份证明文件的复印件或者影印件。

第十二条 证券公司、期货公司、证券投资基金管理公司以及其他从事基金销售业务的机构在为客户办理以下业务时，应当开展客户尽职调查，并登记客户身份基本信息，留存客户有效身份证件或者其他身份证明文件的复印件或者影印件：

（一）经纪业务；

（二）资产管理业务；

（三）向不在本机构开立账户的客户销售各类金融产品且交易金额单笔人民币5万元以上或者外币等值1万美元以上的；

（四）融资融券、股票质押、约定购回等信用交易类业务；

（五）场外衍生品交易等柜台业务；

（六）承销与保荐、上市公司并购重组财务顾问、公司债券受托管理、非上市公众公司推荐、资产证券化等业务；

（七）中国人民银行和中国证券监督管理委员会规定的应当开展客户尽职调查的其他证券业务。

第十三条 保险公司在与客户订立人寿保险合同和具有投资性质的保险合同时，应当开展客户尽职调查，确认投保人和被保险人之间的关系，以及被保险人和受益人之间的关系，登记投保人身份基本信息，并留存投保人有效身份证件或者其他身份证明文件的复印件或者影印件；识别并核实被保险人、受益人的身份，登记被保险人、受益人的姓名或者名称、联系方式、有效身份证件或者其他身份证明文件的种类、号码和有效期限，并留存被保险人、受益人有效身份证件或者其他身份证明文件的复印件或者影印件。当上述保险合同未明确指定受益人，而是通过特征描述、法定继承或者其他方式指定受益人时，保险公司应当在明确受益人身份或者赔偿或给付保险金时识别并核实受益人身份。

对于保险费金额人民币 5 万元以上或者外币等值 1 万美元以上的财产保险合同和健康保险、意外伤害保险等人身保险合同，保险公司在与客户订立保险合同时，应当识别并核实投保人、被保险人身份，登记投保人、被保险人、受益人的姓名或者名称、联系方式、有效身份证件或者其他身份证明文件的种类、号码和有效期限，并留存投保人有效身份证件或者其他身份证明文件的复印件或者影印件。

第十四条 在客户申请解除保险合同、减保或者办理保单贷款时，如退还的保险费或者提供的贷款金额为人民币 1 万元以上或者外币等值 1000 美元以上的，保险公司应当要求申请人出示保险合同或者保险凭证，核实申请人身份，登记退保、减保或者办理保单贷款原因，将保险费退还或者发放至投保人本人账户，如遇特殊情况无法将保险费退还或者发放至投保人本人账户的，需登记原因并经高级管理层批准。

第十五条 对于人寿保险合同和其他具有投资性质的保险合同，保险公司在赔偿或者给付保险金时，应当核实被保险人、受益人身份，并留存受益人有效身份证件或者其他身份证明文件的复印件或者影印件。

对于财产保险合同和健康保险、意外伤害保险等人身保险合同，当被保险人或者受益人请求保险公司赔偿时，如金额为人民币 5 万元以上或者外币等值 1 万美元以上的，保险公司应当识别并核实被保险人或者受益人身份，登记被保险人或者受益人的姓名或者名称、联系方式、有效身份证件或者其他身份证明文件的种类、号码和有效期限，并留存被保险人或者受益人有效身份证件或者其他身份证明文件的复印件或者影印件。

保险公司应当将保险金支付给保单受益人、被保险人或者指定收款人的账户。对于被保险人或者受益人请求将保险金支付给被保险人、受益人、指定收款人以外第三人的，保险公司应当确认被保险人和实际收款人之间的关系，或者受益人和实际收款人之间的关系，识别并核实实际收款人身份，登记实际收款人的姓名或者名称、联系方式、有效身份证件或者其他身份证明文件的种类、号码和有效期限，并留存实际收款人有效身份证件或者其他身份证明文件的复印件或者影印件。

第十六条 保险公司在与客户订立养老保障管理合同时，应当识别并核实委托人身份，登记委托人身份基本信息，并留存委托人有效身份证件或者其他身份证明文件的复印件或者影印件；在办理资金领取时，如金额为单笔人民币 5 万元以上或者外币等值 1 万美元以上的，保险公司应当识别并核实受益人身份。

第十七条 非银行支付机构在办理以下业务时，应当开展客户尽职调查，并登记客户身份基本信息，留存客户有效身份证件或者其他身份证明文件的复印件或者影印件：

（一）以开立支付账户等方式与客户建立业务关系，以及向客户出售记名预付卡或者一次性出售不记名预付卡人民币 1 万元以上的；

（二）通过签约或者绑卡等方式为不在本机构开立支付账户的客户提供支付交易处理且交易金额为单笔人民币 1 万元以上或者外币等值 1000 美元以上，或者 30 天内资金双边收付金额累计人民币 5 万元以上或者外币等值 1 万美元以上的；

（三）中国人民银行规定的其他情形。

第十八条 银行、非银行支付机构为特约商户提供收单服务，应当对特约商户开展客户尽职调查，并登记特约商户及其法定代表人或者负责人身份基本信息，留存特约商户及其法定代表人或者负责人有效身份证件或者其他身份证明文件的复印件或者影印件。

第十九条 信托公司在设立信托或者为客户办理信托受益权转让时，应当识别并核实委托人身份，了解信托财产的来源，登记委托人、受益人的身份基本信息，并留存委托人有效身份证件或者其他身份证明文件的复印件或者影印件。

第二十条 对于客户的资金是信托资金或者财产属于信托财产的，金融机构与客户建立业务关系或者提供规定金额以上一次性交易时，应当识别信托关系委托人、受托人、受益人以及其他最终有效控制信托财产的自然人身份，登记其姓名或者名称、联系方式。

第二十一条 保险资产管理公司、金融资产管理公司、企业集团财务公司、金融租赁公司、汽车金融公司、消费金融公司、货币经纪公司、贷款公司、理财公司以及中国人民银行确定的其他金融机构，在与客户建立业务关系时，应当识别并核实客户身份，登记客户身份基本信息，并留存客户有效身份证件或者其他身份证明文件的复印件或者影印件。

金融机构通过其他机构开展上述业务时，应当符合本办法第三十九条的规定。

第二十二条 金融机构开展客户尽职调查时，对于客户为法人或者非法人组织的，应当识别并核实客户身份，了解客户业务性质、所有权和控制权结构，识别并采取合理措施核实客户的受益所有人，即通过以下方式最终拥有或者实际控制法人或者非法人组织的一个或者多个自然人：

（一）直接或者间接拥有法人或者非法人组织 25%（含）以上股权或合伙权益的自然人；

（二）单独或者联合对法人或者非法人组织进行实际控制的自然人，包括但不限于通过协议约定、亲属关系等方式实施控制，如决定董事或者高级管理人员的任免，决定重大经营、管理决策的制定或者执行，决定财务收支，长期实际支配使用重要资产或者主要资金等；

（三）直接或者间接享有法人或者非法人组织 25%（含）以上收益权的自然人。

金融机构应当综合使用上述三种方式识别并核实客户的受益所有人，当使用上述方式均无法识别受益所有人时，识别法人或者非法人组织的高级管理人员。

第二十三条 对于人寿保险合同保单受益人为法人或者非法人组织并且具有较高风险情形的，保险公司应当在赔偿或者给付保险金时采取强化尽职调查措施，识别并采取合理措施核实保单受益人的受益所有人。

第二十四条 金融机构应当通过来源可靠、独立的证明材料、数据或者信息核实客户身份，包括以下一种或者几种方式：

（一）通过公安、市场监督管理、民政、税务、移民管理等部门或者其他政府公开渠道获取的信息核实客户身份；

（二）通过外国政府机构、国际组织等官方认证的信息核实客户身份；

（三）客户补充其他身份资料或者证明材料；

（四）中国人民银行认可的其他信息来源。

银行履行客户尽职调查义务时，按照法律、行政法规、部门规章的规定需核实相关自然人的第二代居民身份证的，应当通过中国人民银行建立的联网核查公民身份信息系统进行核查。

第二十五条 金融机构应当在建立业务关系或者办理一次性交易时，核实客户及其受益所有人身份。在有效管理洗钱和恐怖融资风险的情况下，对于难以中断的正常交易，金融机构可以在建立业务关系后尽快完成客户及其受益所有人身份核实工作。金融机构在未完成客户及其受益所有人身份核实工作前为客户办理业务的，应当采取适当的风险管理措施。

第二十六条 金融机构应当采取合理方式确认代理关系存在，在按照本办法的有关要求对被代理人采取客户尽职调查措施时，应当识别并核实代理人身份，登记代理人的姓名或者名称、联系方式、有效身份证件或者其他身份证明文件的种类、号码，并留存代理人有效身份证件或者其他身份证明文件的复印件或者影印件。

第二十七条 金融机构在与客户建立业务关系时，应当根据客户尽职调查所获得的信息，及时评估客户风险，划分风险等级，并根据客户风险状况确定业务存续期间对客户身份状况的定期审核频次和方式。对洗钱或者恐怖融资风险等级最高的客户，金融机构应当至少每年进行 1 次审核。

金融机构应当持续关注客户的风险状况、交易情况和身份信息变化，及时调整客户洗钱和恐怖融资风险等级。

第二十八条 金融机构与客户业务存续期间，应当持续关注并审查客户身份状况及交易情况，发生以下情形时，金融机构应当审核本机构保存的客户身份信息，及时更新或者补充客户身份证件或者其他身份证明文件、身份信息或者其他资料，以确认为客户提供的各类服务和交易符合金融机构对客户身份背景、业务需求、风险状况以及对客户资金来源和用途等方面的认识：

（一）客户有关行为或者交易出现异常，或者客户风险状况发生变化的；

（二）金融机构怀疑先前获得的客户身份资料的真实性、有效性、完整性的；

（三）客户要求变更姓名或者名称、身份证件或者其他身份证明文件种类、身份证件号码、经营范围、法定代表人或者受益所有人的；

（四）客户申请变更保险合同投保人、被保险人或者受益人的；

（五）客户先前提交的身份证件或者其他身份证明文件已过有效期的；

（六）其他需要关注并审查客户身份状况及交易情况的。

客户先前提交的身份证件或者其他身份证明文件已过有效期，金融机构在履行必要的告知程序后，客户未在合理期限内更新且未提出合理理由的，金融机构应当中止为客户办理业务。

第二十九条 金融机构与客户建立业务关系时或者业务存续期间，综合考虑客户特征、业务关系、交易目的、交易性质、资金来源和用途等因素，对于存在较高洗钱或者恐怖融资风险情形的，或者客户为国家司法、执法和监察机关调查、发布的涉嫌洗钱或者恐怖融资及相关犯罪人员的，应当根据风险状况采取强化尽职调查措施。

第三十条 对于洗钱或者恐怖融资风险较高的情形以及高风险客户，金融机构应当根据风险情形采取相匹配的以下一种或者多种强化尽职调查措施：

（一）获取业务关系、交易目的和性质、资金来源和用途的相关信息，必要时，要求客户提供证明材料并予以核实；

（二）通过实地查访等方式了解客户的经济状况或者经营状况；

（三）加强对客户及其交易的监测分析；

（四）提高对客户及其受益所有人信息审查和更新的频率；

（五）与客户建立、维持业务关系，或者为客户办理业务，需要获得高级管理层的批准。

金融机构采取强化尽职调查措施后，认为需要对客户的洗钱或者恐怖融资风险进行风险管理的，应当对客户的交易方式、交易规模、交易频率等实施合理限制，认为客户的洗钱或者恐怖融资风险超出金融机构风险管理能力的，应当拒绝交易或者终止已经建立的业务关系。

第三十一条 金融机构参考以下信息，结合客户特征、业务关系或者交易目的和性质，经过风险评估且具有充足理由判断某类客户、业务关系或者交易的洗钱和恐怖融资风险较低时，可以采取相匹配的简化尽职调查措施：

（一）国家洗钱风险评估报告；

（二）中国人民银行发布的反洗钱、反恐怖融资以及账户管理相关规定及指引、风险提示、洗钱类型分析报告和风险评估报告；

（三）其他法律、行政法规有相关规定的。

金融机构采取简化尽职调查措施时，应当至少识别并核实客户身份，登记客户的姓名或者名称、联系方式、有效身份证件或者其他身份证明文件的种类、号码和有效期限等信息，留存客户尽职调查过程中必要的身份资料。对已采取简化尽职调查措施的客户、业务关系或者交易，金融机构应当定期审查其风险状况，根据风险高低调整所提供的服务范围和业务功能；客户、业务关系或者交易存在洗钱和恐怖融资嫌疑或者高风险的情形时，金融机构不得采取简化尽职调查措施。

第三十二条 金融机构无法完成本办法规定的客户尽职调查措施的，应当拒绝建立业务关系，采取必要的限制措施或者拒绝交易，或者终止已经建立的业务关系，并根据风险情形提交可疑交易报告。

第三十三条 如果怀疑客户涉嫌洗钱或者恐怖融资，并且开展客户尽职调查会导致发生泄密事件的，金融机构可以不开展客户尽职调查，但应当提交可疑交易报告。

第二节 其他规定

第三十四条 金融机构与境外金融机构建立代理行或者类似业务关系，或者接受委托为境外经纪机构或其客户提供境内证券期货交易时，应当了解境外机构所在国家或地区洗钱和恐怖融资风险状况，充分收集境外机构代理业务性质、声誉、内部控制、接受监管和调查等方面的信息，评估境外机构接受反洗钱和反恐怖融资监管和调查的情况，以及反洗钱和反恐怖融资措施的健全性和有效性，明确本机构与境外机构在客户尽职调查、客户身份资料及交易记录保存方面的职责。

金融机构与境外金融机构建立代理行或者类似业务关系，或者接受委托为境外经纪机构或其客户提供境内证券期货交易时，应当获得董事会或者向董事会负责的高级管理层的批准。金融机构不得与空壳银行建立代理行或者类似业务关系，同时应当确保代理行不提供账户供空壳银行使用。

金融机构应当持续关注并审查境外机构接受反洗钱和反恐怖融资监管情况，以及境外机构所在国家或地区洗钱和恐怖融资风险状况，评定境外机构风险等级，并实施动态管理。

第三十五条 金融机构应当采取合理措施确定客户及其受益所有人是否为外

国政要、国际组织高级管理人员、外国政要或者国际组织高级管理人员的特定关系人。如客户或者其受益所有人为上述人员，金融机构应当采取风险管理措施了解客户及其受益所有人资金或者财产的来源和用途，与客户建立、维持业务关系还应当获得高级管理层批准，并对客户及业务关系采取强化的持续监测措施。

如人寿保险保单受益人或者其受益所有人为外国政要、国际组织高级管理人员、外国政要或者国际组织高级管理人员的特定关系人，保险公司应当在赔偿或者给付保险金时获得高级管理层批准，并对投保人及业务关系采取强化尽职调查措施。

第三十六条 金融机构和从事汇兑业务的机构为客户向境外汇出资金时，应当登记汇款人的姓名或者名称、账号、住所和收款人的姓名或者名称、账号等信息，在汇兑凭证或者相关信息系统中留存上述信息，并向接收汇款的境外机构提供汇款人的姓名或者名称、账号、住所等信息。汇款人未在本机构开户，金融机构无法登记汇款人账号的，可以登记并向接收汇款的境外机构提供其他相关信息，确保该笔交易可跟踪稽核。

金融机构和从事汇兑业务的机构为客户向境外汇出资金金额为单笔人民币5000元或者外币等值1000美元以上的，应当核实汇款人身份，确保汇款人信息的准确性。发现客户涉嫌洗钱或者恐怖融资的，无论汇出资金金额大小，金融机构都应当采取合理措施核实汇款人身份。

金融机构作为跨境汇款业务的中间机构时，应当完整传递汇款业务所附的汇款人和收款人信息，采取合理措施识别是否缺少汇款人和收款人必要信息，并根据风险状况，明确执行、拒绝或暂停上述汇款业务的适用情形及相应的后续处理措施。

接收境外汇入款的金融机构，发现汇款人姓名或者名称、账号、住所等信息缺失的，应当要求境外机构补充。如汇款人未在办理汇出业务的境外机构开立账户，接收汇款的境内金融机构无法登记汇款人账号的，可以登记其他相关信息，确保该笔交易可跟踪稽核。

第三十七条 金融机构和从事汇兑业务的机构为客户办理境内汇款的，应当参照执行本办法第三十六条第一款和第二款的要求。若汇款机构无法及时将汇款人信息提供给接收汇款的机构，应当至少提供汇款人账号或者其他能够确保该笔交易可跟踪稽核的信息，并在接收汇款的机构或者相关主管部门需要时向其提供汇款人信息。

金融机构和从事汇兑业务的机构不符合本办法第三十六条和第三十七条第一款有关汇款业务要求的，不得为客户办理汇款业务。金融机构和从事汇兑业务的机构通过其境内外分支机构、附属机构或者代理机构开展汇款业务的，应当确保其境内外分支机构、附属机构或者代理机构遵守汇款业务相关规定。

第三十八条 金融机构运用互联网和移动通信等信息通信技术，依法以非面对面形式与客户建立业务关系或者为客户提供金融服务时，应当建立有效的客户身份认证机制，通过有效措施识别并核实客户身份，以确认客户身份的真实性和交易的合理性。

第三十九条 金融机构通过第三方开展本办法第七条第一款第一项、第二项、第五项尽职调查措施的，应当符合下列要求，并承担未履行客户尽职调查义务的责任：

（一）第三方接受反洗钱和反恐怖融资监管或者监测；

（二）评估第三方的风险状况及其履行反洗钱和反恐怖融资义务的能力，并确保第三方根据反洗钱和反恐怖融资法律法规和本办法的有关要求采取客户尽职调查、客户身份资料及交易记录保存措施；第三方具有较高风险情形或者不具备履行反洗钱和反恐怖融资义务能力的，金融机构不得通过第三方识别客户身份；

（三）金融机构能够立即从第三方获取客户尽职调查的必要信息；

（四）金融机构在需要时能够立即获得第三方开展客户尽职调查获取的身份证件或者其他身份证明文件以及其他资料的复印件或者影印件。

第三方应当严格按照法律规定和合同约定履行相应的客户尽职调查义务，并向金融机构提供必要的客户身份信息；金融机构对客户身份信息的真实性、准确性或者完整性有疑问的，或者怀疑客户涉嫌洗钱或恐怖融资的，第三方应当配合金融机构开展客户尽职调查。第三方未按照规定配合金融机构履行客户尽职调查义务的，应当承担相应责任。

金融机构通过金融机构以外的第三方识别客户身份的，应当符合第一款第二项至第四项要求。

第四十条 金融机构应当在开展客户尽职调查中相互配合。

第四十一条 金融机构应当建立健全工作机制，及时获取涉嫌恐怖活动的组织和人员名单以及中国人民银行要求关注的其他涉嫌洗钱及相关犯罪人员名单。

有合理理由怀疑客户或其交易对手，以及客户或其交易对手的资金或者其他资产与名单相关的，应当采取相应的尽职调查和风险管理措施。法律、行政法规、规章另有规定的，从其规定。

第四十二条 金融机构应当建立健全工作机制，及时获取国际反洗钱组织和我国有关部门发布的高风险国家或地区以及强化监控国家或地区名单。对于来自高风险国家或地区的客户或交易，金融机构应当结合业务关系和交易的风险状况采取强化尽职调查措施和必要的风险管理措施。对于来自强化监控国家或地区的客户，金融机构在开展客户尽职调查及划分客户风险等级时，应当关注客户所在国家或地区的风险状况。

金融机构通过境外第三方开展客户尽职调查的，应当充分考虑第三方所在国家或地区的风险状况，不得通过来自高风险国家或地区的第三方开展客户尽职调查。

第四十三条 金融机构在开展客户尽职调查时，应当根据风险情形向中国反洗钱监测分析中心和中国人民银行当地分支机构报告以下可疑行为：

（一）客户拒绝提供有效身份证件或者其他身份证明文件的；

（二）有明显理由怀疑客户建立业务关系的目的和性质与洗钱和恐怖融资等违法犯罪活动相关的；

（三）对向境内汇入资金的境外机构提出要求后，仍无法完整获得汇款人姓名或者名称、账号和住所的；

（四）采取必要措施后，仍怀疑先前获得的客户身份资料的真实性、有效性、完整性的；

（五）履行客户尽职调查义务时发现其他可疑行为的。

金融机构报告上述可疑行为按照中国人民银行关于金融机构大额交易和可疑交易报告的相关规定执行。

第三章 客户身份资料及交易记录保存

第四十四条 金融机构应当保存的客户身份资料包括记载客户身份信息以及反映金融机构开展客户尽职调查工作情况的各种记录和资料。

金融机构应当保存的交易记录包括关于每笔交易的数据信息、业务凭证、账簿以及有关规定要求的反映交易真实情况的合同、业务凭证、单据、业务函件和其他资料。

第四十五条 金融机构应当采取必要的管理措施和技术措施，逐步实现以电子化方式完整、准确保存客户身份资料及交易信息，依法保护商业秘密和个人信息，防止客户身份资料及交易记录缺失、损毁，防止泄露客户身份信息及交易信息。

金融机构客户身份资料及交易记录的保存方式和管理机制，应当确保足以重现和追溯每笔交易，便于金融机构反洗钱工作开展，以及反洗钱调查和监督管理。

第四十六条 金融机构应当按照下列期限保存客户身份资料及交易记录：

（一）客户身份资料自业务关系结束后或者一次性交易结束后至少保存5年；

（二）交易记录自交易结束后至少保存5年。

如客户身份资料及交易记录涉及正在被反洗钱调查的可疑交易活动，且反洗钱调查工作在前款规定的最低保存期限届满时仍未结束的，金融机构应当将相关客户身份资料及交易记录保存至反洗钱调查工作结束。

同一介质上存有不同保存期限客户身份资料或者交易记录的，应当按最长保存期限保存。同一客户身份资料或者交易记录采用不同介质保存的，应当按照上述期限要求至少保存一种介质的客户身份资料或者交易记录。

法律、行政法规对客户身份资料及交易记录有更长保存期限要求的，从其规定。

第四十七条 金融机构破产或者解散时，应当将客户身份资料、交易记录以及包含客户身份资料、交易记录的介质移交给中国人民银行、中国银行保险监督管理委员会或者中国证券监督管理委员会指定的机构。

第四章 法律责任

第四十八条 金融机构违反本办法的，由中国人民银行按照《中华人民共和国反洗钱法》第三十一条、第三十二条的规定予以处罚；区别不同情形，采取或者建议中国银行保险监督管理委员会和中国证券监督管理委员会采取下列措施：

（一）责令金融机构停业整顿或者吊销其经营许可证；

（二）取消金融机构直接负责的董事、高级管理人员和其他直接责任人员的任职资格、禁止从事有关金融行业的工作。

中国人民银行县（市）支行发现金融机构违反本办法的，应当报告上一级中国人民银行分支机构，由上一级中国人民银行分支机构按照前款规定进行处罚或者提出建议。

第五章　附　则

第四十九条　保险公司在办理再保险业务时，履行客户尽职调查义务不适用本办法。

第五十条　本办法有关用语的含义如下：

自然人客户的身份基本信息指姓名、性别、国籍、职业、住所地或者工作单位地址、联系方式，身份证件或者其他身份证明文件的种类、号码和有效期限，客户的住所地与经常居住地不一致的，以客户的经常居住地为准。

法人、非法人组织和个体工商户客户的身份基本信息指名称、住所、经营范围、可证明该客户依法设立或者可依法开展经营、社会活动的执照、证件或者文件的名称、号码和有效期限；法定代表人或负责人和授权办理业务人员的姓名、身份证件或者其他身份证明文件的种类、号码和有效期限；受益所有人的姓名、地址、身份证件或者其他身份证明文件的种类、号码和有效期限。

第五十一条　本办法由中国人民银行会同中国银行保险监督管理委员会、中国证券监督管理委员会解释。金融机构对本办法施行前已经建立业务关系或者进行交易的存量客户，未满足本办法有关客户尽职调查要求的，应当自本办法施行之日起 1 年内完成较高风险以上存量客户的尽职调查，自本办法施行之日起 2 年内完成全部存量客户的尽职调查。

第五十二条　本办法自 2022 年 3 月 1 日起施行。《金融机构客户身份识别和客户身份资料及交易记录保存管理办法》（中国人民银行　中国银行业监督管理委员会　中国证券监督管理委员会　中国保险监督管理委员会令〔2007〕第 2 号发布）同时废止。本办法施行前发布的客户尽职调查和客户身份资料及交易记录保存的其他规定与本办法不一致的，以本办法为准。

中国人民银行关于印发《金融科技发展规划（2022—2025年）》的通知

银发〔2021〕335号

中国人民银行上海总部，各分行、营业管理部，各省会（首府）城市中心支行，各副省级城市中心支行；国家开发银行，各政策性银行、国有商业银行，中国邮政储蓄银行，各股份制商业银行；各证券公司、基金公司、期货公司、私募投资基金管理机构；各保险集团（控股）公司、保险公司、保险资产管理公司；中国银联、支付清算协会、互联网金融协会、网联清算有限公司；各非银行支付机构：

为稳妥发展金融科技，加快金融机构数字化转型，人民银行组织编制了《金融科技发展规划（2022—2025年）》，现印发给你们，请认真贯彻落实。

附件：金融科技发展规划（2022—2025年）

中国人民银行

2021年12月29日

附件

金融科技发展规划（2022—2025年）

2021年12月

目　录

金融科技作为技术驱动的金融创新，是深化金融供给侧结构性改革、增强金融服务实体经济能力的重要引擎。数字经济的蓬勃兴起为金融创新发展构筑广阔舞台，数字技术的快速演进为金融数字化转型注入充沛活力，金融科技逐步迈入高质量发展的新阶段。为贯彻落实党中央、国务院决策部署，稳妥发展金融科技，加快金融机构数字化转型，根据《中华人民共和国国民经济和社会发展第十四个五年规划和2035年远景目标纲要》，特编制本规划。

第一章　发展环境

第一节　“十三五”时期金融科技发展回顾

“十三五”期间，金融业贯彻落实党中央、国务院决策部署，聚力“六稳”“六保”，坚持发展与监管两手抓，推动金融科技在实体经济的沃土中落地生根。大数据、云计算、人工智能、区块链等技术金融应用成效显著。金融服务覆盖面逐步扩大，优质金融产品供给不断丰富，金融惠民利企水平持续提升。金融科技创新监管工具稳步实施，监管规则体系和监管框架不断健全，金融守正创新能力大幅提高。总的看，我国金融科技发展从星星之火到百舸争流、从基础支撑到驱动变革，呈现出旺盛生机与活力，有力提升金融服务质效，高效赋能实体经济，为金融业高质量发展注入充沛动力。

我国金融科技发展同时面临诸多挑战，发展不平衡不充分的问题不容忽视。数字化浪潮下智能技术应用带来的数字鸿沟问题日益凸显，区域间金融发展不平衡问题依然存在，部分大型互联网平台公司向金融领域无序扩张造成竞争失衡，大小金融机构间数字化发展“马太效应”尚待消除，技术应用百花齐放而关键核心技术亟需突破。这些不平衡不充分的问题正是未来一段时期深化金融与科技融合，推动金融业数字化发展亟需攻关的重要课题。

第二节　“十四五”时期金融科技发展愿景

党的十九届五中全会明确提出，要加快构建以国内大循环为主体、国内国际双循环相互促进的新发展格局。这既离不开金融对资源配置的引导优化，也离不开科技创新在激发市场活力方面的重要作用。“十四五”时期，我国开启全面建设社会主义现代化国家新征程，数据成为新的生产要素，数字技术成为新的发展引擎，数字经济浪潮已势不可挡。

站在“两个一百年”奋斗目标的历史交汇点上，金融业要凝心聚力、砥砺奋进，不断破解发展瓶颈和难题，推动我国金融科技从“立柱架梁”全面迈入“积厚成势”新阶段。力争到 2025 年，整体水平与核心竞争力实现跨越式提升，数据要素价值充分释放、数字化转型高质量推进、金融科技治理体系日臻完善、关键核心技术应用更为深化、数字基础设施建设更加先进，以“数字、智慧、绿色、公平”为特征的金融服务能力全面加强，有力支撑创新驱动发展、数字经济、乡村振兴、碳达峰碳中和等战略实施，走出具有中国特色与国际接轨的金融数字化之路，助力经济社会全面奔向数字化、智能化发展新时代。

第二章　总体部署

第一节　指导思想

以习近平新时代中国特色社会主义思想为指导，深刻领会党的十九大和十九届二中、三中、四中、五中、六中全会精神，贯彻落实《中华人民共和国国民经济和社会发展第十四个五年规划和 2035 年远景目标纲要》，准确把握新发展阶段、深入践行新发展理念。坚持目标导向和问题导向，以深化金融数据要素应用为基础，以支撑金融供给侧结构性改革为目标，以加快推进金融机构数字化转型为主线，从健全科技治理体系、夯实数字基础底座、加强技术创新引领、激活数字化经营动能、强化创新审慎监管、践行数字普惠金融等方面精准发力，加快健全适应数字经济发展的现代金融体系，为构建新发展格局贡献金融力量。

第二节　基本原则

——数字驱动。把握数字经济发展新趋势，发挥数据要素倍增作用，将数字元素注入金融服务全流程，将数字思维贯穿于业务运营全链条，强化金融创新的科技武装、数据加持，加快金融数字化转型步伐，全面提升我国金融业综合实力和核心竞争力。践行安全发展观，运用数字化手段不断增强风险识别监测、分析预警能力，切实防范算法、数据、网络安全风险，共建数字安全生态。

——智慧为民。抓住全球人工智能发展新机遇，以人为本全面推进智能技术在金融领域深化应用，强化科技伦理治理，着力打造场景感知、人机协同、跨界融合的智慧金融新业态，实现金融服务全生命周期智能化，切实增强人民群众获得感、安全感和幸福感。

——绿色低碳。树立绿色发展理念，以实现碳达峰碳中和为目标，加强金融科技与绿色金融的深度融合，创新发展数字绿色金融，运用科技手段有序推进绿色低碳金融产品和服务开发，着力提升金融服务绿色产业的覆盖面和精准度，助力实体经济的绿色转型和低碳可持续发展。

——公平普惠。以公平为准则、以普惠为目标，合理运用金融科技手段丰富金融市场层次、优化金融产品供给，不断拓展金融服务触达半径和辐射范围，弥合地域间、群体间、机构间的数字鸿沟，让金融科技发展成果更广泛、更深入、更公平地惠及广大人民群众，助力实现共同富裕。

第三节　发展目标

——金融业数字化转型更深化。金融业数字化从多点突破迈入深化发展新阶段，全局性、系统性数字思维深入人心，数字化转型的理论、方法、评价体系基本形成，上云用数赋智水平稳步提高，金融机构数字化经营能力大幅跃升。

——数据要素潜能释放更充分。金融数据全生命周期管理体系更加完备，数据能力建设不断强化，跨机构、跨地域、跨行业数据规范共享有力有序推进，金融与民生领域数据融合应用全面深入，数据安全和个人隐私得到有效保障。

——金融服务提质增效更显著。数字普惠金融和无障碍服务体系更加完善，智慧金融服务与生产生活场景深度融合，科技赋能金融资源更为精准地配置到经济社会发展关键领域和薄弱环节，金融服务实体经济能力进一步增强。

——金融科技治理体系更健全。现代化科技治理架构不断完善，科技伦理水平显著提高，监管科技应用水平和数字化监管能力持续提升，金融科技创新监管进一步强化，与金融数字化转型相适应的法律、标准、人才体系更完备。

——关键核心技术应用更深化。关键软硬件技术金融应用研究攻关持续深入、场景适配不断加强、成果转化更加顺畅，稳健高效的技术供应体系逐步健全，产学研用互为支撑、相互促进的开放创新产业生态更加优渥。

——数字基础设施建设更先进。绿色、智能、高可用金融数据中心建设布局日趋完善，高速泛在、融合互联、安全可靠的金融网络通信支撑保障能力全面加强，云管边端高效协同、灵活调度、弹性部署的新型算力体系基本建成。

第三章　重点任务

第一节　健全金融科技治理体系

（一）完善现代化治理结构。强化金融科技治理顶层设计，建立健全“稳妥发展金融科技，加快金融机构数字化转型”的企业级统筹协调机制，明确董事会、监事会、高级管理层相关职责分工、权限分配和履职要求。找准金融科技发展痛点难点，制定全方位数字化转型战略，明确实施策略和具体路径，构建涵盖规划、生产、管理等职能的数字化、特色化发展矩阵，为科技创新在制度、组织、流程方面留足空间，积极打造“第二发展曲线”。加强金融科技治理能力成熟度评估，建立覆盖设计决策、实施运行、考核评测和改进完善的循环内部控制机制，将治理目标转化为不同部门、业务条线可量化可执行的重点任务和评价指标，以过程管控为牵引形成科技治理闭环，强化逐级传导与落实。

（二）全面塑造数字化能力。强化数字思维、培育数字文化，提升全员数字素养，将以数连接、由数驱动、用数重塑的数字理念深度融入企业价值观，建立技术从“支撑使能”向“价值赋能”变革的数字化认知，增强对数字化趋势的洞察力与适应力。运用“数据 + 技术”打造数字化劳动力，实现全价值链、全要素优化配置，培育技术先进、研发敏捷、渠道融合、决策精准、运营高效的创新发展动能，构建以用户、场景为中心的金融服务体系，全面提升数字时代企业核心竞争力。打造对内聚合产品与服务、对外连接合作机构与用户的数字化综合服务能力，稳妥开展跨界合作创新，推动与供应链、产业链上下游数据贯通、资源共享和业务协同，构建各方互促共进、互利共赢的网状数字生态。

（三）加强金融科技伦理建设。坚持促进创新与防范风险相统一、制度规范与自我约束相结合原则，加快出台符合国情、与国际接轨的金融科技伦理制度规则，健全多方参与、协同共治的金融科技伦理治理体系。金融机构履行金融科技伦理管理主体责任，探索设立企业级金融科技伦理委员会，建立金融科技伦理审查、信息披露等常态化工作机制，提前预防、有效化解金融科技活动伦理风险，严防技术滥用。行业组织发挥自律功能，研究制定金融科技伦理自律公约和行动指南，前瞻研判金融科技伦理挑战、及时预警金融科技伦理风险，筑牢金融科技伦理自律防线。从业人员自觉遵守金融科技伦理要求，主动学习金融科技伦理知识、增强金融科技伦理意识、自觉践行金融科技伦理原则，抵制违背金融科技伦理要求的行为。

第二节 充分释放数据要素潜能

（四）强化数据能力建设。深刻认识数据要素重要价值，制定企业级数据规划和发展战略，明确数据工作机制、基本目标、主要任务、实施路径等，推动数据工作高效有序开展，稳妥推进业务由经验决策型向数据决策型转变，增强经营管理前瞻性和精准性。运用模式识别、数据标签等手段，综合国家安全、公众权益、个人隐私、企业合法利益等属性对数据进行分级分类，明确数据使用权限、适用范围、应用场景和风险控制措施，提升数据分类施策水平。建立协调一致、涵盖数据全生命周期的数据治理体系，统一数据编码规则和接口规范，建设企业级数据字典和数据资源目录，运用数据多源比对、快速校核、血缘关系分析等技术手段增强数据可信溯源和校核纠错能力，提升数据准确性、有效性和易用性。

（五）推动数据有序共享。在技术方面，积极应用多方安全计算、联邦学习、差分隐私、联盟链等技术，探索建立跨主体数据安全共享隐私计算平台，在保障原始数据不出域前提下规范开展数据共享应用，确保数据交互安全、使用合规、范围可控，实现数据可用不可见、数据不动价值动。在管理方面，探索建立多元化数据共享和权属判定机制，明确数据的权属关系、使用条件、共享范围等，通过模型计算、模糊查询、智能核验等方式实现跨机构、跨地域、跨行业数据资源有序共享，在确保最小必要、专事专用前提下增强金融数据规模效应和正外部性，提升数据要素资源配置效率。

（六）深化数据综合应用。推动金融与公共服务领域系统互联和信息互通，综合电子政务数据资源，不断拓展金融业数据要素广度和深度，为跨机构、跨市场、跨领域综合应用夯实多维度数据基础。运用联合建模、图计算、数据可视化、数字孪生等技术手段，对海量多样化多维度数据资源进行价值挖掘和关联分析，建立面向用户、面向场景的大数据知识图谱和综合分析能力。以市场为导向、以需求为牵引，深挖数据综合应用场景，发挥数据和技术双轮驱动作用，在服务实体经济、惠及百姓民生、创新驱动发展、助力乡村振兴等领域实现数据综合应用与多向赋能。

（七）做好数据安全保护。严格落实数据安全保护法律法规、标准规范，明确数据安全负责人和管理机构，综合运用声明公示、用户明示等方式，明确原始数据和衍生数据收集目的、加工方式和使用范围，确保在用户充分知情、明确授权前提下规范开展数据收集使用，避免数据过度收集、误用、滥用。建立健全数据全生命周期安全管理长效机制和防护措施，运用匿踪查询、去标记化、可信执行环境等技术手段严防数据逆向追踪、隐私泄露、数据篡改与不当使用，依法依规保护数据主体隐私权不受侵害。建立历史数据安全清理机制，利用专业技术和工具对超出保存期限的用户数据进行及时删除和销毁，定期开展数据可恢复性验证确保数据无法还原。确需作为样本数据保存的，应经用户同意并进行去标识化处理，移入非生产数据库保存，确保用户隐私信息不被直接或间接识别，切实保障用户数据安全。

第三节　打造新型数字基础设施

（八）建设绿色高可用数据中心。综合功能定位、区域分布、网络通讯、电力保障等统筹规划数据中心，建设资源更均衡、供给更敏捷、运行更高效的金融信息基础设施。按照系统、机房、城市等容灾目标，积极采用多活冗余技术构建高可靠、多层级容灾体系，满足日常生产、同城灾备、异地容灾、极端条件能力保全等需求，提升金融数据中心纵深防御能力，逐步形成高可用数据中心格局。建立健全金融数据中心智能化运维机制，深化自动传感器、巡检机器人等新一代人机交互技术在数据中心运维应用，加强多场景协同联动、多节点一体管控，提升节点感知、异常发现和故障预测能力，降低人工操作风险，推动运维管理模式转型升级。积极应用绿色节能技术和清洁可再生能源，加快数据中心绿色化建设与改造，加强能耗数据监测与管理。新建大型、超大型数据中心电能利用效率不超过 1.3。到 2025 年，数据中心电能利用效率普遍不超过 1.5。

（九）架设安全泛在的金融网络。积极应用分段路由、软件定义网络等技术，优化建设高可靠冗余网络架构，实现网络资源虚拟化、流量调度智能化、运维管理自动化，着力提升金融网络健壮性和服务能力，为金融数字化转型架设通信高速公路。综合运用第五代移动通信技术（5G）、窄带物联网（NB - IoT）、射频识别（RFID）等技术打造固移融合、宽窄结合的物与物互联网络和服务平台，实现移动金融终端和固定传感设备统一接入、管理和控制，为数字信贷、数字风控等金融业务提供海量物联网数据支撑，助力线上线下、内外部多渠道融合互联，促进云管边端一体化协同发展。全面推进互联网协议第六版（IPv6）技术创新与融合应用，实现从能用向好用转变、从数量到质量转变、从外部推动向内生驱动转变。充分发挥区块链技术低成本互信、数据不可篡改、信息可追溯的优势，通过分布式账本、智能合约、共识机制等手段解决互联网存在的数据安全性、完整性、可信性问题，为供应链金融、贸易金融等参与主体多、验真成本高、交易流程长的金融场景提供底层基础支撑。

（十）布局先进高效的算力体系。加快云计算技术规范应用，稳妥推进信息系统向多节点并行运行、数据分布存储、动态负载均衡的分布式架构转型，为金融业务提供跨地域数据中心资源高效管理、弹性供给、云网联动、多地多活部署能力，实现敏态与稳态双模并存、分布式与集中式互相融合。围绕高频业务场景开发部署智能边缘计算节点，打造技术先进、规模适度的边缘计算能力，实现金融业务边缘侧数据的筛选、整合与处理，有效释放云端压力、快速响应用户需求，为金融数字化转型提供更为精准、高效的算力支持。探索运用量子技术突破现有算力约束、算法瓶颈，提升金融服务并发处理能力和智能运算效率，节省能源消耗和设备空间，逐步培育一批有价值、可落地的金融应用场景。

第四节　深化关键核心技术应用

（十一）加强核心技术的应用攻关。聚焦金融科技应用前沿问题和主要瓶颈，实行“揭榜挂帅”“赛马”机制，通过行业组织、孵化平台、专项合作等方式，加大关键软硬件技术金融应用的前瞻性与战略性研究攻关。从实际金融需求出发做好技术选型和应用融合，以应用场景为牵引推动关键核心技术持续迭代完善，安全规范使用开源技术，打造具有竞争力、可商业化运营的科技产品，为金融科技可持续发展提供动力。优化科技创新体制机制和成果转化资源配置，合理运用知识产权质押融资、科技创新保险等金融产品提升成果转化的支持力度，促进科技成果供给端和需求端的精准对接，有效打通创新成果向现实生产力转化的“最后一公里”。

（十二）切实保障供应链稳定可靠。事前把好选型关口，强化关键核心技术提供方资质与能力审核，综合前瞻性、可扩展性、稳定性等因素开展多维度技术应用适配测试与安全评估，确保技术路径与自身需求高度匹配。事中保障应急储备，加强与供应链上下游企业联动协同，强化备品备件管理，在关键领域建立完善后备供给信息库，不断拓宽和加固多元化供应渠道，避免“单点故障”，提升连续供给、快速恢复能力。事后强化风险处置，综合商流、物流、资金流、信息流持续监测关键核心技术产品服务的运行状态，做好风险预警和处置，提升供应链弹性和韧性，构建稳健高效的关键核心技术金融应用供应体系。

（十三）构建开放创新的产业生态。强化金融机构创新主体地位，发挥大型金融机构带动作用和示范效应，加强金融科技共性技术、资源和服务的开放合作、互惠共享，促进新技术产业化、规模化应用。联合高等院校、科研院所、高新技术企业等搭建专业化金融科技产用对接平台，依法合规参与数字技术开源社区等创新联合体，打造创新应用成果转化新模式，完善应用标准符合性、安全性评价机制，实现技术共研、场景共建、标准共商、成果共用、知识产权共享。积极融入全球创新网络，深化技术创新国际交流与协作，引入前沿技术和先进管理经验，加快重点领域专利布局，推动科技成果推广应用，促进提升金融科技整体发展水平。

第五节　激活数字化经营新动能

（十四）构建敏捷化创新体系。探索扁平化、网格式金融科技创新管理模式，建立跨职能、跨部门、跨条线的任务型团队，科学设置技业融合的岗位与部门，提升组织架构灵活性，为快速响应市场需求、用户诉求提供有力保障。建立技术与业务高效联动、前中后台密切协作、决策与执行高度统一的企业级内部创新协同网络，探索推广数字化工厂、创新实验室等创新模式，聚焦数字化转型重点领域加速金融科技创新成果应用与转化。加快建立允许出错、及时纠错、快速改错的企业级创新试错容错机制，积极探索通过创新奖励、知识产权激励等手段提升整体创新内生动力，建立健全拨备资金、保险计划等创新风险补偿机制，形成安全与效率并重的创新孵化与应用推广体系。

（十五）夯实一体化运营中台。采用低耦合、高内聚架构搭建便捷易用的技术中台，整合封装各业务条线基础通用技术能力，以标准化接口提供可扩展、可配置的组件式技术支持，提升研发质效、降低试错成本，为持续敏捷交付提供坚实技术底座。构建集成数据整合、提纯加工、建模分析、质量管控、可视交互等功能的综合型数据中台，打造科技赋能、数据驱动、业务联动的企业级数据服务能力中枢，推动业务数据化向数据业务化进阶发展。建设模块化、可定制、高复用的业务中台，打通业务条线壁垒、解构业务逻辑、沉淀通用业务能力，形成配置参数化、嵌入式的产品创新模式，支撑数字经济时代业务创新需求。

（十六）健全自动化风险控制机制。事前，运用大数据、人工智能等技术拓展风险信息获取维度，构建以客户为中心的风险全景视图，智能识别潜在风险点和传导路径，增强风险管理前瞻性和预见性。事中，加强风险计量、模型研发、特征提取等能力建设，通过智能化评价策略、多维度关系图谱等厘清风险关联关系、研判风险变化趋势，实现对高风险交易、异常可疑交易等的动态捕捉和智能预警。事后，通过数字化手段实施自动化交易拦截、账户冻结、漏洞补救等应对措施，持续迭代优化风控模型和风险控制策略，推动风险管理从“人防”向“技防”“智控”转变，增强风险处置及时性、准确性。

（十七）提升数智化营销能力。在获客方面，合理规范布局自有营销渠道与外部合作渠道，加强线上线下营销资源协同，深化金融和非金融场景交叉融合，积极探索裂变式、场景化营销模式，激活更多金融客户触点，提升规模化获客水平，降低获客边际成本。在活客方面，合法合规运用大数据、跨媒体分析推理等技术盘活企业数据资产，洞察客户行为偏好和真实金融需求，在尊重消费者意愿和保护消费者合法权益基础上智能推送客户所想所需的金融产品、理财知识和服务信息，向客户提供不针对其个人特征的营销内容、产品选项、搜索结果等，探索推动营销服务向智能化、人性化转变，提升客户活跃度。在留客方面，基于深度学习、知识图谱等技术打造服务客户全生命周期的营销范式，强化以客户为中心的信息共享及价值创造，提升客群分层分类经营能力，推动客户关系管理智能化、精细化升级，增强客户黏性和稳定性。

第六节　加快金融服务智慧再造

（十八）重塑智能高效的服务流程。在交付能力方面，及时掌握分析内外部环境和需求变化，以产品敏捷交付为主线制定清晰研发工作规程，将智能模型、工具、系统贯穿于产品服务的全部数字化设计工序，借助业务开发运维一体化（BizDevOps）、最小化可行产品（MVP）等“小步快跑”方式搭建低成本试错、快速迭代的交付模式，通过仿真模拟、可用性测试、净推荐值（NPS）调研等方法充分评估应用成效并持续优化完善产品开发和交付质量。在业务效率方面，运用机器人流程自动化（RPA）、自然语言处理（NLP）、智能字符识别（ICR）等智能技术开展端到端数字化流程重构，打通部门间业务阻隔与流程断点，实现跨角色、跨时序的业务灵活定制与编排，打造环节无缝衔接、信息实时交互、资源协同高效的业务处理模式，更好支撑数字化业务快速发展。

（十九）搭建多元融通的服务渠道。以线下为基础，依托5G高带宽、低延时特性将增强现实（AR）、混合现实（MR）等视觉技术与银行场景深度融合，推动实体网点向多模态、沉浸式、交互型智慧网点升级；借助流动服务车、金融服务站等强化网点与周边社区生态交互，融合教育、医疗、交通、社保等金融需求，打造“多项服务只需跑一次”的社会性金融“触点”。以线上为核心，探索构建5G消息手机银行等新一代线上金融服务入口，持续推进移动金融客户端应用软件（APP）、应用程序接口（API）等数字渠道迭代升级，建立“一点多能、一网多用”的综合金融服务平台，实现服务渠道多媒体化、轻量化和交互化，推动金融服务向云上办、掌上办转型。以融合为方向，利用物联网、移动通信技术突破物理网点限制，建立人与人、人与物、物与物之间智慧互联的服务渠道，将服务融合于智能实物、延伸至客户身边、扩展到场景生态，消除渠道壁垒、整合渠道资源，实现不同渠道无缝切换与高效协同，打造“无边界”的全渠道金融服务能力。

（二十）打造数字绿色的服务体系。在小微金融领域，发挥大数据、人工智能等技术的“雷达作用”，捕捉小微企业更深层次融资需求，综合利用企业经营、政务、金融等各类数据全面评估小微企业状况，缓解银企间信息不对称问题，提供与企业生产经营场景相适配的精细化、定制化数字信贷产品；运用科技手段和基础设施动态监测信贷资金流向流量，确保资金精准融入实体经济的“关键动脉”，提高金融资源配置效率，支持企业可持续发展。在农村金融领域，借助移动物联网、卫星遥感、电子围栏等技术，加强种子与农产品生产、加工、运输、交易等全链条数据自动化采集、可溯化信任和智能化分析，让“动产”转换为“不动产”，实现融资需求精准授信，推动农业保险承保理赔电子化、智能化，提高农村地区金融服务下沉度和渗透率，助力农业产业现代化发展，有力支撑乡村振兴战略实施。在供应链金融领域，通过“金融科技＋供应链场景”建立多方互信机制，实现核心企业“主体信用”、交易标的“物的信用”、交易信息“数据信用”一体化协同管理，将供应链金融风险管理模式从授信企业“单点”管理向产业“链条”全风险管理转变；探索使用电子签章、远程音视频等技术提升贷前、贷中、贷后“三查”效率和融资结算的线上化、数字化水平，有效增强供应链金融整体服务能力。在绿色金融领域，运用数字技术开展绿色定量定性分析，强化绿色企业、绿色项目智能识别能力，提升碳足迹计量、核算与披露水平，在依法合规、风险可控前提下为企业提供绿色信贷、绿色债券、绿色保险、碳金融等多元化金融产品和服务；利用大数据、人工智能等技术建立绿色信息监测与分析模型，搭建风险知识图谱实现对企业的风险监控，量化环境效益和转型风险，提升绿色金融风险管理能力。

（二十一）强化金融无障碍服务水平。针对智能服务方式，聚焦老年、残障、少数民族等人群日常生活中的高频金融场景，深度挖掘人工智能、大数据等技术优势，优化界面交互、内容朗读、操作提示、语音辅助等功能，鼓励提供应用“关怀模式”“长辈模式”，建立“容错型”产品交互机制，因人而异打造大字版、语音版、民族语言版、简洁版等适老化、无障碍移动金融产品和服务；通过体验学习、尝试应用、经验交流、互助帮扶等手段提升用户数字素养，着力弥合因智能技术运用困难导致的数字鸿沟问题，让广大群众更好共享金融科技发展成果。针对传统服务方式，加强实体网点无障碍通道改造、建设无障碍标识等便利设施，设立爱心、绿色、手语服务等特殊窗口，配备盲文密码键盘、可播音式验钞机等专用设备，切实发挥传统渠道兜底保障作用；优化线下服务流程、简化办理手续、改善服务体验，运用智能移动设备延伸金融服务触角，为偏远地区、行动不便、有沟通障碍的人群主动上门或远程办理金融业务，不断提升金融服务深度、广度和温度。

第七节　加强金融科技审慎监管

（二十二）加快监管科技全方位应用。运用自然语言处理、模式识别等技术对监管规则、合规要求进行结构化处理，从关键操作流程、量化数据、禁止条款等方面精准提取分析指标、建立数字化规则库。运用知识抽取、知识融合、知识推理等技术对数字化规则进行分类、消歧和整合，系统梳理规则逻辑、构建形式化知识图谱。搭建有效支持规则识读、执行、对接的监管科技平台，以数字化协议形式将合规要求封装成模块化、可扩展的接口工具，打造合规机器人等专业化产品。深化监管科技在货币政策、支付结算、反洗钱、征信、消费者保护等领域应用，积极将数字合规工具无缝嵌入交易行为监测、业务数据报送、风险事件报告等场景，提升金融监管效能、降低合规成本。

（二十三）加强数字化监管能力建设。打造权威专业化风险控制基础设施，推动构建跨行业、跨机构的风险联防联控体系，为金融管理部门开展监管指导提供支撑，为金融机构做好风险防控提供支持。建设金融信息基础设施管理平台，汇聚“海量、多维、动态”的设施资源信息，利用大数据、机器学习、模式识别等技术监测基础设施运行状况、智能分析基础设施发展趋势，夯实金融数字化监管基础。按照“共建、共享、共用”原则，建立维护金融科技风险库、漏洞库和案例库，通过系统探测、数据采集、行业共享等方式强化跨机构、跨行业风险监测预警，增强对数字渠道风险、智能算法风险、大数据风险等的动态感知和穿透式分析能力。

（二十四）筑牢金融与科技风险防火墙。健全智能算法管理规则制度，建立模型安全评估和合规审计体系，及时披露算法决策机理、运行逻辑和潜在风险，通过临界测试、仿真模拟、参数调优等方式着力防范算法黑盒、羊群效应、算法歧视等问题，提升算法可解释性、透明性、公平性和安全性。强化云计算标准符合性与安全性管理，规范金融团体云应用，通过负面清单、尽职调查、风险补偿、退出预案等措施加强第三方算力设施集中度风险管控，防范外部云服务缺陷引发的风险向金融领域传导。强化数据共享合作方业务资质把关，划定金融机构与数字渠道合作方的安全基线和责任边界，通过主动信息披露、用户适当性管理等措施，防范通过流量入口开展虚假宣传、过度营销、强制搭售等行为。

（二十五）强化金融科技创新行为监管。按照金融持牌经营原则，坚持所有金融活动必须依法依规纳入监管，严格厘清金融业务边界，加强金融机构与科技企业合作的规范管理，对金融科技创新实施穿透式监管，防范以“科技创新”之名模糊业务边界、层层包装产品等行为。坚持问题导向和目标导向，健全与金融数字化相适应的监管规则体系，建立金融科技职业操守准则，筑牢防范技术风险向金融领域传导的“安全网”。坚持金融创新必须在审慎监管的前提下进行，充分运用金融科技创新监管工具，强化金融科技创新行为的全生命周期管理，建立健全风险联控与综合补偿、信息披露与承诺声明、内控与服务质量管理、安全评估与合规审计等机制，强化从业机构创新风险管理主体责任，从源头防范金融与科技融合潜在风险，切实保护金融消费者合法权益、维护市场竞争秩序。

第八节　夯实可持续化发展基础

（二十六）做好金融科技人才培养。制定金融科技人才相关标准，推进跨地区、跨机构人才顺畅流动，在北京、上海、粤港澳大湾区建设高水平金融科技人才高地，在高层次金融科技人才集中的中心城市着力建设吸引和集聚人才的平台，形成战略支点和雁阵格局。优化金融科技人才需求目录和引进模式，健全以创新能力、质量、实效、贡献为导向的人才评价体系，切实做到人岗相适、人事相宜、人尽其才。加快金融科技人才梯队建设，建立健全在职人才培养体系，探索业务、技术人才双向交流机制，打造校企联合培养、产学研用协同攻关等合作育人新模式，加强职业操守教育，培养德才兼备的金融科技人才。完善鼓励创新、包容试错的激励机制，打通金融科技人才职业发展通道，增强人才成就感和归属感，让事业激励人才、让人才成就事业。

（二十七）健全法规制度体系。制定《中华人民共和国网络安全法》《中华人民共和国数据安全法》《中华人民共和国个人信息保护法》在金融领域的配套规章制度，研究出台与金融数字化发展相适应的政策规则。贯彻落实《法治政府建设实施纲要（2021—2025 年）》，强化法律法规制度执行，推动金融科技健康有序发展。加强金融科技相关法律法规制度宣传教育和政策解读，增强从业人员法治观念和合规意识，提升从业机构依法经营、依法决策能力，强化金融科技高质量发展的法治保障。

（二十八）持续强化标准体系建设。加快重点领域金融数字化转型标准制定，填补国家标准空白、补齐行业标准短板，构建适应新发展格局的高质量、多层次金融科技标准体系。通过企业标准“领跑者”、自我声明公开等手段强化标准贯彻执行和推广实施，提升金融科技产品服务质量和管理水平。积极参与金融科技国际标准制定，推动建立广泛的双多边合作交流机制，助力金融基础设施互联互通。

第四章　实施保障

第一节　注重试点示范

聚焦发展重点任务，围绕发展薄弱环节和瓶颈问题，鼓励积极开展先行先试，在风险可控、依法合规前提下探索数字化转型最佳实践与最优路径。坚持系统观念、统筹布局，注重实践积累和经验总结，形成一批可复制、可推广的金融科技样板项目、典型做法、模范机构和示范区域。发挥好试点对全局性转型升级的示范、突破、带动作用，加快形成你追我赶、奋勇争先的良性发展态势，全面提升金融数字化转型广度与深度。

第二节 加大支撑保障

加快健全与金融科技创新发展相配套的支撑保障体系，着力强化规划实施与要素供给的协调联动，完善多元投入机制，积极争取政策和资金支持，加大对重点领域、重点工作的投融资力度，切实保障规划落地实施的资源需求。更好发挥市场配置资源的决定性作用，推动技术、数据、劳动力等金融科技要素畅通流动，提高要素质量和资源配置效率，全面激活数字化转型发展的内生动力。

第三节 强化监测评估

建立健全规划实施运行监测机制，对规划实施过程中存在的痛点难点问题，及时研究提出针对性对策和措施，压实规划实施责任，通过制定台账、明确时间表和路线图等方式提升规划执行能力。做好规划实施情况中期评估和总结评估，将评估情况纳入机构内部考核评价体系，作为督促规划落地实施、改进当前各项工作、制定未来发展战略的重要依据，保障各项重点工作实现既定目标、取得显著实效。

第四节 营造良好环境

大力弘扬科学家精神、工匠精神、企业家精神，健全知识产权、科研管理、成果评价等配套制度机制，激发金融科技从业人员崇尚科学、注重创新的热情和活力。加强行业自律管理，充分发挥行业协会桥梁纽带作用，推动相关从业机构强化合规意识，自觉练好内功、落实规划。加强舆论宣传，开展多形式、多层次的金融科技发展规划政策解读和知识普及教育，促进提升金融消费者数字素养和风险意识，营造良好金融数字化发展环境。

第五节 加强组织统筹

坚持党的全面领导，加强组织协调、凝聚行业共识，结合实际科学谋划、统筹推进，从战略和全局高度充分认识“稳妥发展金融科技，加快金融机构数字化转型”对金融高质量发展、金融服务实体经济的重要意义，努力形成金融管理部门、金融机构、科技企业、社会团体等紧密配合、协同高效的工作格局，着力提升数字经济时代金融发展规律把握能力、先进技术应用创新能力，确保党中央、国务院相关决策部署落到实处。

《中国支付清算》（2022）征订通知

《中国支付清算》是由中国支付清算协会主办、中国金融出版社出版的国家级出版物，以支付清算结算为研究对象，按季出版。自 2019 年公开出版以来，《中国支付清算》密切关注国内国际支付清算发展的理论成果和改革动态，专业性、理论性、实务性和学术性不断增强，质量不断提升，得到社会各界尤其是会员单位的广泛认可。

《中国支付清算》设有行业聚焦、经济观察、理论研究、政策解读、统计分析、案例研究、国际观察、金融账户、金融工具、金融基础设施、金融监管、金融创新、金融科技、金融标准、金融普惠、数字金融、中小机构、反洗钱、反欺诈、法律探讨、风险管理、经验推介、金融知识、金融译林、金融史话等栏目，每辑栏目根据所刊文章灵活设置。

《中国支付清算》由中国金融出版社出版发行，每册定价 40.00 元，按年度征订，定价 160.00 元/年（不含发票邮寄费）。会员单位征订且订购数量 10 套（含）以上的享受优惠价 128.00 元/年（不含发票邮寄费）。欢迎会员单位本着自愿原则积极征订。

附件：《中国支付清算》2022 年第 1—4 辑征订单

附件

《中国支付清算》2022年第1—4辑征订单

一、通过传真订单订购

<table>
<tr><td>征订单位全称
（开发票全称）</td><td colspan="7"></td></tr>
<tr><td>收件地址</td><td colspan="7"></td></tr>
<tr><td rowspan="2">邮政编码</td><td rowspan="2"></td><td rowspan="2">收件人</td><td rowspan="2"></td><td rowspan="2">联系电话</td><td>固定电话</td><td colspan="2"></td></tr>
<tr><td>移动电话</td><td colspan="2"></td></tr>
<tr><td>图书单价</td><td>160.00元/套</td><td>征订套数</td><td></td><td>发票邮费</td><td>25元</td><td>发票需求</td><td>□普票
□专票</td></tr>
<tr><td colspan="8">注：10套及以上享受8折优惠，合128元/套（不含发票邮寄费）</td></tr>
<tr><td rowspan="2">付款
总计</td><td colspan="7">人民币（大写）　万　仟　佰　拾　元　角　分整 ¥</td></tr>
<tr><td colspan="7">书款已于　年　月　日　由　银行汇出，付款账号</td></tr>
<tr><td colspan="2" rowspan="4">如需开增值税专用发票，请提供一般纳税人证明并填写相关信息（与税务登记信息一致）</td><td colspan="6">单位名称：</td></tr>
<tr><td colspan="6">纳税人识别号：</td></tr>
<tr><td colspan="6">地址、电话：</td></tr>
<tr><td colspan="6">开户行及账号：</td></tr>
<tr><td colspan="2">留言、备注</td><td colspan="6"></td></tr>
<tr><td colspan="2">提示信息</td><td colspan="6">如需开票（专票、普票），请填写相关信息（与税务登记信息一致）。收到款后方可发书并寄发票。谢谢合作！</td></tr>
</table>

二、订购单位可以通过图书在线系统征订，图书在线征订网址：http：//b1. cfph. cn/

三、移动客户端请用手机浏览器或微信扫描二维码填写订单

四、请将书款按下列信息汇至中国金融出版社有限公司账户，订购单位汇款时请在银行汇款凭证用途栏上填写“订购《中国支付清算 2022》套书（共 4 册）”

汇款方式：一律通过银行汇款、不受理邮局汇款

户　　名：中国金融出版社有限公司

开户银行：中国光大银行北京长安支行

账　　号：0835 1812 0100 3040 06660

联系电话：010－63286130；63286083

传　　真：010－63422093

地　　址：北京市丰台区益泽路 2 号

邮政编码：100071

单　　位：中国金融出版社（第一图书编辑部）

《中国支付清算》征稿启事

《中国支付清算》（按季出版）是由中国支付清算协会主办、中国金融出版社出版发行的、以支付清算结算为研究对象的国家级出版物。《中国支付清算》将授予本书确定的相关学术资源数据库和网站、微信公众号电子版权。凡向《中国支付清算》投稿的作者，视为同意上述授权，本书支付给作者的稿酬已包含上述数据库和微信公众号著作权使用费。

《中国支付清算》设有特约评论、行业聚焦、经济观察、理论研究、政策解读、统计分析、案例研究、国际观察、金融账户、金融工具、金融基础设施、金融监管、金融创新、金融科技、金融标准、金融普惠、反洗钱、法律探讨、风险管理、经验推介、金融知识、金融译林、金融史话、社会责任、基层声音等栏目。每辑栏目根据所录文章灵活设置。

《中国支付清算》紧紧围绕“宣传党中央、国务院经济金融工作部署，跟踪支付清算发展，研究支付清算理论、探讨支付清算实务、促进产业健康发展”的宗旨，密切关注国内国际支付清算发展的理论成果和改革动态，涉及国内外支付服务组织、账户管理、支付工具、金融基础设施、市场监管等主要内容，同时兼顾相关经济金融领域的重要问题，具有较强的专业性、理论性、实务性和学术性。

《中国支付清算》服务支付产业发展，贴近监管和市场，平台高、影响面广。欢迎支付清算行业从业人员、高等院校和研究机构等社会各界人士投稿，思想性强、逻辑严密、写作规范的稿件优先编发，并择优在中国支付清算论坛支付清算学术研讨会上介绍交流；在征得作者同意的前提下，通过专门工作机制择优向英国《支付战略与体系》期刊（*Journal of Payments Strategy & Systems*，JPSS，英国亨利·斯图尔特出版社出版的银行和金融业系列刊物之一）推荐。

为规范《中国支付清算》用稿，提高编辑质量和效率，请投稿者务必遵守《〈中国支付清算〉稿件要求和体例》。本书只接受电子版投稿，投稿邮箱为：huikanzhuanyong@ pcac. org. cn。投稿文档请按如下格式标明，并同时标注于邮件主题上："投稿日期_作者_文章名"。

投稿文章须为原创作品，文责自负。凡投寄本书的稿件，请务必注明参考文献。翻译稿件请务必获得原作者授权并注明出处。请勿一稿多投，严禁抄袭，查重率不得高于10%。投稿后三个月内未收到用稿反馈的，可自行处理。在编辑出版过程中，如遇到他书（刊）采用的，请作者及时告知，以免造成重复编发。

投稿者还可关注中国支付清算协会官方网站（http：//www. pcac. org. cn）和微信公众号（中国支付清算协会），获取中国支付清算协会和《中国支付清算》的出版资讯、学术活动、征稿主题等相关信息。

更正说明

经作者确认，收录于《中国支付清算（2021年第1辑）》的文章《跨境支付发展历程及其启示》中的“理论上，加密资产可非常方便地用于跨境交易和支付，……，形成了在线点对点的支付模式”更正为“理论上，加密资产不需要传统结算系统，形成了在线点对点的跨境资金转移模式”；

“因此，一些国家对加密资产禁止使用。它们在世界上作为跨境支付工具的用途受到了明显限制”这句话删除；

“第一，各国公众对毒品等犯罪活动及其相关洗钱活动的反感有增无减，……,而其中大量涉及跨境支付事务。”更正为“第一，与毒品等犯罪活动及其相关洗钱活动有增无减，各国政府都加大反洗钱政策措施，而其中大量涉及跨境支付事务。”

“第三，金融安全顾虑。一些大型支付机构开始拓展相关联的金融业务，……,进而被纳入金融监管的范围。”更正为“第三，金融稳定顾虑。一些大型科技公司开始拓展相关联的金融业务，其‘数据—网络效应—金融活动’闭环恶化了市场竞争环境，威胁金融稳定，进而被纳入金融监管范围。”

“正是在这样的背景下，跨境支付不仅在许多国家摆上了政府当局的议事日程，而且成为……会议通过了《二十国集团加强跨境支付路线图》。”更正为“同时，跨境支付本身面临进一步发展的困境，难以兼顾成本、效率与低风险，故而摆上了政府当局的议事日程，而且成为2020年二十国集团（G20）首脑会议决议的事项之一，2020年11月沙特阿拉伯主持的二十国集团首脑会议通过了《二十国集团加强跨境支付路线图》。”

“2012年初，美国政府和欧盟理事会先后通过了各自针对伊朗的制裁措施，……,SWIFT因此终止与伊朗相关银行的往来。”更正为“在联合国有关决议下，2012 年初，欧盟外长会决定针对伊朗的新一轮制裁措施，此后 SWIFT 终止与伊朗相关银行的往来。”

“其使用范围相对狭小，……，带着显著的地缘政治印记。”更正为“其使用范围狭小，不是一种永久性的制度安排。这个机制反映了欧洲国家与美国在伊朗核问题上的对外政策分歧，是显著的地缘政治产物，并非跨境支付创新方向。”